Heinz Triebel / Wilhelm Maday

Handbuch der Rechtschreibübungen

Didaktischer Rahmen, methodische Möglichkeiten,
Arbeitsplanungen, Übungseinheiten und
Korrekturvorschläge

5. Auflage

Beltz Verlag · Weinheim und Basel

Die Deutsche Bibliothek – CIP-Einheitsaufnahme

Triebel, Heinz:
Handbuch der Rechtschreibübungen : didaktischer Rahmen,
methodische Möglichkeiten, Arbeitsplanungen,
Übungseinheiten und Korrekturvorschläge / Heinz Triebel ;
Wilhelm Maday. – 5., unveränd. Aufl. – Weinheim ; Basel :
Beltz, 1992
  (Beltz-Praxis)
  ISBN 3-407-62064-0
NE: Maday, Willy:

Alle Rechte, insbesondere das Recht der Vervielfältigung und Verbreitung
sowie der Übersetzung, vorbehalten. Kein Teil des Werkes darf in irgend-
einer Form (durch Photokopie, Mikrofilm oder ein anderes Verfahren)
ohne schriftliche Genehmigung des Verlages reproduziert oder unter Verwendung elektronischer Systeme verarbeitet, vervielfältigt oder verbreitet
werden.

5., unveränderte Auflage 1992

Lektorat: Peter E. Kalb

© 1982 Beltz Verlag · Weinheim und Basel
Umschlaggestaltung: Atelier Warminski, Büdingen
Umschlagfoto: Roland Asanger, Hemsbach
Printed in Germany

ISBN 3 407 62064 0

Inhaltsverzeichnis

		Seite
	Vorwort	9
1.1	Alphabetisches Verzeichnis der Rechtschreibfälle	10
2.	**Aspekte des Rechtschreibenlernens**	11
2.1	Schulkreuz Rechtschreibung	
2.2	Der Stellenwert der Rechtschreibung und Konsequenzen	
3.	**Linguistische Aspekte**	13
4.	**Allgemeine Gesichtspunkte zum Problem Übung**	15
4.1	Rechtschreibenlernen ist abhängig von der Qualität des Lehrens und Übens	
4.2	Ohne Übung und Wiederholung kein Erfolg	
4.3	Grundsätze des Übens und Wiederholens	
4.4	Übungsphasen	16
4.4.1	Die Adaptionsphase	
4.4.2	Die Imitationsphase	
4.4.3	Die aktive Phase der reflektierenden Erarbeitung	
4.4.4	Die Phase der Mechanisierung	17
4.4.5	Die Phase der variierenden Übung	
4.4.6	Die Phase der kombinierenden Übung	
4.4.7	Die Phase der zweckgerichteten lebensnahen Anwendung	
5.	**Funktionelle Aspekte**	18
5.1	Wortbild- und Wortstrukturtraining als Schwerpunkt des Unterrichts	
5.2	Gliederungshilfen für die Einprogrammierung von Wortbildern	19
5.2.1	Morpheme als Gliederungshilfen	
5.2.2	Übungen zur Entwicklung der Gliederungsfähigkeit	
5.2.3	Kleinwörter als Gliederungshilfen	22
5.2.4	Optische Gliederungshilfen	
5.3	Aufschreiben aus dem Kurzspeicher-Gedächtnis	23
5.4	Zusammenhang zwischen Rechtschreibenlernen und Schriftqualität	
5.5	Funktionskomponenten des Rechtschreibenlernens	24
5.6	Analogietraining zur Verstärkung der Rechtschreibkompetenz	25
5.6.1	Signalgruppentraining	25
5.6.2	Reimwörtertraining	26
5.6.3	Wortstammtraining	
5.7	Zum Rechtschreibenlernen gehört akustisches Training	27
5.8	Andere Lernhilfen	28
5.8.1	Hilfen nach dem Lautabbildungsprinzip	
5.8.2	Hilfen im grammatisch bezogenen Regelbereich	
5.8.3	Hilfen im syntaktischen Bereich	
5.8.4	Hilfen im pragmatischen Bereich	
5.8.5	Hilfen im semantischen Bereich	
5.8.6	Hilfen bei Sonderfällen	
5.8.7	Hilfen im mnemotechnischen Bereich	
5.8.8	Hilfen durch Stärkung der Transferfähigkeit	29
5.9	Schneller und sicherer schreiben lernen	29
6.	**Erlebnisbezug, der sinnvolle Bezug zu einem vertrauten Sachinhalt und seine Wirkung auf Effektivität des Rechtschreibenlernens**	30
7.	**Die Motivation im Rechtschreibunterricht**	31
7.1	Erfolge als Voraussetzung für Schülermotivation	
7.2	Extrinsische und intrinsische Motivation im Rechtschreibunterricht	32
7.3	Motivationsmöglichkeiten	
7.3.1	Lebensnahe Unterrichtsinhalte	
7.3.2	Texte mit interessanten sprachlichen Einstiegssituationen	33
7.3.3	Wortsammlungen, welche die Schüler zu aktiven Sprach- und Rechtschreibhandlungen anregen	
7.3.4	Erlebnisse der Lücke	
7.3.5	Überraschungseffekt	33
7.3.6	Entscheidungserlebnisse	34
7.3.7	Anbieten von Lösungskontrollen, die der Schüler selbständig durchführen kann	36
7.3.8	Ausnutzung der äußeren Form	
7.3.9	Angebotsvielfalt weckt Übungsbereitschaft	
8.	**Lernorganisation des Rechtschreibunterrichtes**	37
8.1	Festlegung der Lerninhalte	
8.2	Die unterrichtliche Sache zur Absicht des Schülers machen!	
8.3	Sich an Ranschburg erinnern!	38
8.4	Die Einprägung von Fehlerschreibweisen verhindern!	
8.5	Differenzierung muß sein!	39
9.	**Übungsnotwendigkeiten und Übungsmöglichkeiten**	40
9.1	Buchstaben- und Lauttraining	40
9.1.1	Unterscheidung von Lautzeichen und Laut; Sicherung der Laut-Zeichen-Verbindung	
9.1.2	Handzeichen als Gedächtnishilfe für phonematische Diskrimination	44
9.1.3	Buchstaben erkennen, wiedererkennen, ordnen und zuordnen	52
9.1.4	Festigung des Klangbildes eines Lautes	58
9.1.5	Bewußt auf Laute hören	58
9.1.6	Aus Anlauten Wörter machen	60
9.1.7	Erkennen von Buchstabenfolgen in Wörtern	61
9.1.8	Buchstaben und Buchstabenfolgen nach Lautdiktat schreiben	
9.1.9	Zuordnung von lautgleichen Buchstaben verschiedener Schriften	62
9.1.10	Bewußtmachen von Differenzierungsmerkmalen bei Buchstaben und Lauten	64
9.1.11	Lokalisierung eines Lautes, eines Buchstabens innerhalb der Reihenfolge im Wort	69
9.1.12	Alphabetübungen zur Einführung in den Gebrauch von Nachschlagewerken	71

		Seite			Seite
9.2	Akustisches und visuelles Analysetraining	73	9.4.6	Erkennen, Differenzieren und Anwenden von schwierigen Mitlautanhäufungen	132
9.2.1	Akustische Differenzierung einzelner Laute	73	9.4.7	Differenzieren von Laut und Umlaut, Differenzieren ähnlicher Umlaute	134
9.2.2	Akustische Analyse des Anlautes		9.4.8	Visuelle und akustische Unterscheidung häufig vorkommender Morpheme	136
9.2.3	Akustische Analyse von In- oder Endlauten	74			
9.2.4	Visuelle Identifikation von Buchstaben	75	9.4.9	Akustisches und visuelles Ausgliedern von Signalgruppen	137
9.2.5	Visuelle Identifikation schwieriger Buchstabengruppen	76			
9.2.6	Durch Streichen, Austauschen oder Einsetzen eines Lautes/Buchstabens andere Wörter entstehen lassen	79	9.4.10	Unterscheidung ähnlich aussehender und ähnlich klingender Wortpaare und Lautverbindungen	138
9.2.7	Wörter auf- und abbauen	81	9.4.11	Aus einem Wort durch Auswechseln eines Buchstabens ein neues Wort bilden	140
9.2.8	Die Stellung eines Lautes im Wort bestimmen	82			
			9.4.12	Fehler erkennen	14
9.2.9	Buchstaben- bzw. Lautreihenfolgen umkehren und umgekehrte Stellungen berichtigen	83	9.4.13	Wörterschlangen in Einzelwörter trennen	
			9.4.14	Homophone: Differenzierungen mit Hilfe der Logik	
9.2.10	Wörter in Schriftspurmuster eintragen		9.5	Wortbild- und Wortstrukturtraining	14
9.2.11	Bewußtmachen unterschiedlicher Lautfärbungen eines Lautes	84	9.5.1	Zu Bildern entsprechende Wortbilder finden und zuordnen; zu Gegenständen Begriffe finden	14
9.2.12	Wörter in Laute und Buchstaben zerlegen; Bewußtmachen des Unterschiedes von Lauten und Buchstaben	85			
			9.5.2	Wörter ihren Oberbegriffen zuordnen	14
			9.5.3	Zuordnung Wort–Wort	14
9.2.13	Wörter in Silben zerlegen und nach Silbenzahl ordnen	86	9.5.4	Aus einem gegebenem Wortschatz Wörter nach ihrer Gestalt wiedererkennen	15
9.3	Akustisches und visuelles Synthesetraining	87	9.5.5	Möglichkeiten der Einübung eines einzelnen Wortes	15
9.3.1	Zusammenschleifen von Lauten und Buchstaben zu Silben				
			9.5.6	Training von Häufigkeitswörtern	
9.3.2	Zusammenschleifen von Lauten zu kleinen Wörtern	88	9.5.7	Arbeit mit Reimwörtern	
			9.5.8	Wörterzaubereien	
9.3.3	Zuordnung von Anfangsbuchstaben und -lauten zum Wortrest	89	9.5.9	Wortbildung durch Zusammensetzen	
			9.5.10	Wörter an markanten Wortteilen erkennen	
9.3.4	Buchstaben richtig zusammensetzen	90	9.5.11	Wörter mit Mitlauthäufungen üben	
			9.5.12	Markierung von Wortteilen erleichtert das Erfassen von Wortbildern	
9.3.5	Bei vorgegebenem Bild die Buchstaben in richtiger Reihenfolge synthetisieren	93			
			9.5.13	Wortbilder nach ihrer Klang- und Formkonstanz identifizieren	16
9.3.6	Auf- und abbauendes Phasenlesen	94			
9.3.7	Durch Streichung oder Auswechslung eines Buchstabens ein neues Wort synthetisieren	96	9.5.14	Übungen mit Wortfamilien	17
			9.5.15	Training von Wortfeldern	17
9.3.8	Mit schwierigen Lautverbindungen synthetisieren	96	9.5.16	Ordnen von Wörtern zu sinnvollen Sätzen	17
			9.5.17	Schlangensätze in ihre Wörter zerlegen	17
9.3.9	Rückwärtslesen als Synthesetraining	105	9.5.18	Fehlende Buchstaben oder Signalgruppen einsetzen	17
9.3.10	Kleinwörter als Bausteine größerer Wörter erkennen und synthetisieren	106			
			9.6	Analogietraining	17
9.3.11	Synthesearbeit mit Silben	108	9.6.1	Die wichtigsten Signalgruppen und signalgruppenähnlichen Buchstabenzusammensetzungen	
9.3.12	Wörter aus ungeordneten Wortstücken synthetisieren	114			
9.4	Akustisches und visuelles Differenzierungstraining	115	9.6.2	Mit Signalgruppen Wörter bilden	17
			9.6.3	Übungen mit Signalgruppen als Mitlauthäufungen am Wortanfang	18
9.4.1	Heraushören von Lauten	115			
9.4.2	Akustische Lokalisation von An-, In- und Endlauten und von wenig hervortretenden Lauten	117	9.6.4	Wörter nach Signalgruppen ordnen	18
			9.6.5	Signalgruppen wiedererkennen	
			9.6.6	Zu Signalgruppen Wörter finden	18
9.4.3	Akustische Differenzierung von „harten" und „weichen" Lauten	117	9.6.7	Reimwörter: Akustische Gruppierungsübungen	18
9.4.4	Unterscheidung kurz- und langklingender Vokale	121	9.6.8	Reimwörter: Visuell-graphomotorische Übungen	18
9.4.5	Visuelle und akustische Differenzierung ähnlicher Laute und Buchstaben	122	9.6.9	Übungen mit Diminutiv- und Flexionsformen	18

		Seite			Seite
9.6.10	Wortstamm-Übungen	189	9.7.5	Sonderfälle	238
9.7	Regeltraining	191	9.7.5.1	ß – ss – s	238
9.7.1	Groß- und Kleinschreibung	191	9.7.5.2	sp – Sp	243
9.7.1.1	Nomen finden und erkennen	191	9.7.5.3	st – St	244
9.7.1.2	Zu Nomen gehören Geschlechtswörter (Artikel)	194	9.7.5.4	v – V; ver …, viel …, voll …, vor …	247
			9.7.5.5	pf – Pf	250
9.7.1.3	Wörter mit der Endung -ung, -heit, -keit, -schaft oder -nis sind Nomen!	195	9.7.5.6	ch	251
			9.7.5.7	Differenzierung rch – rsch	253
9.7.1.4	Großschreibung von zusammengesetzten Nomen. Das Grundwort bestimmt ihr Geschlechtswort	197	9.7.5.8	x-Laute	253
			9.7.5.9	z – Z	255
			9.7.5.10	qu – Qu	257
9.7.1.5	Tuwörter (Verben) sagen, was Menschen, Tiere, Pflanzen und Dinge tun. Tuwörter schreibe ich klein!	199	9.7.5.11	ns	258
			9.7.5.12	eu – Eu	259
			9.7.5.13	dt	260
			9.7.5.14	Ein Maler malt	260
9.7.1.6	Aus Vorsilben und Verben werden zusammengesetzte Verben; auch sie werden klein geschrieben!	201	9.7.5.15	Mühlen mahlen	261
			9.7.5.16	fertig	261
			9.7.5.17	fallen – fiel	262
9.7.1.7	Wiewörter (Adjektive) werden klein geschrieben!	203	9.7.5.18	Fremdwörter haben kein ck!	262
			9.7.5.19	Zusammengesetzte Wörter mit Häufung des gleichen Konsonanten	263
9.7.1.8	Zusammengesetzte Adjektive werden auch klein geschrieben!	206			
9.7.1.9	Aus Nomen werden Verben	206	**10.**	**Vorschläge für Arbeitspläne der einzelnen Schuljahre**	**264**
9.7.1.10	Aus Verben werden Nomen, aus Tätigkeiten werden Personen	207	10.1	Grundkonzeption	264
9.7.1.11	Unterscheidung der Wortarten und der Groß- und Kleinschreibung	209	10.2	1./2. Schuljahr – Schwerpunkt 2. Schuljahr	264
			10.3	3. Schuljahr	268
9.7.2	Ableitungen	210	10.4	4. Schuljahr	270
9.7.2.1	Aus Selbstlauten (Vokalen) werden Umlaute	210	**11.**	**Die Übungseinheiten**	**273**
			11.1	Texte als Übungseinheiten – Textgruppe 1	273
			11.1.1	Arbeitsvorschlag 1./2. Schuljahr: „Rätsel"	273
9.7.2.2	Erkennen von auslautenden Mitlauten (Konsonanten) durch Verlängern des Wortes	213	11.1.2	Arbeitsvorschlag 2. Schuljahr: „Im Wald lebt ein Kletterer"	276
9.7.2.3	In Wörtern einer Wortfamilie bleibt der Wortstamm erhalten!	216	11.1.3	Differenzierungsvorschlag 2. Schuljahr für Kinder mit Rechtschreibschwierigkeiten: „Ein Kletterer"	279
9.7.3	Doppelung von Mitlauten nach kurzklingenden Selbstlauten	220	11.1.4	Arbeitsvorschlag 3. Schuljahr: „Herr Scherz und sein Hahn"	282
9.7.3.1	Differenzierung kurz oder lang klingender Vokale	220	11.1.5	Arbeitsvorschlag 4. Schuljahr: „Geburtstagsfeier"	285
9.7.3.2	Wörter, die nach kurz klingendem Selbstlaut einen Doppelmitlaut haben	221	11.2	Texte als Übungseinheiten – Textgruppe 2: Erarbeitung eines Textes mit Hilfen von Teiltexten	289
9.7.3.3	Silbentrennung bei Doppelmitlauten; Doppelmitlaute durch Silbenzusammensetzung wieder entstehen lassen	223	11.2.1	Arbeitsvorschlag 2. Schuljahr: „Ausländische Kinder unter uns"	289
9.7.3.4	ck-Wörter	223	11.2.2	Arbeitsvorschlag 2. Schuljahr mit Worttraining: „Der Kalender"	290
9.7.3.5	In Fremdwörtern gibt es kein ck, sondern immer nur k!	224	11.2.3	Arbeitsvorschlag 3. Schuljahr mit weiterführendem Worttraining: „Telefonieren"	294
9.7.3.6	Nach l, n, r, das merke ja, steht nie tz und nie ck!	225	11.2.4	Arbeitsvorschlag 4. Schuljahr: „Insekten"	298
9.7.3.7	tz-Wörter	227	11.3	Übungseinheiten, die vom Wortschatz oder von grammatischen bzw. regelhaften Gesichtspunkten ausgehen	299
9.7.4	Dehnung	229			
9.7.4.1	Ein h hinter einem Selbstlaut macht diesen Selbstlaut lang!	229	11.3.1	Arbeitsvorschlag 2. Schuljahr: „Der Kalender"	300
9.7.4.2	Wörter mit Doppelvokalen	231			
9.7.4.3	Doppel-ä gibt es nicht!	232	11.3.2	Arbeitsvorschlag 3. Schuljahr: „Wörter mit der Endsilbe ‚ig' sind Wiewörter"	303
9.7.4.4	Wörter mit ie	233			
9.7.4.5	Wörter mit ieh	234	11.3.3	Arbeitsvorschlag 4. Schuljahr: „Insekten, die uns plagen"	304
9.7.4.6	Das Binde-h bleibt als Dehnungs-h erhalten!	235			
9.7.4.7	Einfacher Selbstlaut – und doch lang	236			

		Seite
12.	**Analyse eines Übungstextes**	308
13.	**Das Diktat – ein besonderes Rechtschreibkapitel**	311
14.	**Möglichkeiten für Wiederholungsübungen und Lernkontrollen**	313
14.1	Möglichkeiten ab 3. Schuljahr	
14.1.1	Ein Wortfeld zusammenstellen	
14.1.2	Fragen beantworten	
14.1.3	Einen Lückentext mit vorher ausreichend geübten Wörtern ausfüllen	314
14.1.4	Aus Wortreihen sinnvolle Sätze bilden	315
14.1.5	Partnerdiktate	
14.1.6	Partner-Merkwörter-Diktat	
14.1.7	Lehrer- oder Tonband-Diktat	316
14.1.8	Das Zweistufen-Diktat	
14.2	Möglichkeiten für das 1. und 2. Schuljahr	
14.2.1	Umgang mit Wortkarten	
14.2.2	Analogiebildungen	
14.2.3	Wortlücken in vorher geübten Wörtern ausfüllen	
14.2.4	Wörter an markanten Teilen wiedererkennen	317
14.2.5	Lücken in Sätzen oder kleinen Texten einer vorher sachlich und rechtschriftlich verarbeiteten Übungseinheit ausfüllen	
14.2.6	Buchstaben zu Wörtern zusammensetzen	
14.2.7	Hinführung zum Schreiben nach Gehör	
14.2.8	Das Bild-Diktat	317
14.2.9	Das „Aus-dem-Kopf-Diktat"	318
15.	**Sinnvolle Korrekturmöglichkeiten**	319
16.	**Anmerkungen**	321
17.	**Sachregister**	322

1. Vorwort

Dieses Handbuch will denen Hilfe sein, die nach fachdidaktischen Klärungen und methodischen Möglichkeiten für den Rechtschreibunterricht suchen. Es will dazu beitragen, die Bedeutung der Übung wieder ins Bewußtsein der Lehrenden zu rücken. Es will darauf hinweisen, wie umfassend die Übungsnotwendigkeiten sind, und welche Vielfalt an Übungsmöglichkeiten genutzt werden kann, um Schüler zu motivieren und rechtschreibtüchtig zu machen.

Weil Rechtschreibtraining grundsätzlich auf die individuellen Lern- und Übungsschwerpunkte des einzelnen Schülers bzw. einzelner Schülergruppen abgestimmt werden muß, kann es nicht in genormten „Konservenlektionen" verabreicht werden.

Gewiß können die einzelnen angebotenen Übungsbeispiele direkt für den Unterricht übernommen werden, *die Vorschläge sind aber hauptsächlich als Hinweise auf notwendige Arbeiten in verschiedenen Übungsbereichen und auf zu erreichende Übungsziele gedacht, als Anregungen für Übungskonzeptionen und als Modelle, die auf andere Rechtschreibinhalte transferiert werden können.*

Das Buch zeigt Möglichkeiten und Notwendigkeiten auf, mit denen Übung und Wiederholung für den Schüler variabel und motivierend gestaltet werden können, damit Rechtschreibunterricht beim Schüler Interesse, Engagement und Fertigkeiten bewirkt.

Alphabetisches Verzeichnis der Rechtschreibfälle

A	60
a (a, a)	69, 75, 219, 220
aa	205, 231
a–ä	65, 66, 210–212
aa–a	232
ach	181
Adjektiv	110, 145, 149, 162, 203-206, 219
ä–e	65
ah	220, 229
äh	209, 218, 229
amm	181
and	90
ang	178
ann	181, 187
ank	182
ans	88
anz	179
a–o	55, 129
app	179
au–äu	76, 77, 88, 213, 217
äu–eu	213
atz	155, 187
aus	143
B	42, 55, 57, 59
b	55, 62, 75, 214 (i. Auslaut)
b–d	55, 122, 123
be...	201
Bl/bl	96, 97
B–P	117, 124 (s)
b–p	43, 59, 119, 120, 214
B–R (s)	125
ch	49, 170, 174, 181, 198, 251, 252
...chen	110, 188
ch-sch	130, 131
chs	254
cht	133
ck	175, 179, 180
cks	255
D/d	47, 54, 55, 141
d (im Auslaut)	41, 180, 215
Dehnung	einf. Selbstlaut 236-238
Doppelmitlaute	90, 96, 138, 166, 174, 179, 183-187, 217
Dr/dr	97
dt	260
Differenzierung:	
a–o (s)	55, 129
a–u (s)	129
ch-sch	130, 131
d–b	55, 122 123
d–t	130
g–k	118, 215, 219
g–ng	195
g–q (s)	131
h–k (s)	129
ie–ei	66-70, 127, 128, 209
I-J (s)	124
I-K (s)	61
K-H (s)	67
Konsonanten (ähnliche)	214, 215, 242
K-R (s)	124
ng-nk	139
nn-ng	139
ö–ü (s)	64, 65, 134, 135
P-B (s)	117, 119, 124
p–b	43, 59, 119, 120
T-F (s)	125
Vokale (kurz-lang)	220-222
v-f	234
V-U (s)	122
V-W (s)	122, 124

E	53
e	45, 74, 75, 84, 85, 222
eck	179
ee	205, 231, 232
eh	200, 219, 220, 229
ei	76, 208
ei–ie	127, 128
ein	78, 166
...ell	138
..eln	208, 218
-..enn (.enne)	187, 156
-ent..	202
..er/..ern	136, 137/78
..etz	187
F	60
f	48, 62, 234
...fahr	171, 189
fertig	261, 262
ff	174
...fisch	190, 216
Fl	98
Flexionsendungen	188-190, 199, 200
Fr/fr	98
f-v	234
G/g	47, 54, 55, 75, 215
Gans	258, 259
gehen	172
...gel/..gen/..ger	111
g-k	215, 219
gl/Gl	98, 99
g-ng	195
g-q	131
Gr	99, 100
Großschreibung	209, 210, 195-197 s. auch Nomen
h als Dehnungs-h	51, 183, 230, 231
h als Binde-h	185, 235, 236
...heit	195-197
h-k (s)	129
..her	106
I/i	50, 55, 61, 221
I-K (s)	61
ie	45, 88, 157, 199, 216, 233, 234 (viel)
ie-ei	66-68, 209
ieh	218, 234, 235, 249
..ieren	164, 168, 206
..ig	110
I-J (s)	124
..ind	180
..ine	179, 198
...ing	137
..inn/..inne	156, 187
..ipp..	179
isch	186
itz	155, 156, 180, 187
j	49
J-I (s)	124
K/k	47, 57, 76, 215
k in Fremdwörter	224, 262, 263
...keit	195-197
..kel/..ken/..ker	109
..kenn	171
k-g	118, 215
K-H (s)	67
K-J (s)	61
Kl..	99
Kleinwörter	106, 154, 155
Kn	99
Konsonanten: Häufung gleicher	263
Doppelung	221, 223, 224, 253
K-R (s)	124
Kr	99

ld	101, 175
..lein (-chen)	188
..lk	103, 167, 225-227
ll	174, 185, 186, 217
lz	163, 203, 226, 227
m	49
mahlen	260, 261
malen	260
Meer	262
mehr	262
Mitlauthäufung	69, 80, 163, 165
M-N/m-n	125/125-127
n	49, 133
nenn	171
nd	178
ng	41, 50, 61, 96, 103, 184, 186, 195, 205
ng-nk	139
ng-nn	139
nis	195-197
nk	103, 167, 184, 197, 225-227
nn	169, 181, 185, 187, 216
Nomen	92, 144-148, 150, 151, 156-161, 188, 191-195
..ns	258, 259
..nz	163, 226, 227
o	45, 54
o-a (s)	55
o-ö	213, 216
och	177
ö	65, 66, 208
öh	200, 210, 229
onn/onne	156
opf	178
ö-ü	64, 134
otz	187
P/p	42, 47, 54, 58, 60, 214
P-B (s)	117, 119, 124
p-b	43, 59, 119, 120
pp	90, 96, 179, 183, 186
Präposition	161
P-T (s)	125
Punkt	136
pf/Pf	58, 78, 80, 92, 100, 146, 173, 181, 198, 250, 251
q	52
q-g	131
Qu/qu	92, 257, 258
R/r	50, 53, 56, 69, 82, 116, 117, 132, 140
r (versteckt klingend)	165
rch	253
rd	101
..renn..	171
rk	61, 103, 167, 226, 227
rm/rn	101
rsch	133, 253
rst	133
rz	163
s	48, 199 (Auslaut), 242
ss	171, 185, 186, 240
s-ß	215, 242
ss-ß	241, 242
ß	47, 76, 171, 238-242
sch	48, 117
schl	183

schm	183
schw	182, 183
schr	100
Selbstlaute	69, 79-81, 121, 157
Silben	107, 110-113, 158, 167, 168
S-L (s)	67
sp	59, 243, 244
spr	100, 173, 182
st/St	76, 77, 244-247
Str	101, 182
t/T	47, 60
tt	90, 169, 185
t-d	118, 215
T-F (s)	125
Tr	104
..tsch..	184
tz	104, 155, 156, 169, 180, 184, 187, 227, 228
..etz..	187
..itz..	155, 156, 180, 187
..utz..	187
u/u	45, 54, 221
u-a (s)	129
..ude	156
ü	65, 66, 115
üh/uh	200, 220, 229
ü-i/ie	134
ü-ö	64, 65, 134, 135
u-ü	134, 217
..umm..	187
..ung	195, 197
un..	129
..upp	179
..upf	181
..us	90
..ut..	90
..utz	187
U-V (s)	67, 122
V	48, 247, 248
ver...	248, 249
Verben	144, 147, 149 (3. Pers.), 150, 157, 161-162 (zus. ges.), 188, 189, 199, 200, 206
v-f	234
viel	234
voll/vor	248, 249
Vorsilben	168, 201, 202
V-U (s)	122
V-W (s)	122, 124
W	50
Wiewort	91, 203-205, 219
Wortfeld	172, 173, 199
Wortstamm	171, 172, 189, 190, 216-220
X	52, 253
chs	254
cks	255
Z	51, 60, 179
zer..	202

2. Aspekte des Rechtschreibenlernens

2.1 Schulkreuz Rechtschreibung

Fragt man nach Ursachen schwacher Rechtschreibleistungen, so werden in der Regel multikausale Erklärungen gegeben. Nahezu fatalistisch werden Begabungsdefizite, akustische und visuelle Wahrnehmungsschwächen, wie z. B. geringer Wahrnehmungsumfang, wenig ausgeprägte Wahrnehmungstrennschärfe, nicht vorhandene Differenzierungs- und Gliederungsfähigkeit, zu langsames Wahrnehmungstempo, Mängel des Kurz- und Langspeichergedächtnisses, sprachliche Schwierigkeiten im weitesten Sinne, Konzentrationsschwächen, Motivationsschwierigkeiten, ungünstige Lernbedingungen in Schule und Elternhaus oder auch zu unausgewogene Anforderungen genannt.

Teils berechtigt, teils unberechtigt spiegelt sich die öffentliche Meinung in die Schule zurück als Entrüstung über katastrophale Rechtschreibfertigkeiten von Schulabgängern aller Stufen. Rechtschreibunterricht steht im Spannungsfeld zwischen didaktischer Aufmerksamkeit und Vernachlässigung (Vernachlässigung von Übung!), zwischen Streben nach Effektivität und Erfolglosigkeit. Die Suche nach dem effektivsten Vermittlungskonzept, oft auch nach Patentlösungen, Schüler für das Rechtschreibenlernen zu motivieren, belastet die Lehrkräfte. Die aus einer diesbezüglich vielleicht zu simplen Lehrerbildung hervorgegangenen Lehrer fühlen sich unsicher und suchen nach Lösungen. Einen auf Schulstufen bezogenen verbindlichen Grundwortschatz gibt es nicht[1], die Lerninhalte sind nicht exakt Schuljahrgängen zugeordnet, man bekommt die Materie nicht in den Griff.

Rechtschreiben-Lernen bedeutet vielen Schülern eine fortwährende Quelle Angst verursachender Momente.

Die allgemeine Situation erscheint manchen Lehrern beunruhigend und angesichts der wenigen Deutschstunden belastend. Manche Lehrkräfte weichen der Aufgabe aus, nehmen aber gleichzeitig den Schülern deren Abneigung gegenüber Rechtschreibung übel. Immerhin – und das ist tröstlich – hat aber die „Nützlichkeit der Erfindung der Legasthenie"[2] und damit die Beschäftigung mit den Schwierigkeiten des lese-rechtschreibschwachen Kindes viele Lehrkräfte problembewußter und auch selbstkritischer gemacht. Vor allem ist das Thema „Übung" nach längerer Abstinenz in der Fachliteratur wieder in den Horizontkreis von Schule gerückt. Fragen wie „Üben wir altersgemäß?" – „Üben wir differenzierend und zielgerichtet?" – „Üben wir ausreichend genug?" – „Sind die Übungen motivierend?" beinhalten positive Ansätze.

2.2 Der Stellenwert der Rechtschreibung und Konsequenzen

Bestimmend für den Stellenwert der Rechtschreibung im allgemeinen wirkt das Verhältnis von Sprache und Schrift. Wird der Sprache wie auch der Schrift eine ausgesprochen kommunikative Funktion zugeordnet, dann kann auch durch rechtschriftliche Unsicherheiten oder sogar grobe Verstöße gegen orthographische Normen ein Verständigungsablauf nicht unmöglich gemacht werden: „Gip mier bidde den Vüllväter hallter!"

Unter solcher Prämisse aber an unseren Schulen Rechtschreibunterricht betreiben zu wollen, wäre nichts anderes als ein von vornherein zum Scheitern verurteilter Versuch, einer Überbewertung von Rechtschreibung in unserer Gesellschaft zu begegnen. Dieser Versuch ginge in verhängnisvoller Weise zu Lasten der Schüler.

Nehmen wir als allgemeines Lernziel von Rechtschreibunterricht den Erwerb einer differenzierten schriftlichen Kommunikationsfähigkeit, dann braucht geschriebene Sprache, die in vielfältiger Form und Zielsetzung ihren Niederschlag findet, eine größtmögliche normengerechte Sicherung. Nur so werden ärgerliche, den Verstehensablauf beim Lesen von Schrift belastende und vor allem zeitraubende Kommunikationsstörungen vermieden.

Welchen Stellenwert – positiv oder negativ gesehen – Rechtschreibung für den einzelnen Schüler einnimmt, hängt zu einem großen Teil davon ab, wie die Schule selbst Motivations-, Lehr-, Lern- und Übungsschwierigkeiten bewältigt.

Von den richtigen didaktischen Ansätzen, von der Ausgewogenheit und Angepaßtheit der Methoden, von der Berücksichtigung der Lernvoraussetzungen des einzelnen Schülers, seiner individuellen Stärken und Schwächen und der Ausnutzung aller sensorischen Funktionskräfte hängt es ab, inwieweit dem Schüler Lernchancen geboten werden und wie er sie zu nutzen vermag.

Vor allem aber tragen individuell angepaßte und ausreichende Übungsangebote dazu bei, das Verhältnis des einzelnen Kindes zur Rechtschreibung positiv zu formen.

Konsequenzen müssen gesehen werden:

Ein Kind, das in der Grundschule und im anschließenden 5. und 6. Schuljahr nicht für Rechtschreiben motiviert wurde und nicht ausreichende Grundfertigkeiten erwarb, hat in der Regel geringere Chancen, in einer weiterführenden Schule voranzukommen als ein motivierter Rechtschreiber; denn Rechtschreibung wirkt entsprechend negativ oder positiv weiter in andere Unterrichtsgebiete, so in den Deutschunterricht beim schriftlichen Ausdruck, bei der Erfassung von Texten und grammatischen Strukturen, darüber hinaus in allen Fachbereichen bei der schriftlichen Information und Darstellung.

Wer bis zum 8. Schuljahr nicht Lese- und Schreibstrategien, nicht die sichere Beherrschung eines angemessenen Grundwortschatzes und nicht den sicheren Umgang mit dem Wörterbuch erwirbt, bleibt rechtschreibschwach, wie man diesen Begriff auch immer definieren mag.

Wer Nachholbedarf im Rechtschreiben behält, verringert in großen Bereichen unserer Gesellschaft seine Chancen für berufliche und andere Lebensbereiche, ja baut u. U. sogar Barrieren für seine Persönlichkeitsentwicklung auf. Daß man ein gestörtes Verhältnis zur Orthographie behält und z. B. doch Präsident eines großen Landes werden kann (USA = J. F. Kennedy)[3], wirkt in unserer Rechtschreib-Bildungsschicht immer noch schockierend.

Weil das so ist, gehört Rechtschreiben-Lehren zu den notwendigen und bleibenden Aufgaben von Schule. Aber Schule sollte sich endlich davon freimachen, Lehrerurteile und Erwartungen gegenüber Schülern von den erbrachten Rechtschreibleistungen aus abzuleiten oder gar von schlechten Rechtschreibleistungen von vornherein auf Intelligenzdefekte zu schließen. Mäßige Rechtschreiber werden schließlich gar zu leicht diskriminiert, wenn Lehrer die Rechtschreibleistung ungerechtfertigt als Orientierungsmarke für die Einschätzung anderer Schulleistungen, die weniger klar meßbar sind, benutzen. Innerhalb unseres nicht lauttreuen Schriftsystems mit seinen zahlreichen orthographischen Unsinnigkeiten wird für einen Schüler kaum eine absolute Sicherheit in der Beherrschung orthographischer Normen erreichbar sein. Ziel schulischen Rechtschreibunterrichtes kann deshalb bei gebührender Berücksichtigung einer Toleranzspanne im Hinblick auf orthographische Abweichungen nur eine relative Rechtschreibsicherheit sein.

Um diese zu erreichen, muß Schule

a) den Rechtschreibunterricht sorgfältig planen. (Dabei sollte es endlich zu einer Aufgabenabstimmung zwischen Lehrern der einzelnen Schuljahre und vor allem auch zwischen Lehrern verschiedener Schulformen kommen, und das sowohl in bezug auf eine Entkrampfung in der Beurteilung des Stellenwertes von Rechtschreibung als auch in bezug auf Übungsnotwendigkeiten, Lernziele und Arbeitspläne, die systematisch aufbauend für das 2. bis 8. Schuljahr aller Schulnormen konzipiert werden müssen; denn diese Zeitspanne wird in allen Schulformen benötigt, um den Normalschüler mit gezielten und ausreichenden Übungen zu relativer Rechtschreibsicherheit zu führen.)

b) bis zum 8. Schuljahr in allen Schulformen genügend Übungszeit zur Verfügung stellen! Wo zu wenig oder nicht geübt wird, kann vom Schüler keine Fertigkeit erwartet werden.

c) genügend individuell abgestimmte Übungsangebote verfügbar machen.

d) den Fehler vermeiden, Schüler mit Prüfungssituationen über Rechtschreibinhalte, die sie im Unterricht nicht erlernen bzw. ausreichend üben konnten, zu plagen. In keinem anderen Fach werden diesbezüglich den Schülern gegenüber so viele Unverschämtheiten begangen wie gerade in der Rechtschreibung.

Der Schüler kann nur lernen und üben, wenn ihm das Lernziel bekannt, wenn ihm ein fest umrissener Wortschatz, Text- oder Regelbereich angeboten worden ist. Unterrichtsziele im Rechtschreiben sollten genau wie die anderer Fächer nicht zur Geheimsache gemacht werden, bis schließlich das doch so fragwürdige „ungeübte" Diktat mit Prüfungscharakter das Geheimnis lüftet, was man als Schüler eigentlich lernen sollte, aber nicht konnte.

e) ... Wiederholungsübungen in die Jahresarbeit einplanen, um einen Grundwortschatz und ein relativ sicheres Umgehen mit den wenigen unanfechtbaren, keine Vielzahl von Ausnahmen zulassenden Regeln und anderen Hilfstechniken sichern zu können.

3. Linguistische Aspekte

Die Umsetzung von gesprochener in geschriebene Sprache geschieht auf vier Ebenen:

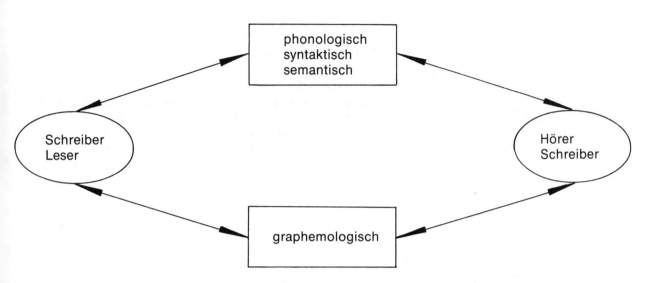

Die hauptsächlichste Bedeutung fällt der Umsetzung von phonologischen in graphemologische Strukturen zu.
Bei Einsicht in die Phonemstruktur unserer Sprache kann der Lernende eine stattliche Anzahl von Wortbildern richtig darstellen. Die unterschiedlichen Annahmen der Linguistik, ob bei rund 10% (nach Franken 1928) oder rund 70% (nach Mohr 1891) der Wörter unserer Sprache eine eindeutige Phonem-Graphem-Zuordnung möglich ist, sind wohl mit einer unterschiedlichen Auslegung des Begriffes „Lauttreue" zu begründen.

Dessen ungeachtet muß der intensive Zusammenhang zwischen dem phonemischen und graphemischen System in seiner Bedeutung für Rechtschreiben gesehen werden. Lehren und Lernen jedoch geraten dabei in einen Widerspruch; denn einerseits dürfen akustische Übungen nicht vernachlässigt werden, weil der Schüler lernen muß, Gehörtes lauttreu in Schrift umzusetzen. Andererseits kann die These „Schreibe, wie du hörst (sprichst)!" nur bedingt hilfreich sein. Ja, sie besitzt im allgemeinen sehr eingeschränkte Gültigkeit und kann Schüler sehr verunsichern.

Stellt man den Buchstaben die sie vertretenden Lautvarianten gegenüber, dann wird dieser Unsicherheitsfaktor verdeutlicht. So kann z. B. das Zeichen „e" durch verschiedene Phoneme vertreten werden:

- durch ein gedehntes geschlossenes e (Eva, Esel ...)

- durch ein kurzes offenes „e", das wie „ä" gesprochen wird (streng, Schenkel, senkrecht ...)

- durch ein kurzes stimmschwaches „e" (Butter, einer, hinunter, komme).

Viele Beispiele unserer Schrift verdeutlichen, daß es für den die orthographischen Normen noch nicht Beherrschenden bei einer beträchtlichen Anzahl von Wörtern verschiedene klanggerechte Schreibweisen gibt:

Zum Beispiel:

braf – brahf – braaf – braav – brahv – praf – prahv – praav – **brav** – prav

Die Linguistik zeigt weiterhin, daß in unserer Schriftsprache nicht nur Sprechlaute (Phone), sondern vor allem auch Lautklassen (Phoneme) in Schriftzeichen (Grapheme) umgesetzt werden. Das bedeutet, in unserer Schrift werden nicht nur die in einem Wort artikulierten Laute (phonetisches Prinzip), sondern ebenso auch Lautklassenvertreter (phonematisches Prinzip) umgesetzt.
So stehen z.B. die Grapheme ‹n› oder ‹ch› für verschiedene phonetische Lautklassen-Möglichkeiten:

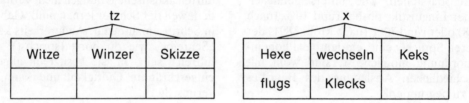

Umgekehrt wird die Darstellung einer phonetischen Möglichkeit erschwert durch die Benutzung verschiedener Grapheme:

	tz			x	
Witze	Winzer	Skizze	Hexe	wechseln	Keks
			flugs	Klecks	

Belastend kommt hinzu, daß für die Klangbilder vokalischer Kürzung und Dehnung keine einheitlichen Regelungen zu finden sind:

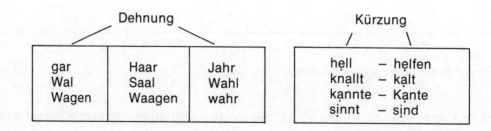

Gerade diese Sachverhalte bereiten dem Schüler die größten Schwierigkeiten, wenn er diese Rechtschreib-Probleme auf akustischem oder gar logischem Wege meistern will.

Die Beispiele zeigen aber auch, daß Rechtschreibung in diesen Bereichen keine Frage der Intelligenz sein kann.

4. Allgemeine Gesichtspunkte zum Problem Übung

4.1 Rechtschreibenlernen ist abhängig von der Qualität des Lehrens und Übens

Fehlerfreies Abschreiben ist zwar unabdingbare Notwendigkeit auf dem Wege zu relativer Sicherheit in der Orthographie. Besteht aber Rechtschreibmethodik in ihrem Kern darin, die Problematik des normengerechten Schreibenlernens nur durch quantitative Ausdehnung zu lösen, so wird dieses Rezept des häufigen Schreibens und Abschreibens wohl kaum erfolgreich sein.

In die Organisation des Lernprozesses muß grundsätzlich die Erkenntnis eingebracht werden, daß *Rechtschreibenlernen mehr ist als nur visuelle Aufnahme und graphomotorische Darstellung von Buchstaben, Silben* und *Wortbildern.*

Von Anfang an sollten im Unterricht des Schülers die Schreibübungen ergänzt und begleitet werden von Laut- und Buchstabenerkennungs- und Darstellungsübungen,
von Synthese- und Analysetraining,
von Lese- und Sprechübungen,
vor allem aber von Übungen zur Erfassung und Einprägung der Wortstrukturen,
von Übungen zur Stärkung des Wortbildgedächtnisses,
von Analogieübungen,
von gezieltem visuellen und akustischen Wahrnehmungstraining (Wahrnehmungsdurchgliederung, -differenzierung, -umfang, -tempo ...),
von unerläßlichen Übungen im Konzentrations- und Aufmerksamkeitsbereich,
von Regeltraining, soweit Regeln aufstellbar und absolut sind,
von Schrifttraining und
von Übungen zur Sensibilisierung des Schülers für Fehler.

4.2 Ohne Übung und Wiederholung kein Erfolg

Sowohl inhaltlich als auch vor allem zeitlich fordert der Rechtschreibunterricht seine Anerkennung, weil die Notwendigkeiten des Übens und Wiederholens gerade beim Rechtschreiben außergewöhnlich groß sind. Beachtet die Schule dies nicht, geht sie das Risiko ein, den Schüler in der Orthographie seiner Entwicklungsmöglichkeiten zu berauben, durch nur einmalige, spärliche oder falsch angelegte Übungen Barrieren aufzubauen, die – und das ist das Folgenschwere – über den Rechtschreibunterricht hinaus die allgemeinen schulischen Leistungen des Kindes negativ beeinflussen können.

Betrachtet man Lernkontrollen, schriftliche Arbeiten und Teste unter dem Gesichtspunkt der Übung, so haben sie ihre Berechtigung nur sekundär zum Zwecke der Leistungskontrolle und Beurteilung, primär aber von der Fehlerdiagnose her. Sie sind damit Aussage und Auftrag für gezielte Übungs-, Hilfs- und Fördermaßnahmen. Die Risiken eines ungezielten Übens sollte der Unterricht genauso vermeiden wie die des Übersättigtwerdens mit Übungen. Um zielgerichtete, individuell angepaßte Übungs- und Wiederholungsschwerpunkte bilden zu können, sollte das *Prinzip der Isolierung der Schwierigkeiten* alle planerischen Überlegungen beherrschen.

Ein solch ausgedehntes Gebiet, als das sich Rechtschreiben dem Schüler darstellt, zu erlernen, bedeutet in erster Linie, Fertigkeiten einzuüben und zu sichern. Das gelingt aber nur, wenn der Lernende genügend Zeit zur Einübung und Festigung zur Verfügung gestellt bekommt. Wie soll sonst die lesetechnische, inhaltliche, syntaktische und schließlich die orthographische Sicherung selbst gelingen. Genügend Übungszeit für den Schüler ist eine Grundforderung, die bei der Festsetzung der Anzahl der Deutschstunden berücksichtigt werden sollte. Entspricht der Durchschnittserfolg einer Klasse nicht den Erwartungen, so ist in den meisten Fällen mangelnde Übung und Wiederholung, fehlende Zielgerichtetheit oder auch ein falscher didaktischer Ansatz verantwortlich zu machen.

Erfolge werden nur durch Übung und Wiederholung erreicht, durch richtiges Üben und zielgerichtetes Wiederholen!!

4.3 Grundsätze des Übens und Wiederholens

Die Grundsätze des Übens und Wiederholens als Fixpunkte einer Unterrichtslehre für das Rechtschreibenlernen scheinen immer noch eine Minderbewertung zu erfahren, wenn nicht sogar vergessen zu sein. Das muß man aus zahlreichen auf dem Markt befindlichen Sprachbüchern mit Rechtschreibanhang und Rechtschreib-Arbeitsmitteln schließen. Sie zwingen den Schüler zwar zu einer einmaligen Kurzbeschäftigung mit Rechtschreibschwierigkeiten, ohne ihm aber genügend Übungsvariationen und wiederholendes Üben zu ermöglichen.

Bereits 1879 stellte Adolf Jost heraus, daß nur eine „ausgedehnteste Verteilung .." des zu festigenden Lernstoffes auf zahlreiche Übungen, „... also *diejenige Art,* bei *welcher auf einen Tag etwa eine Wiederholung kommt...*"[4], Assoziationsfestigkeit und damit Reproduktionsfestigkeit bewirkt. Mit anderen Worten, die *kurze, tägliche Wiederholung* verspricht den größten Erfolg.

Und Karl Odenbach folgert aus seiner so umfangreichen Erfahrung, daß „... *kurze, über einen längeren Zeitraum verteilte Wiederholungen ... wesentlich lernergiebiger* sind als langes Üben ..."[5] an einem Stück.

Rechtschreiben kann, wenn man diesen Grundsätzen folgt, kein Thema für weit auseinanderliegende Unterrichtseinheiten, es muß eine Sache der täglichen Übung und Wiederholung sein. Die *tägliche Kurzübung* sollte im Deutschunterricht oder – wenn notwendig – auch im Sachunterricht ihren festen Platz erhalten.

F. Vester[6] unterstreicht diesen Grundsatz, wenn er betont, daß jeder Lerngegenstand dem Kurzzeitgedächtnis in mehrmaliger Wiederholung angeboten werden muß, um schließlich im Langzeitgedächtnis gesichert werden zu können. Dann erst ist spontanes Abrufen möglich.

Weil die *erste Wiederholung nach der Einführung* im Hinblick auf die Merkfähigkeit eines Lerngegenstandes *am wirkungsvollsten* ist, muß ihr vom Lehrer besondere Aufmerksamkeit gewidmet werden.

4.4 Übungsphasen

Wie für den Unterricht im allgemeinen, so gilt auch für das Rechtschreibenlernen, daß Unterricht dann am erfolgreichsten ist, wenn der Lehrer unter Berücksichtigung eines theoretischen Prinzipienkatalogs lernpsychologisch bewußt seinen Unterricht steuert.

Üben selbst wird charakterisiert durch verschiedene Phasen. Wenn es auch sehr hilfreich sein kann, diese einzelnen Übungsphasen zu berücksichtigen, so muß jedoch vor ihrer mechanischen Anwendung im Rechtschreibunterricht gewarnt werden.

4.4.1 Die Adaptionsphase

In dieser ersten Phase sollte der Schüler eingestimmt, angepaßt und bereitgemacht werden für den erweiterten Zweck des Übens. Das Wissen um Inhalt, Aufgabe und Lernweg muß ihm vermittelt werden. Das ist mit eine Voraussetzung für seine Motivierung. Übungsbereitschaft ist Voraussetzung für Erfolge. Ohne ein Minimum an Lernintention kann *nichts* erreicht werden.

4.4.2 Die Imitationsphase

In dieser Phase nimmt der Schüler den Rechtschreibgegenstand orthographisch richtig auf und übernimmt ihn als Übungsstoff. Auffassen und schließlich Behalten hängen wesentlich von der Klarheit und Intensität des ersten Eindruckes ab (exaktes Schriftvorbild, sorgfältige Schülerschrift, nicht mit homogenen anderen Lerninhalten zusammen anbieten, ...).

4.4.3 Die aktive Phase der reflektierenden Erarbeitung

Rechtschreiben sollte nach Möglichkeit nicht nur für sich selbst stehen, sondern von vornherein auch als Notwendigkeit im Hinblick auf Kommunikationszwecke angelegt sein. Die Einbindung in eine komplexe, lebensnahe Aufgabe läßt Rechtschreibung für den Schüler erst sinnvoll erscheinen.

Trotzdem ist es lernpsychologisch und unterrichtsökonomisch richtig, ein zu erarbeitendes Wortbild bzw. eine regelhafte Beziehung als Einzelheit zu erfahren und Ableitungs- und Transferaufgaben nicht zugleich lösen zu wollen.

In dieser Phase erarbeitet sich der Schüler den Einzelinhalt visuell, akustisch, sprech- und graphomotorisch gliedernd und eventuell auch logisch. Er analysiert, synthetisiert, trennt, setzt zusammen, reflektiert über die Wortstruktur, über markante Stellen des Wortbildes, vergleicht, erkennt wieder, füllt Lücken usw. Dabei kontrolliert er sich selbst oder läßt sich kontrollieren, um bei der Erarbeitung eines Wortbildes oder einer Regelanwendung Fehler von vornherein zu vermeiden. Der Schüler berichtigt oder holt sich Rat auf Grund reflektorischen Vergleichens mit Schriftmustern, mit Kontrollhilfen, die ihm Arbeitsmittel, Lehrer oder Partner bieten.

Die erste dieser Übungen hat möglichst kurz nach der Neueinführung stattzufinden. Dabei sind alle Funktionskomponenten des Einprägens ins Spiel zu bringen. Der auf die Neueinführung folgenden zweiten Begegnung kommt insofern besondere Bedeutung zu, weil die Behaltenskurve in den ersten Tagen am stärksten absinkt (nach Ebbinghaus[7]). Die Übungen haben – wie schon erwähnt – auf der Basis von Reflexionsangeboten zu geschehen. Das heißt, dem Lernenden müssen Anschauungs- und Kontrollmöglichkeiten zur Verfügung stehen. Sie sollen ihm erlauben, markante Stellen im Wortstrukturbild zu beachten, Vergleiche und Kontrollen durchzuführen, sich Erinnerungs- und Einpräghilfen zu geben, um das jeweilige Wortbild verinnerlichen zu können. Entscheidend für die Rechtschreibübungen ist, sie so anzulegen, damit von vornherein Fehler vermieden werden können. Bewährt hat sich dafür z. B. eine Wörterliste oder Lösungsliste, das ist eine alphabetisch oder auch nach Wortarten geordnete Reflexionsliste, die dem Schüler Kontroll- und Berichtigungshilfe als vor allem auch Erinnerungsverstärkung erlaubt. Diese Reflexionsmöglichkeit kann am günstigsten auf einem Begleitblatt zur eigentlichen Rechtschreibaufgabe oder in Notfällen auch als Tafelanschrift gegeben werden. Sie gibt – genau wie zusätzlich das altersgemäße Wörterbuch – Gelegenheit, das Norm-Schriftbild immer wieder vor Augen haben zu können und verhindert so, Falschschreibungen zu verfestigen.

Reflexionsmöglichkeiten ausnutzen zu können, muß dem Schüler allerdings gelehrt und anerzogen werden. Die Fähigkeit bedeutet für den Rechtschreib-Schüler gleichzeitig einen wichtigen Schritt auf dem Wege zur Aufmerksamkeitsverstärkung, zur Selbstkontrollfähigkeit und damit zur Selbständigkeit im Rechtschreiben.

Erst wenn der Schüler gelernt hat, die schwierigste Aufgabe zu meistern, nämlich das Schreiben mit der Reflexion über das Geschriebene zu verbinden, ist das Erziehungsziel im Sinne einer Verbindung von Orthographie und Kommunikationsfähigkeit erreicht.

4.4.4 Die Phase der Mechanisierung

Ist die Richtigkeit einer rechtschriftlichen Handlung oder einer Handlungsfolge erarbeitet worden, muß sie bis zur geläufigen, bis zur mechanisierten Beherrschung wiederholt werden. Erst dann nämlich kann sie zu einer spontan abrufbaren Fertigkeit werden. Auch für diese Phase ist es wichtig, dem Schüler ein Normmuster als Hilfe anzubieten, um Fehlschreibungen gar nicht erst aufkommen bzw. sie nicht im Gedächtnis verstärken zu lassen.

Spätestens in dieser Phase sollte der Schüler seine Fehlerwörter richtiggeschrieben registrieren (Fehlerwörter-Heft), um auch sie normgerecht mechanisieren zu können.

4.4.5 Die Phase der variierenden Übung

Nur durch vielgestaltige Übungsvarianten, durch Ableitungen, Abwandlungen, Erweiterungen der ursprünglichen Bewegungs- und Klangform des Rechtschreibgegenstandes kann die erlangte Geläufigkeit gesteigert und vertiefend gefestigt werden.

4.4.6 Die Phase der kombinierenden Übung

In ihr geht es darum, die volle Geläufigkeit (Automatisation) eines Rechtschreibgegenstandes zu erreichen.

Auffällig ist, daß Schüler einzelne Wörter richtig schreiben können, daß ihnen aber Fehler unterlaufen, wenn sie die gleichen Wörter in neuen Zusammenhängen anwenden sollen. Hier wird in den Fertigkeiten eine Differenz zwischen reproduktivem und produktivem Können deutlich. Transferfertigkeit kann bei Grundschülern nicht ohne weiteres vorausgesetzt werden, sondern Transfer muß als Übungsmöglichkeit angeboten werden, damit der Schüler das Angeeignete produktiv in neue Satz- und Sinnzusammenhänge einbauen kann. Die Notwendigkeiten und Möglichkeiten dazu sind umfangreich:

Ein erarbeitetes Wort in neuen Zusammenhängen richtig anwenden und schreiben.

Eine gewonnene Erkenntnis (z. B. „Wörter mit den Endungen -heit, -keit, -nis, -schaft sind Substantive") beim Schreiben neuer Beispiele anwenden.

Eine erarbeitete Regel bei neuen Beispielen ausnutzen.

Beim gezielten, bewußten Rechtschreib-Lesen von Texten (vom Lehrer zielgerichtet verfaßt) einen Lerninhalt mehrmals wiederentdecken und damit transferierend festigen.

Selbständiges Aufschreiben von eingeübten Wörtern einer Sacheinheit oder eines Rechtschreib-Teilgebietes.

Anhand eines vorgegebenen Wortschatzes (eingeübt) selbständig einen Text schreiben, ihn sofort korrigieren und überarbeiten.

Geübte Wörter zusammen mit früher bereits gelernten Wortbildern (geplante Wiederholung) in einer Übung anwenden und anschließend sofort korrigieren.

Ableitungen (z. B. Wortfamilien) und Analogiebeispiele (z. B. Reimwörter) möglichst selbständig unter Verwendung vom Lehrer zur Verfügung gestellter Hilfsmittel (z. B. Wortsammlungen, in denen geeignete Beispiele vorkommen) finden können.

Fragen beantworten, wobei die Antwort die Verwendung in verschiedenen Lerneinheiten bereits geübter Wörter notwendig macht (Wiederholung).

4.4.7 Die Phase der zweckgerichteten lebensnahen Anwendung

Mit der lebensfernen, verschulten Übung sollte Unterricht nicht enden, sondern vielmehr dem Schüler Gelegenheit geben, das Eingeübte in lebensechten Anwendungssituationen als sinnvolles Tun und Können zu bestätigen. In solchem zweckgerichteten „Ausüben"[8] liegt der Sinn schulischen Lernens und letztlich der Erfolg von Schule.

In diesem Zusammenhang verweisen wir auf die im Abschnitt „Motivationsmöglichkeiten" (7.) genannten Beispiele und auf andere Möglichkeiten, wie sie sich aus Unterricht oder dem allgemeinen Schulleben ergeben.

Alle solche, vom Schüler verfaßten Schreibleistungen haben Entwurfcharakter. Sie entbinden den Lehrer nicht von einer gründlichen Korrektur, wenn der Schüler nicht Gefahr laufen soll, eventuelle Fehlschreibungen zu verstärken.

5. Funktionelle Aspekte

5.1 Wortbild- und Wortstrukturtraining als Schwerpunkt des Unterrichts

Ein wichtiges Anliegen der Übungsarbeit in allen Schuljahren ist die Einprogrammierung von Wortbildern bzw. die Erarbeitung und Erweiterung eines rechtschriftlich verfügbaren Grundwortschatzes. Das einzelne Wort ist als akustischer und graphematischer Ordnungszusammenhang zu sehen, und zwar als solcher mit spezifischer Struktur. Zur Sicherung der Reproduzierfähigkeit muß der Lernende das Wortbild in allen Einzelheiten erkannt und aufgefaßt haben. Ausgiebiges Wahrnehmungstraining ist Voraussetzung dafür.

Im einzelnen geht es dabei um die Erarbeitung verschiedener Teilgestalten:

- Sicherung der akustischen Gestalt: Klangbild aufnehmen und differenzieren.

- Sicherung der sprechmotorischen Gestalt: Aussprache kultivieren, gliederndes Mitsprechen beim Schreiben.

- Sicherung der optischen Gestalt: Schriftbild, Wortstruktur, markante Teile mit Stützfunktion.

- Sicherung der graphomotorischen Gestalt: Schreibbewegungsablauf, Schreibbewegungsbild.

- Inhaltliche Sicherung: Inhaltsverständnis, Bedeutung.

- Eventuell notwendige Sicherung auf der logischen Ebene: Regelbezug, grammatischer Bezug zur Unterstützung richtigen Schreibens.

- Wahrnehmung von Sicherungsmöglichkeiten auf der mnemotechnischen Ebene: Merkverse, „Eselsbrücken".

Da die einzelnen Bereiche in ihrer Wirklichkeit ineinanderfließen, ist es natürlich und notwendig, die verschiedenen Übungen zu koordinieren. Der Schüler verlangt – je nach seiner Rechtschreibbegabung, je nach seinen Auffassungsschwerpunkten und je nach der Schwierigkeit des Wortbildes – nach Möglichkeiten, um Wortbilder durchstrukturieren und Wortgestalten verinnerlichen zu können.

Nun stellen die Strukturbilder der meisten Wörter mehr oder weniger markante Merkmale mit *Stützfunktion* für die Einprogrammierung zur Verfügung; und die Aufnahme eines Wortbildes wird für den Schüler erleichtert, wenn diese markanten Strukturelemente (wie z. B. Signalgruppen, Wortstämme, Konjugationsendungen in Verbindung mit den Personalpronomen, Vorsilben, besondere Buchstabenverbindungen) analysiert und als Besonderheiten der phonematischen und morphologischen Struktur deutlich und bewußt gemacht werden. Analyse wiederum bekommt ihren Sinn jedoch nur und wird rechtschreibwirksam nur im Zusammenhang mit Synthese. Durch sie werden die Strukturelemente wieder zum Gesamtbild zusammengefügt. Verknüpfen wir Analyse und Synthese, wird der Lernprozeß erfolgreich, wenn zugleich auch die notwendigen sprachlichen und graphomotorischen Bewegungsabläufe (grob- und feinmotorisch) vollzogen und eingeschliffen werden.

Die für den einzelnen Schüler zu diesem Zwecke *erforderlichen Funktions- und Reproduktionsabläufe* sind bis zur *Mechanisierung* des Wortbildes zu trainieren. Das bedeutet, dem Lernenden jeden Teilprozeß, der zur Erfassung der Wortstrukturen beiträgt, je nach individuellen Fähigkeiten entsprechend oft und anschaulich erleben zu lassen.

Wichtig ist, daß dabei begleitende Reflexionsmechanismen, wie z. B. Rückblendungen, Kontrollen oder Analogieschlüsse Fehlprogrammierungen ausschließen. Ebenso wichtig ist, daß Wiederholungs- und Verstärkungsprozesse helfen, das Schriftspur-Klang-Bild als Assoziationseinheit aufzubauen und zu festigen. Erst dann ist ein eingeübtes, im Gedächtnis aufgebautes, verinnerlichtes Wort-Strukturbild oder ein bedeutungswirksam werdendes Strukturteil – ohne erst Denkvorgänge beanspruchen zu müssen – spontan und beliebig oft abrufbar: Das Wort-Strukturbild ist automatisiert worden.

Bei Fehlassoziationen oder Fehlsteuerungen jedoch muß eine Rückkoppelung in Bewußtseinsbereiche stattfinden, wobei Sinnesorgane Hirnfunktionen und das graphomotorische Gedächtnis (Erinnerungsprobe) wieder eingeschaltet werden, um mit deren Hilfe erneut eine Reproduktionsebene aufbauen zu können.

Als Übungen, die das Durchstrukturieren der Wortbilder erleichtern, bieten sich an:

Zusammensetz- und Zerlegungsübungen,
Ergänzungsübungen,
Visuelle und akustische Such- und Bestimmungsübungen,
Lokalisationsübungen,
Wort-in-Wort-Spiele,
Silbenübungen,
Morphemübungen,
Wortspurübungen,
Übungen zum Erkennen und Wiedererkennen der Wortbilder an markanten Teilen mit Stützfunktion,
Wahrnehmungsübungen im weitesten Sinne als wesentliche Grundübungen.

Jedes neu zu erarbeitende Wort, das zum Grundwortschatz gehören soll, muß vom Schüler bewußt erarbeitet werden. Für die Praxis bietet sich dazu folgendes Verfahrensmuster an:

Bekanntmachen mit dem Wort: Lesen, Wortbedeutung klären, Lesen und Sprechen in Sinnzusammenhängen,
Analyse und Synthese: Durchgliederung, Wortstruktur deutlich machen, markante Teile entdecken, Wiedererkennen und bewußt machen (Analo-

gieelemente, Endungen, Vorsilben, Signalgruppen, Wortstamm ...).

Die Bewegungsstruktur des Schriftzuges einarbeiten: Nachziehen, Luftschreiben, Fingerschreiben auf dem Tisch, ins Heft schreiben.

Gliederndes Mitsprechen beim Schreiben: Ver/reis/en, über/hol/en, S/upp/en/löff/el. Dabei werden markante Teile besonders geübt. Die Erfassung und Darstellung zusammenhängender Gliederungseinheiten muß dabei beachtet werden.

Verinnerlichung der Wortstruktur: Luft- oder Fingerschreiben mit geschlossenen Augen, Entwurf eines Wortspurbildes und dessen Einprägung (Suppe ⎿⎹⎹⎹⎸ oder ⎕⎕⎕).

Überprüfen der korrekten Gesamtbewegungsstruktur des Wortes beim Vorschreiben durch den Schüler bei gliederndem Mitsprechen (an der Tafel, auf Overhead-Folie ...).

Schreiben des Wortes im Heft bei gliederndem Mitsprechen, Hervorhebung markanter Teile, die Stützfunktion haben.

Eintragen des neuen Wortes ins Merkwörterverzeichnis.

Herauslösen transferwirksamer Wortelemente; mit deren Hilfe neue Wörter bilden (z.B. *ver*bessern – *ver*größern, *ver* ...; *Fahr*en – f*ähr*t, Ge*fahr*, ge*fähr*lich ...).

Anwendung des Wortes in Sinneinheiten.

Gezielte Wiederholungen des Wortes in Ableitungen und neuen Sinnzusammenhängen.

5.2 Gliederungshilfen für die Einprogrammierung von Wortbildern

Wortbilder zu erfassen und sich einzuprägen setzt voraus, daß deren Gliederungseinheiten erkannt und bewußt gemacht werden. Solche die Rechtschreibung tragenden Gliederungseinheiten sollen hier genannt werden:

5.2.1 Morpheme als Gliederungshilfen

Morpheme sind die kleinsten bedeutungs- und beziehungstragenden Einheiten unseres Sprachsystems. Für die Rechtschreibung bedeutungsvoll ist, daß Morpheme mit gleicher Bedeutungsfunktion in verschiedenen Wörtern immer gleich geschrieben werden. Das bedeutet, sie sind auf andere bzw. neue Rechtschreibgebilde übertragbar. Und mit dieser, den Morphemen innewohnenden Transferfähigkeit wird die Rechtschreibkompetenz des Lernenden erweitert.

Die meisten Wörter werden durch zwei oder mehrere Morpheme geprägt, so zum Beispiel:

fahr(en)   ihr fahr(t)   Fahr(t)   Fahr(er)
(um)fahr(en)   (Aus)fahr(t)
renn(en)   das Renn(en)   er rann(te)
(ge)rann(t)   ich renn(e)

Normtragend ist der Wortstamm, weil er für die Orthographie deutlich macht, daß „Fahrt" eben auch mit f, a, h, r geschrieben werden muß und deshalb „Fahrer" nicht mit F, a, a, r, e, r geschrieben werden darf. Ebenso muß sich das Doppel-n des Wortstammes „renn" bei „rannte" wiederfinden.

Mit Morphemen lassen sich Umleitungen ableiten:

fahr   du fähr(st)

Wichtige Morphemgruppen sind solche mit wortbildender Funktion, die wie z.B. ung, heit, keit, nis, schaft auf Substantive und wie z.B. ig, lich, bar, sam auf Adjektive hinweisen. Ebenso kommen die Präfixe (ver, ge, un ...) als Gliederungshilfen zum Tragen.

Morpheme, die in ihrer spezifischen Bedeutung grammatische Funktionen eines Wortes im Satz charakterisieren, sind die Flexionsmorpheme. Sie werden wirksam bei der Deklination von Substantiven und Adjektiven (e, es, em, en ...), bei der Pluralbildung (er, en) und bei der Konjugation (e, st, est, t, et, en).

5.2.2 Übungen zur Entwicklung der Gliederungsfähigkeit

In komplexem Zusammenwirken mehrerer oder aller Funktionskomponenten verinnerlicht der Lernende die Schriftspuren der einzelnen Wörter. Sehr hilfreich ist ihm dabei, wenn er markante orthographische Teilstrukturen erfaßt und solche die Wortbilder aufbauenden Gliederungs- bzw. Untereinheiten bereit hat, um sie schließlich auf produktivem Wege bewußt oder unbewußt anwenden zu können. Schwache Rechtschreiber fallen meistens neben ihren oft eklatanten Mängeln im Wahrnehmungsbereich vor allem wegen ihrer Gliederungsschwäche auf. Sie sind oft unfähig, innerhalb eines Wortbildes akustisch und sprachlich und demzufolge auch graphomotorisch differenzieren zu können. Das kann unter Umständen an einer Ausbildung liegen, die es versäumte, über den Leselernprozeß des 1. Schuljahres hinaus ein entsprechendes Training fortzuführen. Dessen Wert kann nicht hoch genug eingeschätzt werden, weil akustische und visuelle Gliederungsfähigkeit wesentliche Hilfsfunktionen für den Schreibenden sind, wenn er ein Wortbild strukturierend erfassen und reproduzieren will.

Aufgabe des Lehrenden ist es, dem Lernenden Gliederungshilfen zu geben, damit dieser die Strukturprägnanz einzelner Wortbilder und einzelner Schriftelemente, die als Gliederungs- und Aufbauteile eine hilfreiche Rolle spielen, leichter zu erkennen und jederzeit abrufbar zu programmieren vermag. Dazu bieten sich eine Reihe von Übungen an:

Die akustische bzw. visuelle Unterscheidungsfähigkeit vor allem ähnlicher Laute und Buchstaben entwickeln und stärken.

akustisch: Fe(d)er — Me(t)er
visuell: Na|d|el — Na|b|el

Die Reihenfolge der Laute, Buchstaben und Silben im Wort bestimmen:

e t L ei r
   1 2

Lei ...

va
men   se
Blu

B _____

Wörter akustisch bzw. visuell in ihre Strukturelemente gliedern können, in Laute/Buchstaben, Silben, Morpheme und morphemähnliche Signalgruppen:

in Laute/Buchstaben gliedern und wieder zusammensetzen

Kasper → *K a s p e r* → *Kasper*

in Silben gliedern und wieder zusammensetzen

Kasper → *Kas - per* → *Kasper*

in Morpheme und Signalgruppen gliedern und wieder zusammensetzen

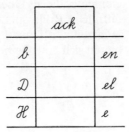

Dackel → D (ack) el → *Dackel*
          D ackel → *Dackel*

Erkennen einzelner Wörter an bestimmten Lautgestalten bzw. Zuordnung bestimmter Lautgestalten zu bestimmten Wörtern:

	ack	
b		en
D		el
H		e

uck	ies	itz	öff

L ... *el, bl* ... *en,*

W ... *e, Z* ... *er,*

Wörter in ihre Gliederungsteile zerlegen:

Blumen ⟶ *Blumen   Blu-men   Bl-umen*

Markante Elemente in Wörtern wiedererkennen und kennzeichnen:

nd: *Linde*   ann: *Tanne*
rn: *Ahorn*   irk: *Birke*
app: *Pappel*   eid: *Weide*

Wörter an markanten Wortteilen wiedererkennen und rekonstruieren:

Auffassung · Markierung · entgegen · kennzeichnen · Kenntlichmachung · Beispiel · zerstückeln

... ark ... ⟶ *Markierung*
... ass ... ⟶ *Auffassung*
... ntg ... ⟶ *entgegen*
... nnz ... ⟶ *kennzeichnen*
... rst ... ⟶ *zerstückeln*

Das gemeinsame Gliederungsteil mehrerer Wörter erkennen:

S(upp)e   P(upp)e   Gr(upp)e   Kuppe   verpuppt

upp

Gliederungselemente von Wörtern zusammenfügen:

R F   *Ring*   ma   fah   m...   B—oh   B—ü
 ✕   ‾‾‾   ↓   ↓   ‾‾‾   \   h′ e
ink ing   *F...*   len   ren   f...   ne   n′

Gliederndes Mitsprechen beim Schreiben:

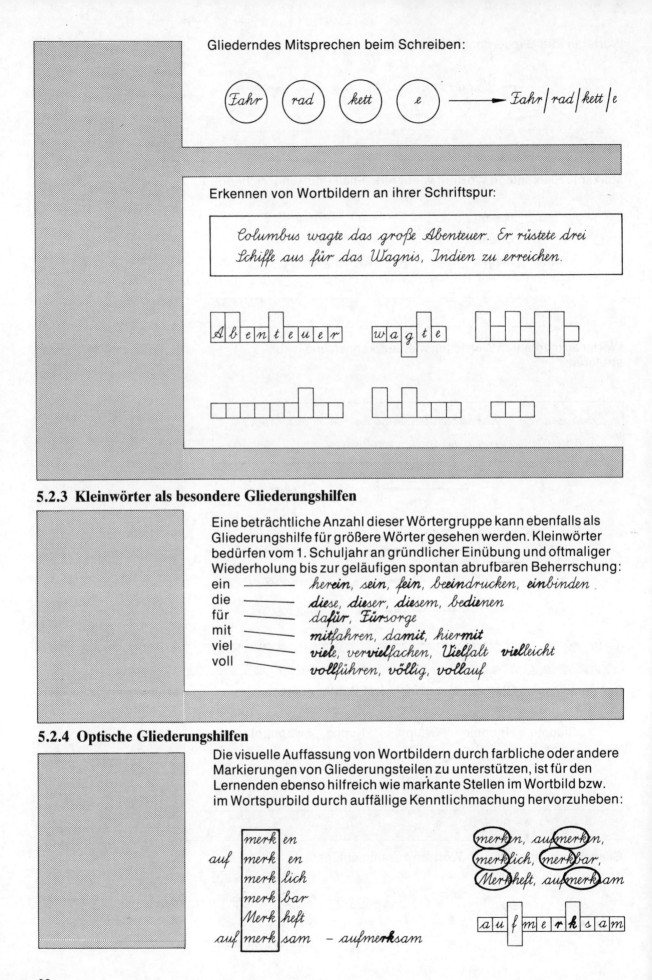

Erkennen von Wortbildern an ihrer Schriftspur:

Columbus wagte das große Abenteuer. Er rüstete drei Schiffe aus für das Wagnis, Indien zu erreichen.

5.2.3 Kleinwörter als besondere Gliederungshilfen

Eine beträchtliche Anzahl dieser Wörtergruppe kann ebenfalls als Gliederungshilfe für größere Wörter gesehen werden. Kleinwörter bedürfen vom 1. Schuljahr an gründlicher Einübung und oftmaliger Wiederholung bis zur geläufigen spontan abrufbaren Beherrschung:

ein ——— *herein, sein, fein, beeindrucken, einbinden*
die ——— *diese, dieser, diesem, bedienen*
für ——— *dafür, Fürsorge*
mit ——— *mitfahren, damit, hiermit*
viel ——— *viele, vervielfachen, Vielfalt, vielleicht*
voll ——— *vollführen, völlig, vollauf*

5.2.4 Optische Gliederungshilfen

Die visuelle Auffassung von Wortbildern durch farbliche oder andere Markierungen von Gliederungsteilen zu unterstützen, ist für den Lernenden ebenso hilfreich wie markante Stellen im Wortbild bzw. im Wortspurbild durch auffällige Kenntlichmachung hervorzuheben:

helfen, ich helfe, du hilfst, der Helfer, er half, geholfen, die Hilfe, der Gehilfe

Be|deut|ung   Wirk|sam|keit   Ge|burt|s|tag|s|fei|er

ab|grenz|en   Ver|haft|ung   Ver|kleiner|ung

ab + grenz + en   Ver + haft + ung   Ver + kleiner + ung

5.3 Aufschreiben aus dem Kurzspeicher-Gedächtnis

Der Weg der quantitativen Ausdehnung von Schreib- und Abschreibübungen allein ist kein Hilfsmittel gegen schlechte Rechtschreibung und ebenso nur eine bedingte Hilfe zum Erlernen von Rechtschreibung. Noch mehr bleibt diese Methode unwirksam, wenn der Schüler die einzelnen Buchstaben eines Wortes isoliert übernimmt und Buchstabe nach Buchstabe wieder zusammenhängt, ohne das Wortbild als Einheit mit bestimmten markanten Elementen zu erfassen.

Der aussichtsreichere Weg führt vom *Abschreiben* zum *Aufschreiben aus dem Kurzspeicher-Gedächtnis.*

Das heißt, der Weg führt über die Aufbauelemente eines Wortbildes (ver/l/ang/en; Be/schwer/de; du ver/größ/erst ...), über deren Erfassung zur Simultanprogrammierung der ganzen Wortgestalt und schließlich seiner Wiedergabe in möglichst geschlossenem Schriftzug: Ein Wortbild intensiv wahrnehmen (anschauen, hören, Schriftspur ...) – seine Strukturen und besonders markante Stellen sich einprägen – das Wortbild abdecken – versuchen, es zu verinnerlichen – es aus dem Kurzspeicher-Gedächtnis heraus mündlich oder schriftlich als Gesamtheit wiedergeben – mit dem Normmuster vergleichen – bei Fehlern das gesamte Wort noch einmal schreiben – markante bzw. bedeutungstragende Elemente besonders kenntlich machen – wiederholte Übungen mit dem Wort.

So wird der Schüler veranlaßt, ein Wort in seiner Gesamtstruktur zu erfassen. In der Folge muß der Schüler lernen, längere Strukturkomplexe aufzunehmen, d. h., er muß sich Sinnteile ganzer Sätze bzw. kurze Sätze als Gesamtheit einprägen und sie auch im Zusammenhang schriftlich fixieren können.

5.4 Zusammenhang zwischen Rechtschreibenlernen und Schriftqualität

Wenn auch „Schönschreiben" in der heutigen Schule nicht mehr einen solchen Rangplatz wie früher einnimmt, so kann auf die Erziehung zum Schreiben korrekter Buchstabenformen in einem klaren, deutlich lesbaren Schriftbild nicht verzichtet werden.

Ein undeutlich geschriebenes, nur schwer lesbares Wortbild verwischt den Eindruck markanter Teile, besitzt keine Prägnanz, erschwert somit die Wahrnehmung der Wortstruktur und belastet deshalb wesentlich den Einprägungsprozeß, statt ihn zu unterstützen.

Nicht umsonst fallen schlechte Rechtschreiber gerade oft wegen ihrer miserablen Schrift auf. Vernachlässigt der Unterricht die Schreiberziehung, so schadet er damit zu einem guten Teil der positiven Entwicklung mancher Schüler im Hinblick auf ihre Rechtschreibung. Sind Schüler aber zum deutlichen Schreiben gut lesbarer Wortbilder erzogen, so unterstützen sie damit ihre Rechtschreibfähigkeit.

5.5 Funktionskomponenten des Rechtschreibenlernens

Das einzelne Wort ist also als akustischer und graphematischer Ordnungszusammenhang mit eigener Struktur zu sehen, die mehr oder weniger markante Merkmale für seine orthographische Einprägung zur Verfügung stellt. Diese Wortstruktur dem Lernenden einzuprägen, ist ein komplexer psychischer Prozeß, bei dem mehrere Fuktionskomponenten beteiligt sind.

Funktionskomponenten des Rechtschreibens

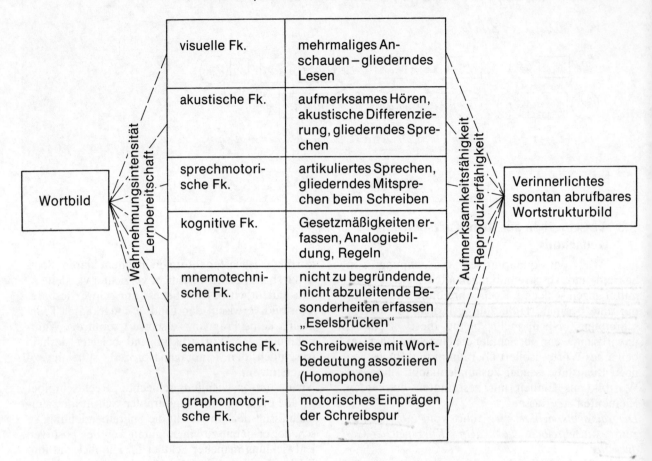

Müßig ist es, darüber zu streiten, welcher psychischen Komponente beim Einprägen von normgerechter Schreibung wohl die größere oder gar die größte Bedeutung zukommt. Sicher gibt es von der sensorischen Veranlagung der einzelnen Schüler her individuelle Unterschiede und Schwerpunkte bei der Entwicklung orthographischer Fähigkeiten. Die folgende Übersicht stellt das vereinfachend dar.

Typ	Kennzeichnung
akustisch-motorischer Typ	... lernt und speichert verstärkt über das Hören gleichzeitiges Vorstellen der Sprachbewegungen über das Akustisch-Motorische
visueller Typ	... prägt Wortbilder ein durch wiederholtes simultanes und durchgliederndes Anschauen
graphomototischer Typ	... bei ihm haften die durch Schreibbewegungen erworbenen Vorstellungen am intensivsten
intellektueller Typ	... aufgrund seiner ausgeprägten kognitiven Fähigkeiten lernt er am günstigsten über den logischen Weg und über sogenannte „Eselsbrücken" (mnemotechnisch)

Wenn es auch sehr schwierig ist, die dominierende sensorische Komponente zu bestimmen, so ist doch unbestritten, daß jedes Kind über bestimmte Wahrnehmungskanäle besser lernt als über andere. Der Unterricht hat deshalb, solange der einzelne Schüler typenmäßig nicht eingestuft werden kann, alle Funktionskomponenten zu berücksichtigen, hat Hilfen über alle Sinne anzubieten, um den unterschiedlichen Auffassungstypen bzw. Mischtypen einer Lerngruppe gerecht zu werden.

Damit ist nichts Neues gesagt, aber gerade wegen des oft schwerpunktmäßigen Einsatzes fortwährend gleicher Medien und Arbeitsmittel läuft der Rechtschreibunterricht Gefahr, auf nur einem Wahrnehmungskanal Lernhilfen anzubieten und dadurch bestimmten Auffassungstypen nicht zu entsprechen. Unterricht mit zu dürftigen akustisch-sprechmotorischen Möglichkeiten vernachlässigt eben den entsprechenden Typ, schadet besonders schwachen Rechtschreibern und vor allem Legasthenikern; denn gerade bei ihnen liegen die größten Schwierigkeiten darin, die lautlichen Bestandteile von Wörtern zu bestimmen.

Wolfgang Menzel stellte in vielen Schulklassen fest, „daß die Kinder offenbar Begriffe wie Vokal und Konsonant nur kognitiv erfaßt hatten, nicht aber sprechend, hörend und womöglich mit dem Zeigefinger auf dem Kehlkopf Stimmhaftigkeit ‚begreifend', denn sie hatten keinen wirklichen Begriff von diesem Unterschied, der für die Einprägung orthographischer Regeln eine notwendige Voraussetzung ist"[9].

Unterricht mit zu geringem graphomotorischen Anteil schadet wiederum Schülern, deren Speicherfähigkeit am besten unterstützt wird, wenn viel geschrieben und schreibend gegliedert wird (von großmotorischen bis zu feinmotorischen Übungen). Und schließlich helfen Sehen, Sprechen und Schreiben nicht, wenn wie bei der Unterscheidung von „wider – wieder", „das – daß", „zusammenkommen – zusammen kommen" nicht die kognitive Komponente ins Spiel gebracht wird. Verstärkend oder abschwächend wirken schließlich – wie bereits angedeutet – allgemeine Funktionen auf die Wortbildprogrammierung ein. Sie ist unabdingbare Voraussetzung für das Rechtschreibenlernen, neben der Wahrnehmungsfähigkeit auch Aufmerksamkeits- und Reproduktionsfähigkeit zu schulen. Hier gilt es besonders, die logischen und mechanischen Gedächtnisleistungen des einzelnen Schülers zu entwickeln. Versäumnisse in diesen fundamentalen Funktionsbereichen können sich äußerst negativ auf die Rechtschreibfähigkeiten eines Kindes auswirken.

Lernen im Rechtschreibunterricht – das soll noch einmal betont werden – hat über alle Sinnes- bzw. Aufnahmekomponenten zu geschehen, um allen Auffassungstypen gerecht werden zu können.

5.6 Analogietraining zur Verstärkung der Rechtschreibkompetenz

Wie wichtig das intensive Training der einzelnen, insbesondere der für das Kind schwierig erfaßbaren Wortstrukturen ist, steht wohl außer Zweifel.

Das Lehrziel „relative Rechtschreibsicherheit" kann jedoch nicht erreicht werden – und das in Anbetracht der heute oft nur geringen Anzahl verfügbarer Rechtschreibstunden –, wenn Unterricht sich einengen und verlieren würde in der Arbeit am einzelnen Wort. Übungen zur Übertragung auf analoge Schreibweisen zur Kräftigung der Transferkraft erweitern die Rechtschreibkompetenz des Schülers.

5.6.1 Signalgruppentraining

Unsere Schrift besteht nämlich nicht nur aus isoliert nebeneinander stehenden Wortbildern, sondern sie verfügt über bestimmte Gliederungseinheiten, die Transferfähigkeit und -kraft besitzen. Kurt Warwel[5] hat solche wiederkehrenden und transferierbaren Struktureinheiten mit dem Begriff Signalgruppen bezeichnet. Andere in der Literatur verwendeten Begriffe wie „cluster", „pattern", „stabile Einheiten" scheinen ihm inhaltlich zu gleichen.

So beinhaltet z. B. das Wort „Kopf" die Transfereinheit opf, die einerseits Reproduktionskraft, andererseits jedoch auch Hilfs- und Prägkraft für die Konstruktion und Einprogrammierung bisher unbekannter Schrifteinheiten besitzt:

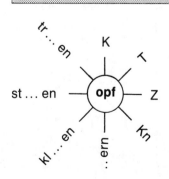

	opf		Kopf
K	opf		Kopf
Z			Zopf
T			Topf
Kn			Knopf
			opfern
kl		en	klopfen
st		en	stopfen

Das Beispiel macht deutlich, daß die einzelnen Wörter nicht beziehungslos nebeneinander stehen, sondern an die fixe und wiederkehrende Buchstaben- bzw. Lautgruppe opf angebunden sind. Dem Schüler gelingt es also, mit dieser einzigen Fixgruppe opf eine beträchtliche Anzahl neuer Wortbilder analogiemäßig zu schaffen. Die Effektivität des Analogieprinzips wird hier deutlich. Es verstärkt die Rechtschreibe-Kraft des Schülers, weil das vom Wort „Kopf" her bekannte und mit einer gewissen Signalwirkung behaftete Element opf den Lernenden in die Lage versetzt, diese Buchstaben – bzw. Lautgruppe in anderen Wortklängen wiederzuerkennen, die Durchgliederung neuer bisher unbekannter Wortbilder zu erleichtern und auch neue Wortbilder zu bilden.

Wie stark durch Fixierung solcher Signalgruppen im visuellen und akustischen Wahrnehmungsbereich beim Schüler Rechtschreibkompetenz ausgeprägt werden kann, macht die auf Seite 176 eingefügte Darstellung mit ihren Gruppierungen deutlich.

5.6.2 Reimwörter-Training

Als Signalgruppentraining besonderer Art ist das Reimwörtertraining zu sehen. Dabei handelt es sich um Gruppierungsübungen gleichen Charakters, durch die Reihenbildungen dargestellt werden. Bei ihnen liegen die Analogieelementee in der letzten oder vorletzten Silbe:

Der Witz	die Katze	prasseln
der S...	die Tatze	r...
das K...	eine Gl...	qu...
der Bl...	die Fr...	verm...
der Sp...	die Matr...	

Solche Reimwörterübungen eignen sich besonders für den für Reimbildungen empfänglichen Grundschüler als empfehlenswerte Übungen zur Erweiterung der Rechtschreibkompetenz. Die Auswahl der Wörter sollte durch die Häufigkeit ihres Auftretens im Sprachgebrauch bestimmt und bei akustischen Übungen durch die Gefahren unserer komplizierten Rechtschrift begrenzt sein. Ein gewisses Risiko liegt genau wie bei den Signalgruppen darin, sich nach der Auswahl irgendwelcher Vorgabewörter auf das Klanggedächtnis oder die freie Sprachschöpfung der Kinder zu verlassen; denn analoge Klangbilder unserer Sprache ergeben bei weitem nicht immer auch analoge Schriftbilder: z. B. es brannte – die Kante; der Schwan – der Hahn; die Uhr – die Tour...

Auf diese Gefahr kann nicht eindringlich genug hingewiesen werden!

Führung durch die Lehrkraft scheint hier unerläßlich, wenn solche Übungen allgemein und besonders für schwache Rechtschreiber durchgeführt werden. Die wertvolle Stützfunktion der Signalteile für die Reim-Gruppierungen wird dadurch keineswegs geschmälert, wenn die Reimpartikel schriftlich vorgegeben werden, um Fehlschreibungen zu verhindern.

5.6.3 Wortstammtraining

Auch der Erkenntnis, daß sich der Wortstamm in den Wörtern einer Wortfamilie erhält und sozusagen übertragen werden kann, unterliegt Analogiedenken. Viele Übungen dieser Art machen den Schüler sensibel im Hinblick auf Wortbildung und verstärken seine Fähigkeiten.

Wortstamm	hack		Wortstamm	blick	
Aus einem Wortstamm kann ich eine Wortfamilie bilden:	ich hack	e	Wörter einer Wortfamilie haben den gleichen Wortstamm:	blick	en
	du hack	st		du blick	st
	er ___	t		er blick	t
	ge ___	t		der Blick	
	die ___	e		ich blick	e
	das Ge ___	te		Aus blick	
	das ___	chen		der Blick	winkel
	die ___	frucht		er blick	t

5.7 Zum Rechtschreibenlernen gehört akustisches Training

Akustische Übungen sind gezielt dort anzusetzen, wo es bei Schülern akustische Wahrnehmungsschwierigkeiten und damit zusammenhängend sprechmotorische Schwächen zu überwinden gilt. Andererseits muß akustisches Training planmäßig in den Unterricht eingefügt werden, um die für Lesen und Rechtschreiben notwendigen Funktionen zu stärken. Manche orthographischen Schwierigkeiten, wie z.B. die Schreibung an- und auslautender Konsonanten (b-p, g-k, d-t), die Wirkung und Differenzierung von Konsonantenhäufungen, die Dehnung und Kürzung von Vokalen wie auch Wortbilddurchgliederungen können ohne akustische und sprechmotorische Schulung nicht geleistet werden.
Wird diese wichtige Arbeit in den ersten Schuljahren versäumt, so können Barrieren aufgerichtet werden, die durch Quantität der Rechtschreibübungen nicht überwunden werden, weil sie die Wirkung des sprachlichen Klanges auf das Umsetzen in Schrift immer wieder erschweren, ja ganz blockieren können.

- Folgende Funktionskräfte des Schülers sollten entwickelt und verstärkt werden:
  Die allgemeine akustische Wahrnehmungs- und Differenzierungsfähigkeit,
  das Aufnehmen von Sprache und ihr Umsetzen in Schrift, insbesondere das Umsetzen gesprochener Konsonantenhäufungen (zuletzt – wirkte ...),
  Hören auf Gliederungselemente, gliederndes Sprechen und vor allem gliederndes Mitsprechen beim Schreiben.

Als Übungsmöglichkeiten für den akustischen Bereich bieten sich an:
- Die Kinder sitzen still und lauschen auf Geräusche im Schulhaus.
  Bei geöffneten Fenstern hören Kinder auf Geräusche im Freien und bestimmen sie.

  Differenzierungen heraushören:
  Die Lehrkraft ordnet jedem Kind oder jeder Gruppe ein bestimmtes Geräusch zu (mit Topfdeckeln, Tellern, Bierdeckeln, Bleistiften, mit Streichhölzern ... klappern, mit Gläsern, Tassen, Holzleisten aneinanderstoßen/reiben ...). Der Lehrer erzeugt die Geräusche verdeckt hinter der Tafel. Schüler/Gruppen, deren Geräusch erklingt, stehen auf oder geben ein vereinbartes Zeichen, oder alle Schüler versuchen einzen die Geräusche vorher unbekannter Gegenstände zu bestimmen.
  Solche Übungen können auch mit schwer zu differenzierenden Lauten, Lautverbindungen oder Wörtern durchgeführt werden (d-t, p-b, g-k, v-w, rm-rn, ing-inn, Rinne-Rinde-Ringe ...).
  Differenzierungsübungen nach Tonband, auf das Geräusche, Laute, Lautverbindungen oder Wörter aufgenommen wurden.

- Charakteristische Stimmen der Umgebung (Hausmeister, Lehrer A, Lehrerin C, Schüler B ...) werden aufs Tonband aufgenommen. Die Schüler bestimmen beim Vorspielen des Bandes die entsprechende Person.

- Wiedererkennen bestimmter Klangteile in Wörtern, so z.B.:

  „ing" – – – – in – – – fing, fingen, Finger, innen, binnen, sind, Ring, Dinge, singen, sinnen

  „eck" – – – – in – – – verdeckt, angeeckt, Ecke, lecken, lege, hegen, hecheln, Zecke, Decke

  Übung: Die Wörter sind sichtbar, die Klangteile werden gesprochen und müssen in den Wörtern erkannt werden.
  Oder: Die Klangteile sind als Buchstabenzusammensetzung sichtbar und müssen in gesprochenen Wörtern erkannt werden.

- Differenzierungen heraushören:
  a) b b b b b b b b d b b d b d b b
  b) tu tu tu tu du tu tu tu tu du tu tu tu tu
  c) Wald Wald Wald Wald Wald Wall Wald
  d) Ich habe keine Autos. Ich habe saubere Hände.
     Ich habe kleine Autos. Ich habe sauere Hemden.

- Die Klangdauer von Geräuschen unterscheiden, die von Tönen erkennen:
  Geräusche/Töne mit unterschiedlichen Instrumenten erzeugen
  (Das Klavier erklang länger als die Flöte!).

- Die Klangdauer von Lauten unterscheiden, so z.B. die Klangdauer des

  „a" in Haar – – – – tapfer
  in Dame – – – – Damm
  der Kahn – – – – er kann

- Mit Instrumenten gegebene Taktmuster oder auch Wortklänge nachempfinden und symbolisieren:

Taktmuster	Symbolisierung
Brief – Brief – Griff	— — .
sag – Sack – sag	— . —
Wall – Wahl – Wall	. — .

- Klangsymbole wieder in Laute bzw. in Wörter umsetzen:

Symbol	Laut/Wort
— .	aa a a
— — .	Ruhm Ruhm Ruhm Rum
. — — .	wirr wir wir wirr

- Lokalisation von „versteckten" Lautklängen:

Turm . Rum . herum . Wurm
„Hörst du das ‚r' vor oder nach dem ‚m'?"

5.8 Andere Lernhilfen

5.8.1 Hilfen nach dem Lautabbildungsprinzip

In gewisser Hinsicht ist die Stützmaßnahme nach dem Prinzip „Schreibe wie du sprichst!" natürlich eine Art Gliederungshilfe. Sie trifft aber nur für phonemisch klar aufgebaute Wörter zu. Mit ihnen sollte geübt werden.

Werden allerdings Lautprinzipien ins Regelhafte übertragen wie z. B.: „Nach kurzklingendem Selbstlaut schreiben wir Doppelmitlaut!" –, so treten gefährliche Risiken gar bald hervor. Denn die für den Schüler unüberschaubaren Ausnahmen führen solche „Regeln" ziemlich schnell ad absurdum (z. B. er kannte – die Kante).

5.8.2 Hilfen im grammatisch bezogenen Regelbereich

Sie erleichtern, Substantive groß zu schreiben (*das* Klingen, *ein* Sausen und Brausen, in*s* Blaue, an*s* Essen ...).
Sie helfen, Zusammenschreibungen zu kennzeichnen (Mittwochmorgen, frühmorgens, Kugelschreiber ...) und z. B. Konjunktionen von Artikeln zu unterscheiden (das – daß).

5.8.3 Hilfen im syntaktischen Bereich

Sie regeln die Großschreibung der Satzanfänge und die Interpunktion und müssen als Lernstoff bewußt gemacht und beherrscht werden.

5.8.4 Hilfen im pragmatischen Bereich

Sie verdeutlichen die Großschreibung z.B. von Anrede-Pronomen in Briefen.

5.8.5 Hilfen im semantischen Bereich

Sie bieten besonders bei Homonymen (Homophonen) – das sind Wörter, die mit einem anderen gleichlautend, aber in Herkunft und Bedeutung verschieden sind – Abgrenzungs- und Stützmöglichkeiten:

lehren – leeren
wieder – wider
Mahlen – malen
Gans – ganz
läuten – den Leuten
Stiel – Stil
das – daß
zusammenkommen – zusammen kommen

Wenn dem Lehrenden hier der Einsatz von Sprachlogik als Regulativ erscheint, so solte er aber Gegenüberstellungen solcher Homonyme in der Einprägungsphase des einzelnen Wortbildes tunlichst vermeiden. Die Risiken, die Ranschburg aufzeigte (siehe S. 38) kommen sonst voll zum Tragen.

5.8.6 Hilfen bei Sonderfällen

Bei Wortsonderlingen kommen in der Regel keine Transferteile zum Tragen:
Morphemwörter ... B**ee**re, B**ä**r, Gan**s**
Fremdwörter ... Do**k**tor, Fab**r**ik, Re**k**tor, Di**k**tat
historisch und anders zu
begründende Schreibweisen ... Fr**o**n, Vie**h**

Die Schreibweise solcher Wörter kann nur durch gründliche Einarbeitung des Wortbildes (Markierung der markanten Stelle, Merkverse usw.) und häufige Wiederholung unterstützt werden.

5.8.7 Hilfen im mnemotechnischen Bereich

Solche Hilfen sollten nicht voreilig als Spielerei oder als Hilfsmittel für nur schwach begabte Kinder von der Hand gewiesen werden. Sie stellen in manchen Fällen echte Merkhilfen dar, weil sie schwer Merkbares über bildhafte Bezüge oder Klänge erinnerbar und damit bestimmte Wortschreibweisen über Bilder oder z. B. Merkverse wieder verfügbar machen!

x)

Das Vieh ist lang (ie), der Schwanz macht es noch länger (h).

xx)

xxx)

xxxx) Bei Fremdwörtern aha – steht immer nur ein „k"! (Doktor, Rektor, Diktat, Sekretärin, Direktor, Fabrik, Lokomotive ...).

„Sei nicht kleinlich, schreibe ‚ah' in ‚wahrscheinlich'!"

Den Schüler diskreditierende Formulierungen („Wer nämlich mit h schreibt, ist dämlich!") sollten tunlichst vermieden werden.

5.8.8 Hilfen durch Stärkung – der Transferfähigkeit

Obwohl eine Hilfsmaßnahme vom Schüler erkannt und auch auswendig gewußt wird, so versetzt sie ihn aber noch lange nicht in die Lage, z.B. eine Regel („Der Wortstamm muß erhalten bleiben!" – bedienen, der Diener, Dienst, Bedienung) ohne weiteres auf neue Beispiele anzuwenden. Der Transfer muß ausreichend geübt und an anderen Beispielen wiederholt werden, um ihn für den Schüler selbständig anwendbar zu machen. Sensibilität für solche Rechtschreibprobleme kann nur durch häufige Übungen angebahnt werden.

5.9 Schneller und sicherer schreiben lernen

Mit zunehmendem Schulalter wachsen die Anforderungen an die Schreibgeschwindigkeit. Temposteigerung im Wahrnehmen und Darstellen muß trainiert werden. So kann z.b. ein Satz an mehreren aufeinander folgenden Tagen geschrieben und jeweils die Schreibzeit gestoppt werden. Die Schüler erfahren dabei, daß man einen Satz um so schneller schreibt, je besser man ihn kennt. Sie folgern, daß sich intensives und konzentriertes Aufnehmen einer Schreibeinheit bezahlt macht. Aber „... die Orthographie gehorcht bekanntlich auch semantischen und syntaktischen Regelhaftigkeiten. Daraus folgt, daß die Erschließung und Einübung... zu einem nicht geringen Teil mit Hilfe von Sprachkenntnissen und von Erkenntnissen der sprachlichen Gesetzmäßigkeiten mit Hilfe des Denkens erfolgt. Vorrang gewinnen in diesem Zusammenhang für die Grundschule die Gruppierungsübungen. Ihr Sinn liegt vor allem im Herstellen von Analogie. Die Analogiewirkung besteht im Übertragen von Elementen der Wortschreibung vom bekannten Wortmaterial auf anderes..."[10]. Je leichter und sicherer also ein Schüler Analogieteile eingeübt hat und transferieren kann, desto besser wird es ihm auch gelingen, schneller zu schreiben.

6. Erlebnisbezug, der sinnvolle Bezug zu einem vertrauten Sachinhalt und seine Wirkung auf die Effektivität des Rechtschreibenlernens

Einerseits erlaubt die Gesamtstruktur unserer Orthographie nicht die These, Rechtschreibenlernen habe sich ausschließlich an vorgegebenen Texten zu vollziehen; denn es gibt orthographische Fakten, deren Erlernen und Festigen am effektivsten an isolierten Beispielen erarbeitet werden können und müssen. Das ist dort der Fall, wo orthographische Gesetzmäßigkeiten am besten an einer Vielzahl von Beispielen demonstriert, vom Schüler erkannt und eingeübt werden können. Deshalb müssen wir neben dem üblichen Ausgangspunkt „Text" auch Wortlisten, Lücken- und Regelbeispielen ihre Berechtigung geben und damit dem Schüler ohne Umschweife sagen, was er lernen soll, um direkter und rationeller die Erreichung des Rechtschreibzieles zu ermöglichen. Andererseits gilt selbstverständlich auch für das Rechtschreibenlernen die pädagogische Grundforderung, daß Lernen für den Schüler sinnvoll erscheinen soll. Dazu sind Sachtexte ein Mittel. Durch sie wird im Rechtschreibunterricht ein Sinnzusammenhang aus der kindlichen Umwelt transparent gemacht, und zwar durch Bewußtmachen kindlicher Erfahrungen, durch Begriffsbildungen, durch Darstellung sinnvoller Zusammenhänge, durch schriftsprachliches Auseinandersetzen mit der Umwelt. Deshalb lautet eine Mindestforderung:

> Jede einzuprägende rechtschriftliche Form sollte von ihrer inhaltlichen Seite her geklärt, in sinnvollem Zusammenhang vorgestellt und verstanden sein, bevor sie eingeübt und eingeprägt wird!

Je jünger die Schüler sind, um so mehr hat diese These einen Anspruch, weil das Einüben geistiger Fertigkeiten durch das Verständnis für Begriffs- und Satzbedeutung begünstigt werden. Natürlich hat sich der Lehrer bei der Auswahl oder Formulierung einer Rechtschreibeinheit zu fragen, inwieweit der sachliche Inhalt den Schüler interessiert, inwieweit er sich angesprochen und berührt fühlt.

Natürlich ist das innere Beteiligtsein an einer Sache motivierender als verständnis- und beziehungsfremder Übungsdrill. Natürlich kann die verstehensmäßige Aufbereitung sowie die innere Beziehung oder gar eine daraus resultierende Identifikation mit der „Sache" Basis werden für zielbewußte Schülerübungen und für Schülerengagement.

Die Risikostelle liegt aber in der Vielschichtigkeit des Problems Rechtschreibung begründet; denn es können Zweifel aufkommen, ob die Motivation und das Engagement für einen dem Orthographischen unterlegten interessanten Sachinhalt nicht doch einen Bruch erfahren, wenn die sachinhaltliche Schicht verlassen (ja verlassen werden muß!), und der Schüler spätestens dann merkt, daß es dem Lehrer ja doch nicht um die interessante Sache geht, sondern eigentlich nur um das vom Emotionalen her nur schwer zu erreichende orthographische Thema, z.B. die Großschreibung von Verben. Und der Schüler merkt vielleicht bald, daß der Lehrer nur schmackhafte Köder auslegt, um ihn an den orthographischen Angelhaken zu bekommen.

Das rechtschriftliche Üben sollte selbstverständlich in sinnvolle Zusammenhänge gestellt werden, aber sinnvoller Zusammenhang kann auch das orthographische Lernziel an sich sein. Beim Textbeispiel „Insekten" geht es ja schließlich nicht vordringlich darum, unser Wissen über Insekten zu bereichern, sondern die Schüler sollen sicher werden in der Groß- und Kleinschreibung oder sie sollen ihren Grundwortschatz um einige Merkwörter mit einfachem gedehntem a erweitern (plagen, klar, erklären, schaden, Gefahr...). Die Ausgangsfrage kann zwar nicht eindeutig beantwortet werden. Letzten Endes aber umfassen Texte immer mehrere Kommunikationsstrukturen und bilden eine angemessene Grundlage für die Lernarbeit. Sie gewinnen didaktischen Sinn, wenn aus ihnen die einzelnen Rechtschreibfälle herausgegriffen, intensiv geübt und schließlich wieder in lebensnahen Zusammenhängen angewendet werden.

7. Die Motivation im Rechtschreibunterricht

7.1 Erfolge als Voraussetzung für Schülermotivation

Das Erlebnis, einen Arbeitsabschnitt mit seinen Schwierigkeiten bewältigt zu haben, beeinflußt die motivationale Stimmung günstig. Und je mehr Erfolgserlebnisse der Schüler erreicht, um so stärker wird sein Leistungswille stimuliert.

Die folgenden Skizzen verdeutlichen, wie fortgesetzte Mißerfolge schließlich zu verhängnisvoller Lernunlust und Ablehnung führen und andererseits durch individuell angemessene Forderungen und Lösbarkeit von Problemen verstärkt motiviert und der Schüler in seinem Selbstbewußtsein gestärkt werden kann:

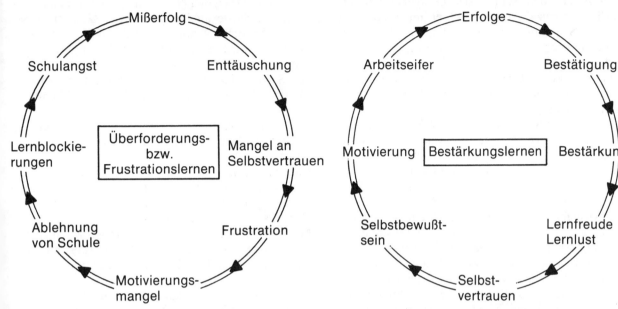

Für den Unterricht lassen sich daraus verschiedene Prinzipien ableiten:

Daß ein Schüler lernt, ist wichtig. Ebenso wichtig aber ist, seine Motivationsfähigkeit zu erhalten bzw. wiederherzustellen.

Motivation kann nicht erreicht werden, wenn dem Schüler nur immer gesagt wird, was er alles nicht kann, wenn ihm dauernd das Korrektur-Rot quittiert, daß er versagt. Um motiviert zu sein, braucht ein Schüler Erfolge.

Und eine wichtige Aufgabe des Lehrers ist es, dem Lernenden diese Erfolge zu ermöglichen! Praktisch bedeutet das:

Dem Schüler möglichst häufig Gelegenheit zum Richtigschreiben geben! Fehlschreibungen von vornherein verhindern! Der Schüler muß Gelegenheit haben, das, was ihm abverlangt werden soll, auch lernen bzw. üben zu können! Durch die Anerkennung von Lernfortschritten wird das Selbstvertrauen des Schülers gestärkt!

Sieben Fehler im ersten Diktat – acht Fehler im letzten. Also hat der Schüler bei oberflächlicher Betrachtung nichts dazugelernt, ja, er ist schlechter geworden. So denken die Eltern. Für den Schüler jedoch, der „es" so zu hören bekommt, steht fest: „Ich habe nichts erreicht, mein Fleiß hat sich nicht bezahlt gemacht." Er resigniert. Dabei hätte er Grund sich zu freuen; denn 22 Wörter des ersten (31,8%) stehen 58 des letzten Diktatumfanges gegenüber (Fehlerquote 13,7%). Diesen Fortschritt sichtbar zu machen, bedeutet für den Schüler Aufwertung und Stärkung seines Selbstvertrauens. Warum auch immer nur Mißerfolge bescheinigen und nicht die „Richtigen"? Weil nichts erfolgreicher stimmt als der Erfolg, müssen dem Schüler auch kleinste Erfolge bestätigt werden. Bestätigung bewirkt Selbstvertrauen, und dieses wiederum ist Basis für Motivation. Schule sollte sich bemühen, ihre Bewertungsaufgabe positiver zu sehen und es sich nicht zur Regel zu machen, Leistungserfüllungen und -verbesserungen kommentarlos als Selbstverständlichkeit entgegenzunehmen.

Je kürzer die einzelnen Übungs- und Zielphasen sind, desto öfter hat der Schüler Chancen, erfolgreich sein zu können!

Überforderung und Erfolgsarmut führen zur Resignation.

Ein resignierender Schüler muß in seinem Selbstvertrauen wieder aufgebaut werden. Deshalb sind ihm entsprechend seinen Fähigkeiten und Lernvoraussetzungen Aufgaben mit entsprechendem Häufigkeits- und Schwierigkeitsgrad individuell zuzumessen. Jede Aufgabe sollte den Schüler zwar fordern, aber der Steilheitsgrad des neu zu Erarbeitenden muß so bemessen sein, daß die Aufgabe für den Schüler im groben und ganzen lösbar bleibt und ihn möglichst vor Mißerfolgen bewahrt.

7.2. Extrinsische und intrinsische Motivation im Rechtschreibunterricht

Normalerweise geht ein Lernprozeß von einem Konflikt mit der Umwelt aus. Eine offene Frage beantworten, eine Schwierigkeit überwinden, ein Problem lösen zu wollen, spornt zum Tätigsein am Gegenstand an, weckt die Lernbereitschaft des Schülers. Bieten nun aber Unterrichtsgegenstände von sich aus keine Lernanreize, dann muß es Aufgabe des Lehrers sein, dem Schüler den Lerngegenstand auf solche Art zuzubereiten, daß er im Kinde eine gewisse Spannung, Erregung und schließlich den Willen entstehen läßt, sich mit ihm auseinanderzusetzen.

Eine gewisse Gefahr liegt allerdings darin, daß Neues durch das ihm anhaftende Unbekannte Hemmungen oder gar Angst erzeugt. Das wirkt sich besonders bei Schülern aus, deren Selbstvertrauen fehlt oder zerstört wurde. Rechtschreib-Stoffe erschweren oft die Motivierung des Schülers, weil sie aufgrund ihres formal-abstrakten Charakters von sich aus nur selten ein Frage- bzw. Anregeerlebnis hervorrufen. Besonders Grundschüler werden bis auf Ausnahmen wohl kaum durch ein Neugierverhalten auf Orthographie von innen heraus und von der Rechtschreib-Sache her motiviert werden können. Das oft von Didaktikern erwähnte Spannungsverhältnis von intrinsischer und extrinsischer Motivation verliert deshalb für den Rechtschreibunterricht der Grundschule viel von seiner Wirkung.

Wenn Rechtschreibunterricht für den Schüler nicht zu einer öden, verschulten Pflicht werden soll, dann führt in vielen Fällen kein anderer Weg zu Lernbereitschaft und Lernlust als der über die vom Lehrer an das Kind herangetragene extrinsische Motivation. Sie hat deshalb im Rechtschreibunterricht nicht nur der Grundschule, sondern ebenso auch später ihren berechtigten Platz. Einkleidung in anregendes Beiwerk, der über einen Sekundärweg belustigende, spannend machende „Verpackungsreiz" führt den Rechtschreib-Schüler auf anregende Weise zum eigentlich Inhaltlichen hin. Der Weg über den Sekundärreiz kann sehr oft helfen, Abneigung gegenüber der Sache oder gar Angst zu überwinden. Alle Register der Sekundärmotivation sollten hier gezogen werden (Bild, Witz, Buntheit, Rätsel, Spielerisches, Identifikationsfiguren u.a.m...), weil damit dem Kinde motivierende Zugänge zum eigentlichen Sach- bzw. Lerninhalt möglich gemacht werden. Freude beim Lernen, erzeugt durch eine interesse- und vertrauenerweckende „Verpackung", hilft, Hemmungen zu überwinden und Abwehrhaltungen aufzuweichen.

7.3 Motivationsmöglichkeiten
7.3.1 Lebensnahe Unterrichtsinhalte

„Der junge Mensch bedarf auf alle Fälle für seine Lernanstrengungen der Motive, die an sein natürliches Interesse anknüpfen oder sein natürliches Interesse erwecken"[11]. Deshalb ist wohl auch nicht derjenige Schüler am stärksten motivierbar, dem Lernziele vorgegeben werden, sondern jener, der sich selbst Ziele setzt und sich mit einer Sache identifizieren kann. Das geschieht, wenn der Lehrer zum Tun reizende Stoffe anbietet, in deren Gestaltung die rechtschriftliche Aufarbeitung als Teilziel mit eingeschlossen wird. Solche Möglichkeiten könnten sich bei folgenden Sachthemen ergeben:

- Zu Sach-Bildern einen erklärenden Satz oder kurze Texte schreiben, die in der Klasse veröffentlicht werden.
- Gedichte, Spaß- und Unsinngeschichten schreiben, rechtschriftlich auswerten, in der Klasse veröffentlichen.
- Suchanzeigen für die Pinnwand schreiben.
- Briefe schreiben: An einen kranken Mitschüler, an eine Partnerklasse, an eine Lehrerin, an den Schulleiter, an den Klassen-Elternbeirat.
- Wunschbriefe oder Dankschreiben verfassen an die Verkehrspolizei, an einen Handwerker mit der Bitte, den Betrieb besichtigen zu dürfen bzw. dafür zu danken.
- Geschichten und Erzählungen schreiben für die Klassenchronik oder die Klassenzeitschrift.
Niederschriften, Nacherzählungen, Beschreibungen, Berichte für ein Klassen-Geschichtenbuch schreiben.
- Sachberichte, Zusammenfassungen von Unterrichtseinheiten für das Merkheft erarbeiten, rechtschriftlich ausarbeiten und allen Mitschülern zur Verfügung stellen (für das Merkheft).
- Rechtschriftliche Aufarbeitung von Aufsätzen, die dann in „Reinschrift" geschrieben werden.
- Entwurf eines Plakates und rechtschriftliche Verarbeitung des Textes.

Gewiß lassen sich noch mehr solcher Aufgaben finden, die von ihrer orthographischen Seite her stets problemgefüllt sind. Sie erlauben einer großen Anzahl von Schülern, ihr Interesse in den Unterricht einzubringen, weil sie Wissenwollen um der Sache willen erzeugen und damit auch stärkere Auseinandersetzungsbereitschaft mit den Rechtschreibschwierigkeiten als das bei verschulten Rechtschreibübungen der Fall ist. Der Schüler hat orthographische Schwierigkeiten zu überwinden, die weniger von der Person des Lehrers an ihn herangetragen wurden, sondern solche, die in der Sache selbst liegen.

Natürlich bleibt es Lehreraufgabe, sich im Hinblick auf das Rechtschreiblernen nicht vom hinterlegten Sachstoff übertölpeln zu lassen, sondern die notwendigen, auf den einzelnen Rechtschreibfall zu beziehenden Übungen geschickt in den Unterricht einzubauen und dabei nicht die lehrplanmäßigen Rechtschreibziele aus dem Auge zu verlieren. Die Lerntendenz jedoch muß für den Schüler von der Sache her bestimmt bleiben.

Solches Lernen hat gegenüber gewöhnlichem Übungsdrill eindeutige Vorzüge, weil es jene lebensechte Form des Lernens, jene Konfrontation mit der wirklichen Sache ermöglicht, wie sie natürliches Lernen im außerschulischen Bereich immer verlangt.

Natürlich lassen sich solche lebensnahen Lernmöglichkeiten in der Unterrichtspraxis nicht unbeschränkt für Übungsnotwendigkeiten nutzbar machen. Dann aber sollte der Lehrer wenigstens darauf bedacht sein, die Motivation des Schülers auf andere Weise günstig zu beeinflussen. Auf solche Möglichkeiten wird in den folgenden Abschnitten hingewiesen.

7.3.2 Texte mit interessanten sprachlichen Einstiegssituationen gestalten

Sprachliche Situationen, in welche die einzelnen Rechtschreib-Lernziele eingearbeitet sind, motivieren sehr, wenn sie kindertümlich und interessant gestaltet sind. Den Anreiz bieten in die Texte eingearbeitete Sachfragen, auf die eine natürlich rechtschriftlich einwandfreie Antwort gefunden werden muß. Auch humorvolle Einblendungen, die zum Nachschreiben veranlassen, oder auch unvollständige Texte, die Fortsetzung verlangen, motivieren sehr.

Daß der Lehrer bei solchen Aufgaben die von ihm gewollten Rechtschreib-Übungsfälle im voraus einplant, ist selbstverständlich.

7.3.3 Wortsammlungen, welche die Schüler zu aktiven Sprach- und Rechtschreibhandlungen anregen

Rechtschreiblernen geschieht nicht nur an Texten, sondern auch an Wortsammlungen. So wenig aber unverstandene, vom Inhalt her leere oder aus verschiedensten Gebieten zusammengewürfelte Worthülsen den Schüler motivieren, um so stärker regen ihn nach sachlichen Gesichtspunkten zusammengeordnete Wortsammlungen an. Mit ihnen lassen sich vielfältige rechtschriftliche Übungen innerhalb des Sachrahmens durchführen: Nach Sachgesichtspunkten ordnen, Sachfragen mit diesen Wörtern beantworten, Wörtergruppen zu kleinen Texten verarbeiten, gruppenweise Fragen schreiben mit diesen Wörtern, gruppenweise diese Fragen beantworten usw.... Mit Hilfe solcher Aufgabenstellungen werden die einzelnen Wörter bzw. Wortgruppen gezielt rechtschreibmäßig durchdrungen und geübt.

7.3.4 Erlebnisse der Lücke

Eine Leerstelle richtig gefüllt zu haben (Problemlösung), bringt Erfolgserlebnisse und Selbstbestätigung und beeinflußt Arbeitshaltung und -bereitschaft positiv. Dieses psychologische Moment nutzt der Unterricht zum Vorteil des Schülers aus:

- Lückenwörter werden angeboten, die der Schüler vervollständigen soll (Lo ■ omo ■ i ■ e). Auch die Lücke im Purzelwort motiviert zur Lösung:

L □ m t □ e → L k m t v
o   o o i   o o o i e

- Als Übungs- oder Kontrollmittel können Wortlisten, Wortkarten, Sätze oder Texte, in denen die Lösungswörter versteckt sind, oder auch Wörterbücher benutzt werden. Auch vollständige Purzelwörter stellen eine Lösungshilfe dar, die von den Kindern gern angenommen wird und außerdem Konzentration verlangt.
- Der Lehrer gibt einen Lückensatz oder einen Lückentext vor, den die Schüler vervollständigen sollen. Übungs- und Lösungshilfen, die unter dem Aspekt „Fehler vermeiden!" stehen, sind auch hier Wortlisten, vollständige Sätze bzw. Texte oder auch das Wörterbuch.
- Rätsel oder andere Leerformen ausfüllen.

7.3.5 Überraschungseffekt

Erfolgsbetonte Überraschung ergibt sich beim Schüler, wenn ein unerwartetes Ereignis eintritt, oder wenn Lösungen erreicht werden, die anfangs nicht überschaubar waren:

- Purzelwörter richtig zusammensetzen. Dabei können öfters auch Wiederholungswörter aus früheren Rechtschreibthemen eingebaut werden (ankündigen), um den Überraschungseffekt zu verstärken.

Für den Übungswert wesentlich ist, daß auch hier die Wortbilder als Muster für den Schüler verfügbar sind.

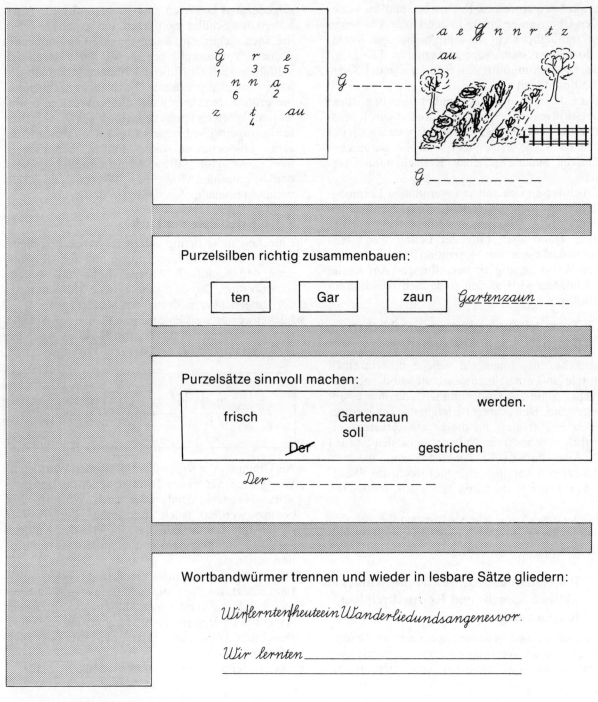

Purzelsilben richtig zusammenbauen:

| ten | Gar | zaun | *Gartenzaun* |

Purzelsätze sinnvoll machen:

werden. frisch Gartenzaun soll ~~Der~~ gestrichen

Der _ _ _ _ _ _ _ _ _ _ _ _ _

Wortbandwürmer trennen und wieder in lesbare Sätze gliedern:

Wirlerntenheuteein Wanderliedundsangenesvor.

Wir lernten _ _ _ _ _ _ _ _ _ _ _ _ _ _ _ _ _ _

7.3.6 Entscheidungserlebnisse

Das Erlebnis, unter mehreren Auswahlangeboten die richtige Entscheidung getroffen zu haben, stimmt erfolgsbewußt und stimuliert zur Weiterarbeit:

Auswahl der richtigen Buchstaben für ein Lückenwort – als visuelle und auch als akustische Übung (Selbstkontrolle ermöglichen):

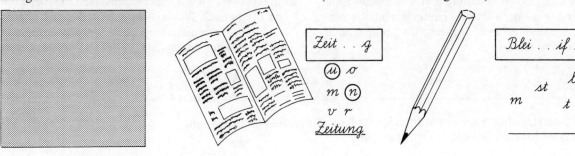

Blunde
Blnude
Blune
Bume
Blume
Brune

B . . . . . .

Auswahl eines passenden Wortes für einen Lückensatz:

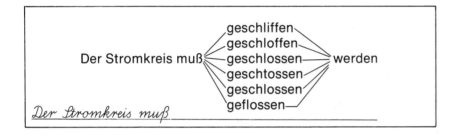

Nach Wortvorbildern Schriftspurmuster entwerfen und diese vom Partner ausfüllen lassen:

Zu übendes Wort	selbst gezeichnetes Schriftspurmuster	wieder ausgefülltes Schriftspurmuster
Batterie	▭▭▯▭▭▭▭▭	*B a t t e r i e*
Glühlampe	| | | | | | | |	*Glühlampe*

Auch das Selbstanfertigen von Purzelwörtern für die Mitschüler kann unter diese Übungen eingereiht werden, weil es Entscheidungskraft, Spannung und Entscheidungsfreude verursacht:

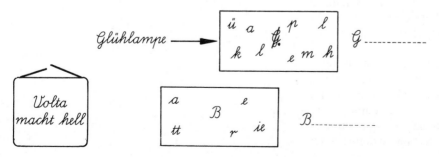

7.3.7 Anbieten von Lösungskontrollen, die der Schüler selbständig durchführen kann

Die Möglichkeit, seine Arbeit selbst kontrollieren und sich bestätigen zu können, erhöht das Selbständigkeits- und Unabhängigkeitsgefühl des Schülers und fördert beträchtlich die Leistungsmotivation. Folgende Möglichkeiten bieten sich dazu an:
In einem Wörterrätsel muß sich aufgrund einer bestimmten Kennzeichnung von Kästchen ein bestimmtes Lösungswort ergeben.
Dem Schüler werden Lückenwörter, guten Rechtschreibern auch Fehlerwörter in einem Satz oder Text angeboten (bei Fehlerwörtern Schwierigkeitsgrad = direkte Kennzeichnung – Kennzeichnung der Zeile – ohne Markierung). Der Schüler soll nun die Lücke bzw. Fehler selbständig finden und berichtigen.
Lösungshilfen: Textvorlagen, Wortlisten, Wörterbuch, Wörter in Silben zerlegt oder in Morpheme.
Schüler mit Wahrnehmungsschwierigkeiten brauchen bei solchen Aufgaben zwar Hilfe, können aber doch relativ günstig in ihrer Leistungsbereitschaft verbessert werden, wenn ihnen Erfolg ermöglicht wird.
Selbständige Kontrolle mit Hilfe des Tonbandes: Buchstabieren oder in Silben gesprochenes Wort oder in Morphemen gesprochenes Wort (ge... fäll... st).

Selbständige Kontrolle anhand von Textvorlagen.
Selbständige Kontrolle anhand von Wortlisten.
Selbständige Kontrolle anhand von Buchstabenreihungen (Stift).

7.3.8 Ausnutzung der äußeren Form

Übungen in ansprechender äußerer Form dargeboten, wecken durch die Art ihrer Visualisierung Interesse und damit Lernbereitschaft:
Schrift und Bild; Rätselformen; Bilder in Schriftlücken; Satzreihen mit Illustrationen; humorvolle Texte mit Illustrationen; Fortsetzungsgeschichten; Ausschmückung der Texte mit Identifikationsfiguren.

7.3.9 Angebotsvielfalt weckt Übungsbereitschaft

Wenig selbstbewußten Schülern kann die Unsicherheit leichter genommen werden, wenn sie nach bekannten Methoden arbeiten können. Bekannte Strategien oder reaktivierte, bereits erlernte Regeln helfen ihnen, selbstbewußter und arbeitsbereiter zu werden.
Der selbstbewußte Schüler kann zwar in monotoner Weise auch relativ lange üben, aber im allgemeinen bewirkt bei ihm ein Wechsel der Übungsform und eine Angebotsvielfalt Interesse und damit neue Übungsbereitschaft. Übungen ohne Abwechslungen übersättigen, ja lassen unter Umständen die Arbeitsbereitschaft erlöschen. Besonders Wiederholungsübungen sollten nicht Abzüge bekannter Klischees darstellen, sondern dem Rechtschreibschüler den Unterrichtsgegenstand in verschiedensten Variationen anbieten. Selbst bei gleichbleibendem Inhalt vermag ein Wechsel der äußeren Form positive Motivationswirkung hervorzurufen.

8. Lernorganisation des Rechtschreibunterrichtes

8.1. Festlegung der Lerninhalte

Für den Aufbau eines Grundwortschatzes und für zu erarbeitende, die Orthographie tangierende grammatische Lerninhalte kann nicht Vollständigkeit nach Systemgesichtspunkten maßgebend sein. Rechtschreibunterricht muß entsprechend den hinterlegten allgemeinen Sachinhalten als offenes, auf die verschiedensten Themensituationen bezogenes Lernfeld gesehen werden. Im Grunde ist – abgesehen von Motivationstendenzen – ohne Belang, welcher sachunterrichtliche bzw. sachliche Arbeits- oder Erfahrungsinhalt des Kindes aus pädagogischen oder psychologischen Erwägungen dem Orthographischen hinterlegt wird. Hier herrscht für den Lehrer „freie" Wahl. Aber Rechtschreibenlernen liegt im Spannungsfeld zwischen solchen situativen sachunterrichtlichen Lernanlässen und systematisch zu erfassenden und zu ordnenden orthographischen Inhalten. Die Auswahl der orthographischen Inhalte selbst kann deshalb nicht dem Zufall überlassen bleiben; denn für den Lernprozeß des Schülers ist es wichtig, daß diese orthographischen Inhalte vom Lehrer in einem Kontrollsystem erfaßt und passend einem jeweiligen Sachthema (Text, Wortsammlung usw. ...) zugewiesen werden. Nur so behält der Lehrer Übersicht, welche orthographischen Inhalte erarbeitet wurden, welche wiederholt und noch erarbeitet werden müssen.

Darüber hinaus verlangt auch Wiederholung, System, um orthographische Schwierigkeiten geplant wiederholen zu können, um Fehler aufzuarbeiten und schließlich auch ausschließen zu können. Weiterhin ist es wichtig, den Schüler erkennen zu lassen, daß Übungseinheiten überschaubar und endlich sind. Ein jeweils quantitativ beschränkter Wortschatz als Lernziel erlaubt kurze Lern- und Übungsphasen. Diese wiederum machen Erfolgserlebnisse möglich, fördern so den allgemeinen Lernerfolg und leisten Zusätzliches für die überaus wichtige Motivation.

8.2 Die unterrichtliche Absicht zur Sache des Schülers machen!

Vielleicht spricht der Rechtschreibunterricht manche Schüler nicht an, weil ihre Lehrer allein planen, exakt festlegen, tempomäßig und überhaupt starr vorgeben, was gelernt bzw. geübt werden soll, kurz gesagt, weil sie sämtliche Faktoren des Lernens bestimmen und dem Schüler keinen persönlichen Spielraum geben, ihn unselbständig und völlig hilflos belassen.

Rechtschreiben bereitet, wie jeder Unterricht, sicherlich mehr Freude, wenn der Lehrer seine Führungsrolle, die er aus fachlichen Gründen natürlich haben muß, dem Schüler gegenüber weniger sichtbar werden läßt. Das ist möglich, wenn er anregt, vorsichtig hinlenkt zu bestimmten Inhalten, zur Auswahl anbietet, wenn er individuelles Lerntempo ermöglicht (ohne Bummeln zu dulden), wenn er die Arbeitsweise des Schülers intensiv beobachtet, zur Aufmerksamkeit hinführt, sich nach Mißerfolg und vor allem nach Erfolg erkundigt.

Die ideale Lehr- und Lernkonzeption ist erreicht, wenn der Lehrer – je nach Möglichkeit und Schülertyp – dem Kinde ein dem Alter entsprechendes Maß an Selbständigkeit anerzieht, ja die Schüler sogar in die Steuerung der Lernvorgänge mit einbezieht. Auf diesem Wege kann ein großer Teil der Schüler selbständiger, unabhängiger und damit selbstbewußter werden. Der Lehrer hingegen gewinnt dabei Freiräume für notwendige individuelle Hilfen.

Dabei geht es primär um die Erfahrungstatsache, daß durch Selbsttätigkeit Erworbenes größere Aussicht hat, behalten zu werden als das lediglich Übernommene. Die didaktische Konsequenz für einen Rechtschreibunterricht im Rahmen eines kognitiv-sozialen Lernens sollte demzufolge lauten:

Mit dem Schüler über das gewählte Ziel sprechen (Was wollen wir lernen? Was müssen wir üben? Was muß verstärkt geübt werden? Wie soll geübt werden?) und ihm allmählich zu bewußtem Lernen zu verhelfen.

Vergleich neu erworbenen Rechtschreib-Könnens mit vergleichbarem Speicherwissen, um Vergleichs-, Such- und Kontrollverhalten anzuerziehen und das Ausformen von Orientierungsmustern zu unterstützen:

K*anne* ⟶ T*anne*, W*anne*, P*anne*
beim Spielen ⟶ *beim* Schreiben, *zum* Lesen
fa*ll*en ⟶ du fä*ll*st, das Gefä*ll*e

Den Schüler zur Reflexion über die eigenen Arbeitsergebnisse anhalten, um seine Fähigkeit zur Selbstkontrolle zu entwickeln.

Das wiederum erfordert, Kontroll- und Vergleichshilfen bereitzuhalten, die dem Schüler erlauben, sich persönlich mit dem Lerngegenstand auseinanderzusetzen. Eine geringere Abhängigkeit von der Lehrersteuerung aktiviert, eine persönliche Auseinandersetzung mit dem Lerngegenstand macht diesen bedeutend, macht ihn für das Lernen sinnvoll und erzieht allgemein zur Selbständigkeit und zur Selbstkontrolle.

Übersichtliches Einrichten der gesamten Lern- und Kontrollsituation für den Schüler: Das Lernen in übersichtlichen, folgerichtig aufeinander bezogenen Abschnitten bietet dem Schüler mehr Einblick in seine Lernarbeit, in seine Lernfortschritte und ermöglicht ihm leichter Erfolge.

8.3 Sich an Ranschburg erinnern!

Die Geister, die Ranschburg[*] schon 1905 aus den Schulstuben zu vertreiben versuchte, gehen tatsächlich heute noch in zahlreichen Übungsangeboten mancher Sprach- und Rechtschreibbücher um. Negativbeispiele lassen sich in beliebiger Zahl finden:

Setze aus jeder Reihe das richtige Wort in die Satzlücke ein!
Feder – Fehder – Fäder ¦ Er verlor die .... seines Hutes.
Wihder – wieder – wider ¦ Er fand seine Mütze ....

Er w.. derholte den Satz und w.. dersprach damit dem Mannschaftsführer.
Setze richtig ie oder i ein!

Präge dir diese Wörter gut ein und wende sie in Sätzen an!
Lied – wieder – Lid – Sieg – Miete – Biene – sieden – wider

Die Verfasser solcher und ähnlicher Übungen erschweren den Lernprozeß des Schülers, weil sie nicht beachten, daß das Erlernen ähnlich klingender bzw. ähnlich aussehender Wörter dem Schüler große Schwierigkeiten bereitet. „Sie sind schwer zu erlernen, aber leicht zu vergessen..."[17], schreibt August Franken 1928 und übersetzt damit Paul Ranschburgs schon seit 1905 in die Fachliteratur eingegangene, aber leider vielerorts vergessene Erkenntnis: „Der Gedächtnisumfang ist weiter, die Gedächtnisfähigkeit größer, die Reproduktionszeit kürzer für heterogene als für homogene, einander ähnliche... Inhalte. Die Täuschungen des Gedächtnisses sind durchweg gesetzmäßige und verdanken ihren Ursprung in allererster Reihe der Hemmung einander homogener Bewußtseinsinhalte!"[18]

Deshalb stellen falsch angelegte Übungen mit homogenen Inhalten (Kahn – Kran; Kante – kannte; nämlich – nehmen) für den die Rechtschreibung erlernenden Schüler Fallen dar, stiften in ihm nur Zweifel und erschweren das Einprägen der Schreibweisen.

Wohlbemerkt muß hier zwischen Lernkontrollen und Übungen unterschieden werden. Aber für Übungen sollte Ranschburgs Erkenntnis berücksichtigt werden und die These
Verführe den Schüler nie zum Zweifeln!
zum Unterrichtsprinzip erhoben werden.

8.4. Die Einprägung von Fehler-Schreibweisen verhindern!

Das Einprogrammieren eines Wortbildes beruht zu einem guten Teil auf der Imitation des richtigen „Vor-Bildes". Je öfter ein Schüler ein Wortbild richtig sieht, desto leichter und schneller kann er sich dessen wiederholt gesehene und damit von Mal zu Mal die Einprägung vertiefende Schreibweise aneignen. Erscheint hingegen während des Aneignungsprozesses das Wortbild falsch geschrieben, ohne daß der Lernende sofort darauf aufmerksam gemacht wird, so wirkt diese nicht normgerechte Schreibweise bei der Einprogrammierung ins Wortbildgedächtnis als Störfaktor. Stehengebliebene und deshalb immer wieder ins optische Gedächtnis aufgenommene Fehler in der Darstellung von Wortbildern verstärken sich. Sie tragen dazu bei, die Strukturmerkmale der normgerechten Wortbilder zu überdecken und zu verfälschen, so daß sich die Fehler-Wortbilder einprägen. Sie wieder auszumerzen, bedarf bekanntlich eines wesentlich größeren Übungsaufwandes als neue Wortbilder einzuprogrammieren.

Diese Binsenweisheit sollte gerade heute, wo muttersprachliche und damit auch orthographische Schulung wegen der schon in der Grundschule eingeführten Aufsplitterung in Fächer und der teilweise auf Einzelfächer ausgerichteten Lehrerbildung keineswegs mehr Unterrichtsprinzip ist, verstärkt beachtet und ins Bewußtsein der Lehrenden gebracht werden.

Die Gefahren sind dort zu sehen, wo der Lernprozeß in dieser Hinsicht schlecht organisiert ist. Das ist der Fall, wo Schüler zu früh zum selbständigen Schreiben veranlaßt werden (Sachunterricht), wo der Schüler rechtschreibmäßig überfordert wird, wo der Schüler keine oder zu wenig Rechtschreib-Leitbilder erhält und wo Fehler während des Schreibens oder unmittelbar anschließend nicht sofort korrigiert werden. Die stehengebliebenen Falschbilder wirken dann negativ weiter. Unmittelbar anschließende oder möglichst zum Schreiben parallellaufende Kontrollen und Berichtigungen tragen dazu bei, Fehler gar nicht erst entstehen bzw. gar nicht erst negativ

---

[*] Paul Ranschburg: geb. 1870; Pädagoge und Dr. med.; Professor an der Universität Budapest

weiterwirken zu lassen.
In begleitenden Kontrollen und Hilfen durch den Lehrer oder den Partner liegen die praktischen Notwendigkeiten, notfalls auch in Selbstkontrollmitteln, insofern der Schüler schon ein Kontroll- und Fehlerbewußtsein entwickelt hat.
Auf jeden Fall sollte die Erkenntnis Grundsatz der Übungsarbeit sein:
Fehler zu vermeiden ist effektiver als Fehler zu berichtigen!

8.5 Differenzierung muß sein!

In vielen Fällen bietet die Schulpraxis das folgende Bild:
Gute Rechtschreiber bewältigen eine Aufgabe innerhalb des Zeitrahmens auf Grund ihres ausgeprägten Wahrnehmungsvermögens und ihrer Fähigkeit, schnell und relativ sicher zu schreiben. Sie lesen z. B. Abgeschriebenes auch durch, finden Zeit zur Selbstkontrolle, haben ein gewisses Kontrollbewußtsein entwickelt und tragen hier und da sogar Fehlerwörter in ein Merkwörterheft ein.
Die Gruppe der Durchschnittsschüler bewältigt gerade die gestellte Aufgabe (Abschreiben des Textes und Schriftspurmuster der Merkwörter anfertigen). Aber einigen unterlaufen hier und da Flüchtigkeitsfehler (i-Punkte vergessen, einzelne Buchstaben ausgelassen, orthographische Fehler), andere haben miserabel geschrieben, so daß sie keine klaren, die Einprägung unterstützenden Wortbild-Muster für die Weiterarbeit besitzen und auch nicht mehr zum kontrollierenden Vergleichen kommen.
In der dritten Gruppe sind Kinder, die am Umfang der Aufgabe verzweifeln. Sie sind noch nicht fähig, die Wortbilder als Ganzheiten zu erfassen. Sie schreiben oft einzelne oder zwei Buchstaben ab, müssen mehrere Male hinschauen, um ein aus zehn Buchstaben bestehendes Wort zu erfassen (Regenschirm = Re/g/en/schi/rm), haben den Schritt vom „Abschreiben zum Aufschreiben" noch nicht bewältigt, weil ihre Wahrnehmungskräfte unterentwickelt sind. Deshalb „malen" sie nur langsam ab. Der Übungseffekt ist dürftig, weil sich weder Signalgruppen noch Wortbilder als Ganzheiten und Bewegungsrhythmen im Gedächtnis verfestigen können.
Man darf nicht annehmen, daß alle Schüler einer Klasse z. B. einen bestimmten Merkwörterschatz in gleicher Zeit und mit gleichen Übungsschwerpunkten erarbeiten können. Während der eine verstärkt akustisches Differenzierungstraining braucht, mangelt es dem anderen an Synthesetraining, und während der dritte Schüler vielleicht seine Gliederungsfähigkeit entwickeln muß, hat der vierte Nachholbedarf in der Entwicklung seiner Transferkräfte und braucht besonderes Training im Analogiebereich.
Deshalb ist Differenzierung notwendig, wenn der Unterricht dem einzelnen gemäß sein und ihm Lern- und Entwicklungschancen belassen soll.

Zwangsweise ergeben sich für die Praxis folgende Leitlinien:

a) Lernerfolge erreicht der Schüler nur, wenn er zuvor in allen notwendigen Teilschritten des Lernens und Übens erfolgreich war.

b) Rechtschreibenlernen ist keine Sache des Gleichschrittes, sondern macht einen auf den individuellen Lern-, Übungs- und Zeitbedarf des einzelnen Schülers zugeschnittenen Unterricht notwendig.

9. Übungsnotwendigkeiten und -möglichkeiten

9.1 Buchstaben – und Lauttraining

Wahrnehmung und Darstellung von Buchstaben und Lauten, ihre Zuordnung und Differenzierung sollte ausreichend geübt und auch über die beiden Anfangsschuljahre hinaus wiederholt werden. Nur durch wiederholendes Üben wird vermieden, daß Kinder noch im 3. oder 4. Schuljahr bei der Analyse und Darstellung von Lauten und Buchstaben unsicher sind.

Als Übungsmaterialien bieten sich an:
Buchstabenkarten (Druck- und Schreibschrift)
Buchstabenhaus (Groß- und Kleinformat)
Bildkärtchen (Bezug zu Buchstaben/Lauten)
Selbstgefertigte Buchstaben (Knet, Plastilin, Papier aus Zeitschriften ausschneiden)
Buchstabenstreifen
Overhead-Folien mit einzelnen Buchstaben oder Buchstabenreihen
Folien-Schreibstifte für die Hand des Schülers
Buchstaben-Tabellen
Behälter zum Sortieren von Buchstabenkärtchen, zum Sortieren von Wortkärtchen, die den angegebenen Buchstaben enthalten
Wortkärtchen zur Analyse von Buchstaben
Bilder und Wortspurstreifen zur Markierung bzw. Lokalisation der Laut-/Buchstabenstellung im Wort (Reihenfolge, Platz, An-, In-, Auslaut)
Buchstabenkärtchen für Partner- und Gruppenspiele (Quartette, Legespiele ...)
Buchstabenwürfel in Verbindung mit Spielen (Wer „d" würfelt, darf 5 vorrücken, wer „b" würfelt, nur drei!)
Leseuhren (Frontalgröße, Handgröße für Schüler)
Setzkästen (zur Buchstabendarstellung und -synthese), Stempelkästen
Tonband: Umsetzung der Laute in Zeichen
             Lauterkennung
             Analyse von Lauten

9.1.1 Unterscheidung von Lautzeichen und Laut – Sicherung der Laut-Zeichen-Verbindung

Der Lehrer nennt einen Laut, der Schüler zeigt den entsprechenden Buchstaben am Buchstabenhaus, an der Leseuhr, am Buchstabenwürfel usw., steckt ihn am Lesekasten, druckt ihn mit Stempel, schreibt ihn mit der Schreibmaschine, schreibt ihn in Druck- und/oder Schreibschrift.

Der Lehrer oder ein Schüler zeigt einen Buchstaben, der Schüler spricht den Laut.
Manche Schüler vollziehen die Assoziation von Laut und Buchstabe oft schwer. Sie brauchen zusätzliche Hilfen; in hartnäckigen Fällen empfiehlt sich die Verwendung von Handzeichen.

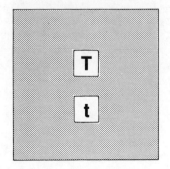

Kreise die großen T/die kleinen t ein!
Zähle, wieviel T/t in der Figur enthalten sind!

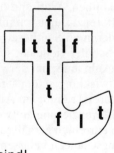

Der Lehrer nennt einen Laut, z. B. „d". Der Schüler kreist den entsprechenden Buchstaben in der Buchstabenreihe ein oder übermalt ihn.

b ⓓ b b k t ⓓ g h k h b d d f h d b g b d d b d
- -
d g b **d** b b **d** d b b b b d d g d b b h d d

d

Der Lehrer nennt einen Laut, der Schüler hebt den zugehörigen Buchstaben aus einem Buchstabenangebot heraus (z. B.: Kreise alle „g" grün ein und verbinde die Kreise! – Male alle „n" braun nach! – Rahme alle „t" rot ein!

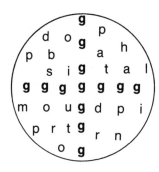  

g
n
t

Optisch oder akustisch vorgegebene Buchstaben werden in einem Buchstabenangebot gekennzeichnet (einkreisen, einrahmen, übermalen…):

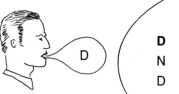

L
T
m

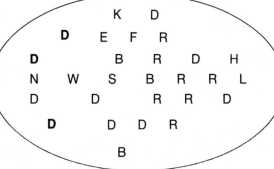

D

41

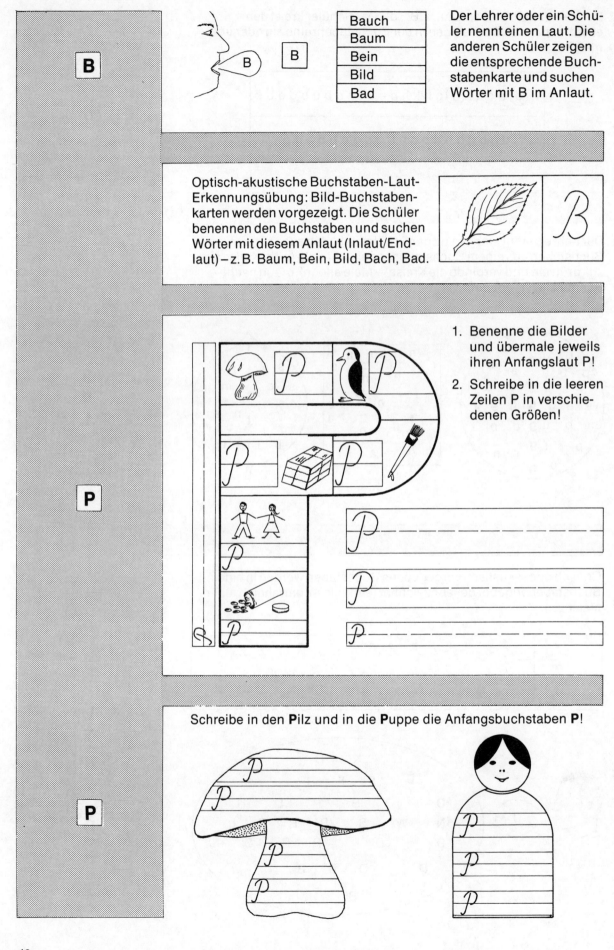

Assoziation Buchstabe – Laut

Lehrer zeigt im Buchstabenhaus auf einen Buchstaben, das Kind nennt den entsprechenden Laut (Übung Großbuchstaben mit Druck- und Schreibschrift). Ausfälle werden auf einer Liste eingetragen zur weiteren Übung und Festigung der Buchstabenkenntnis und als Katalog für gezielte Wiederholungsübungen.

A	E	I	O	U
Ö	Ü	Ä	B	D
F	G	H	K	J
M	N	L	R	S
T	V	W	Z	EU
EI	AU	ST	SP	F

Pinguin   *P* . . . . . .   _____   _____   _____

| *Pinguin* | *Puppe* | *Pinsel* | | *Paket* |

P

B _____

| | *Birne* | *Blume* | *Besen* | *Buch* |

B

1. Die Kinder nennen das Wort und den Laut, mit dem es beginnt.
2. Sie schreiben den entsprechenden Anfangsbuchstaben in das Bild!
3. Das zugehörige Nomen wird gut artikuliert gesprochen und geschrieben.

Buchstaben, die ein Kind schlecht speichert, läßt man lautieren und mit dicken Pinseln, Filzstiften, Wachsmalkreiden oder Kreide großformatig malen; vorgegebene Buchstaben werden farbig ausgemalt, mit Knet formen lassen, aus Zeitschriften ausschneiden, aus Papier rupfen, aus Materialien legen lassen.

9.1.2 Handzeichen als Gedächtnishilfe für die phonematische Diskrimination

Die Gliederung eines Wortklangbildes steht in engstem Zusammenhang mit der Differenzierung einzelner Laute. Exaktes Sprechen bedeutet Orientierungshilfe, ist Vorlage für kinästhetische Impulse und ermöglicht dem lernenden Kind, die Lautbildung intensiver zu empfinden.

Die Fähigkeit, bewußt zu artikulieren, erleichtert das Rechtschreiben wesentlich. Und die Fähigkeit, exakt zu artikulieren, ist wiederum Basis für die so notwendige Gliederungsfähigkeit von Wortbildern und damit für eine sichere Lautanalyse. Ohne diese können bei mäßigen Rechtschreibern die üblichen Mängel wie Verhören, Überhören, fehlende Trennschärfe bei der Wahrnehmung, Verwechseln ähnlicher Laute und Wörter und die oftmaligen Umstellungsfehler nicht eingeschränkt werden.

Die Feingliederung eines Wortklangbildes ist aber wohl ohne (wenn auch nur einfachste) Kenntnisse über die Lautbildung sehr erschwert, wenn nicht sogar undenkbar. Deshalb gehört es zu den Aufgaben des Lese- und Rechtschreibunterrichtes, den Schüler auf kindgemäße Art in die Lautbildung einzuführen.

Für Laute, die auditiv nicht ohne weiteres erfahren werden können, bieten sich andere Sinneshilfen an, so visuelle, sprechmotorische und kinästhetische:

Vor einem Spiegel die Bildung einzelner Laute beobachten.

Beim Sprechen die Artikulationsstellen abtasten.

Den Luftstrom bei stimmhaften und stimmlosen Lauten zu spüren versuchen.

Lernt ein Kind den Vorgang, den es bei der Bildung, z. B. des „t" (Sprenglaut) oder des „m" (Lippenlaut) erfährt, zu verbalisieren, dann hat es eine wesentliche Hilfe für die Lautdifferenzierung gewonnen.

Die Orientierungshilfe kann verbreitert werden, wenn Handzeichen als Gedächtnishilfe für die phonematische Diskrimination hinzukommen. Mit ihnen können wesentliche Merkmale der Lautbildung und Lautdifferenzierung veranschaulicht werden:

Ranschburg[18b] schon sah es vom bewegungstherapeutischen Standpunkt als großen Vorteil an, „... daß die Bewegungsempfindungen zugleich mit anderen Sinnesreizen, z. B. Gesichts-, Sprachbewegungs- und Gehörreizen ins Bewußtsein gelangen und dadurch vielseitige Assoziationen schaffen". Und er bekräftigte weiter, daß Eindrücke um so leichter und fehlerloser aufgefaßt werden, je verschiedenartiger die Reize sind, aus welchen sie sich zusammensetzen.

Und Wilhelm Hoffmann stellt die günstige Wirkung der unterstützenden Bewegung durch das Mund-Hand-System[36] beim gesamten Rechtschreiblernen vor allem für das Auffassen des Wortklangbildes und des einzelnen Lautes, für das Analysieren und Differenzieren, für das Gleiten von einem Laut in den anderen und für das Kopflautieren heraus: „Der Unterricht beschränkt sich nicht nur auf die Perzeption des Lautklang- und Lautsprechbildes. Vielmehr wird jeder Laut auch nach der motorischen Seite volles Eigentum des Kindes. Eine nicht zu unterschätzende Hilfe ist die Bewegung bei der Reproduktion. Die kollektive Auffassung von Silben und Wortkomplexen macht nicht mehr die üblichen Schwierigkeiten." Handzeichen sind also Assoziationshilfen für die phonematische Diskrimination. Sie helfen, die Orientierungsgrundlage des Lernenden zu verbreitern. Mit ihnen können wesentliche Merkmale der Lautbildung und -differenzierung veranschaulicht werden.

Aus dem breiten Angebot (Maeße, Fröschels, Weinert, Rößler-Geißer, Tratsmüller, Koch, W. und E. Kleinhans u. a. ...) werden hier drei Systeme zur Auswahl angeboten:

	Handzeichen nach H. J. Kossow[36]	Mund-Hand-System nach W. Hofmann[37]	Lautgebärden nach W. Kraft[38]
a	Daumen und Zeigefinger symbolisieren die weit geöffneten Lippen	Bewegung der Hand von der Brust nach vorn	

Handzeichen nach H. J. Kossow[36]	Mund-Hand-System nach W. Hofmann[37]	Lautgebärden nach W. Kraft[38]	
Mund nur wenig geöffnet. Lippen quer gespannt (See, geh)	Hand beschreibt eine Gerade nach außen seitwärts – auch beidarmig (Einklang: bei e sind Lippen und Zunge verbreitert)		e
Mund noch weniger als beim E geöffnet – die Lippen noch breiter gespannt	... in einer Geraden nach oben, „I" ist der „Hohe"		i / ie
Daumen und Zeigefinger deuten die runde Form der Lippen an	Bogen der Hand = Zusammenhang mit Lippenrundung		o
Vorgestülpte Lippen beim U = kleinere, runde Öffnung als beim O	Erinnert im Gegensatz zum iI an die dumpfe, aus der Tiefe kommende Resonanz		u

Die Klangdauer der Vokale kann durch die Zeichen A̤ (kurz = Punkt) und A̱ (lang = Strich) demonstriert werden.

	Handzeichen nach H. J. Kossow[36]	Mund-Hand-System nach W. Hofmann[37]	Lautgebärden nach W. Kraft[38]
Umlaute	Umlaute können durch Zusatzzeichen, wie sie W. Kraft verwendet, symbolisiert werden:		ä ü
Doppel-Vokale	✗	au eu ei	au eu ei
b	Lippen geschlossen. Die bei der „Sprengung" der verschlossenen Lippen entweichende Luft wird auf dem Handrücken empfunden	Stimmhafte Verschluß-lösung bei b, d, g. Zugehöriges Handzeichen = Streckhalte der Finger in der Speichlage (Speiche/Elle)	

46

Handzeichen nach H. J. Kossow[36]	Mund-Hand-System nach W. Hofmann[37]	Lautgebärden nach W. Kraft[38]	
Die an der Unterlippe liegende Daumenspitze spürt den aus dem Mundraum kommenden Luftstrom	Daumenseite und Speiche der Brust zugewendet. Der Arm hält, wenn dem Explosivlaut andere Laute vorausgehen, mit dem Beginn…		d
Hebung des hinteren Kinnteiles – durch starke Anhebung der Zunge verursacht – wird als Bewegungsimpuls deutlich empfunden (geh, Geld)	…der Atempause die sog. Vokalbewegung ruckartig auf und läßt sie erst bei Verschlußlösung weitergleiten		g
Bei „P" entwickelt sich ein stärkerer Luftstrom als bei B	Streckhalte der Finger in der „Kammlage". Durch entsprechende Ausdrehbewegung wird angezeigt, daß bei P, T, K der Verschluß gehaucht aufzulösen ist		p
Der Luftstrom wird besonders am Zeigefinger empfunden			t

	Handzeichen nach H. J. Kossow[36]	Mund-Hand-System nach W. Hofmann[37]	Lautgebärden nach W. Kraft[38]
k	Die vom Kinn nach vorn wegstoßende Hand verdeutlicht die „Sprengung"	Streckhalte in der Kammlage – Ausdrehbewegung	
f v	Luft strömt durch den durch die obere Zahnreihe und die Unterlippe geformten Verschluß (deutlich zu spüren)	Handzeichen für die sog. „Engelaute" f, s, sch und ch ist die Zeigefingerbeuge in der Speichlage. Sinn: Das Zeichen erinnert an das Ziehen an einem Faden. Dieser zwischen Daumen und Zeigefinger unsichtbare Faden soll dem feinen Luftstrom entsprechen, der bei Erzeugung von Englauten durch die Artikulationsenge getrieben wird. Da der „Faden" nicht lang gezogen werden kann, wird er „aufgewickelt", indem in dieser Haltung kleine, stehende Kreise im Uhrzeigersinn beschrieben werden.	
s ß	Lippen breit gespannt. Ein Zischgeräusch entsteht		
sch	Lippen vorgestülpt und geöffnet. Die Wärme der vorströmenden Luft ist spürbar		

Handzeichen nach H. J. Kossow[36]	Mund-Hand-System nach W. Hofmann[37]	Lautgebärden nach W. Kraft[38]	
Bei leicht geöffneten Lippen wird das Reibegeräusch durch die nach vorn gepreßte Zungenstellung erzeugt. Ausströmende Luft am Zeigefinger ist zu spüren			ch
Stimmhaftes Ebenbild des ch. Die Pfeile deuten auf die Stimmhaftigkeit hin			ij
Der vollständige Lippenverschluß wird durch die zusammengepreßten Finger dargestellt. Die Resonanz der Schwingungen im Nasen-Rachen-Raum ist an den Fingern spürbar	Konsonanten werden dargestellt durch Fingerhaltung und -bewegung. Daumen und Speiche der Brust zugewendet. Unterarm und Handgelenk bilden stumpfen Winkel. In dieser Haltung werden schnelle kleine Pendelbewegungen des		m
Fingerspitzen spüren den nasalen Luftstrom, der durch die leicht geöffneten Lippen dringt			n

	Handzeichen nach H. J. Kossow[36]	Mund-Hand-System nach W. Hofmann[37]	Lautgebärden nach W. Kraft[38]
ng	Bei diesem Nasallaut spüren die Finger den aus der Nase kommenden Luftstrom und die Schwingungen der Nasenflügel	Unterarms in Richtung vom und zum Körper des Sprechenden ausgeführt. Diese Schüttelbewegungen weisen auf ein Mitschwingen des Mund-, Rachen- und Nasenraums bei der Stimmerzeugung hin	
w	W wird als „Engelaut" stimmhaft wie „F" gebildet. Luftstrom nur leicht zu empfinden		
l	Die Fingerhaltung zeigt die Buchstabengestalt	„Winken" mit den vier geschlossenen Fingern. Durch wiederholtes Beugen und Strecken werden rasch kleine Schläge ausgeführt. Winkbewegung = Aufbiegen der Zungenspitze	
r	Schwingungen entstehen durch die zeitweilige Unterbrechung des tönenden Luftstromes	„Trillern": Die Nachbarfinger bewegen sich in entgegengesetzter Richtung zueinander leicht und schnell auf und ab (= Rollen der Zunge, Flattern des Velums	

Handzeichen nach H. J. Kossow[36]	Mund-Hand-System nach W. Hofmann[37]	Lautgebärden nach W. Kraft[38]	
X	Hauchhaltung: Beide Hände in Mundhöhe erinnern an frierende Hände, die durch Hauchen erwärmt werden		h
X	Die Zeigefingerbeuge in der Kammlage mit entsprechender Drehbewegung vereinigt die Handzeichen für die starken Explosivlaute und die Engelaute. Nach jedem Bewegungskomplex kehrt die Hand zu ihrer Ausgangsstellung zurück. Dieses Zeichen gilt ebenso für: X, gs, ks, chs, pf, ps, tsch		z

9.1.3 Buchstaben erkennen, wiedererkennen, ordnen und zuordnen

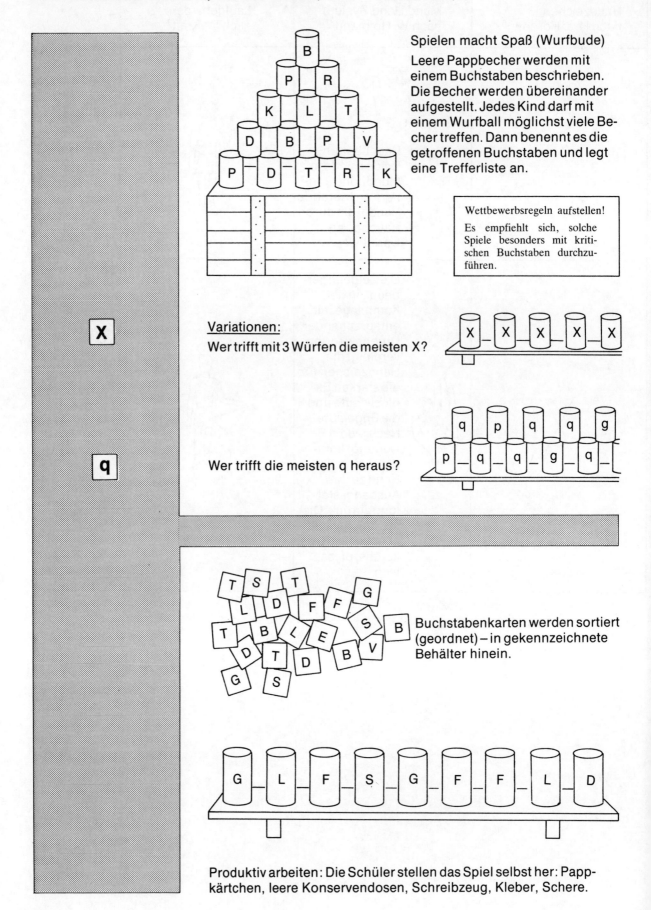

Spielen macht Spaß (Wurfbude)
Leere Pappbecher werden mit einem Buchstaben beschrieben. Die Becher werden übereinander aufgestellt. Jedes Kind darf mit einem Wurfball möglichst viele Becher treffen. Dann benennt es die getroffenen Buchstaben und legt eine Trefferliste an.

> Wettbewerbsregeln aufstellen!
> Es empfiehlt sich, solche Spiele besonders mit kritischen Buchstaben durchzuführen.

Variationen:
Wer trifft mit 3 Würfen die meisten X?

Wer trifft die meisten q heraus?

Buchstabenkarten werden sortiert (geordnet) – in gekennzeichnete Behälter hinein.

Produktiv arbeiten: Die Schüler stellen das Spiel selbst her: Pappkärtchen, leere Konservendosen, Schreibzeug, Kleber, Schere.

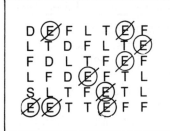

Die Schüler erhalten ein Buchstabenblatt, sollen angegebene Buchstaben ausschneiden und in bestimmten Figuren ordnen.

b)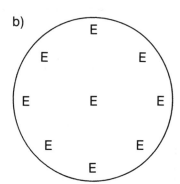

a)

E E E E E E E E E

E

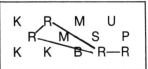

Verbinde alle R!

(Diese Übung kann mit allen Buchstabenformen und -größen durchgeführt werden.)

R

Der Schüler kreist in jedem Kästchen einen angegebenen Buchstaben rot ein.

1. L 2. B 3. g   (eingebaute
4. f 5. F 6. M   Fehlerquelle!)

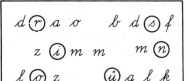

Der Lehrer (oder ein Schüler) diktiert sechs Buchstaben. Der Schüler unterstreicht oder kreist die betreffenden Buchstaben ein!

Analog kann auch mit Kleinwörtern oder Merkwörtern gearbeitet werden.

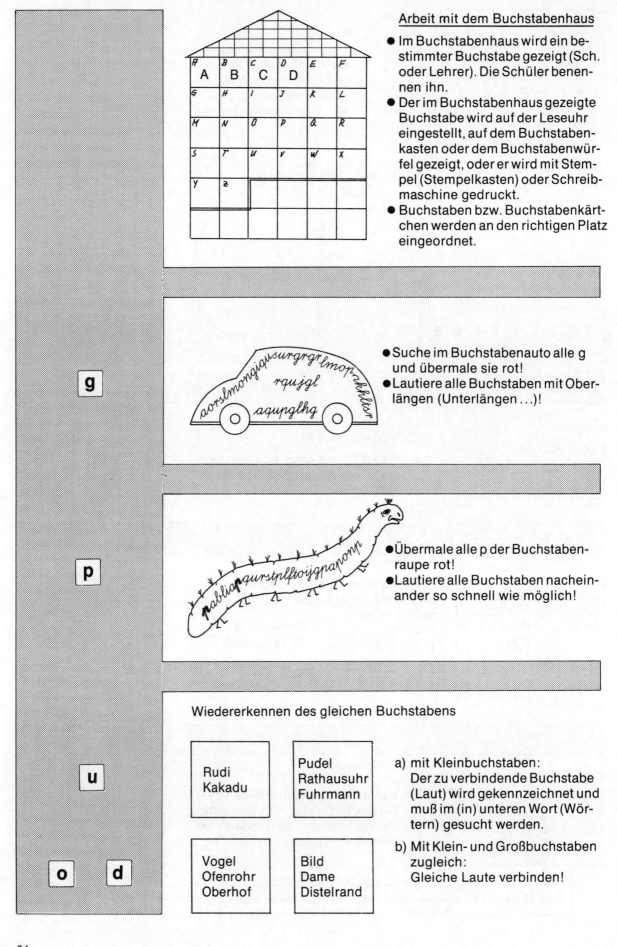

Arbeit mit dem Buchstabenhaus

- Im Buchstabenhaus wird ein bestimmter Buchstabe gezeigt (Sch. oder Lehrer). Die Schüler benennen ihn.
- Der im Buchstabenhaus gezeigte Buchstabe wird auf der Leseuhr eingestellt, auf dem Buchstabenkasten oder dem Buchstabenwürfel gezeigt, oder er wird mit Stempel (Stempelkasten) oder Schreibmaschine gedruckt.
- Buchstaben bzw. Buchstabenkärtchen werden an den richtigen Platz eingeordnet.

- Suche im Buchstabenauto alle g und übermale sie rot!
- Lautiere alle Buchstaben mit Oberlängen (Unterlängen ...)!

- Übermale alle p der Buchstabenraupe rot!
- Lautiere alle Buchstaben nacheinander so schnell wie möglich!

Wiedererkennen des gleichen Buchstabens

Rudi
Kakadu

Pudel
Rathausuhr
Fuhrmann

Vogel
Ofenrohr
Oberhof

Bild
Dame
Distelrand

a) mit Kleinbuchstaben:
Der zu verbindende Buchstabe (Laut) wird gekennzeichnet und muß im (in) unteren Wort (Wörtern) gesucht werden.

b) Mit Klein- und Großbuchstaben zugleich:
Gleiche Laute verbinden!

Wiedererkennen des Buchstabens:
Der vorgegebene Buchstabe wird in den folgenden Wörtern gesucht und übermalt!

| p | *parken · hupen · Lampe · Lump · poltern* |
| b | *backen · heben · Bombe · Lieb · aufgehoben* |

| D d | *Dach · Dübel · Duden · drüben · Geld · Dorf* |
| G g | *Geld · Guckloch · Goldgulden · Geldquelle · quillt* |

p
b

D **d**
G **g**

Wiedererkennen des Buchstabens – Kontrolle der Formkonstanz
In jeder Reihe ist ein Fehler/sind Fehler. Streiche alle falschen Buchstaben!

b b b b b b b d b b b b b b

b–d

da da da da do da da ba da bo da

a–o

Laut – Erkennungs- bzw. Wiedererkennungsübungen:

i: e i a ei eu u e i i e i a eu äu i

i

Bei jedem Wiederklingen des vorgegebenen Lautes (auch als Buchstabe zeigen!) stehen die Schüler auf (oder geben ein vereinbartes Zeichen) und sprechen den Laut nach. Eventuell das Sprechen mit Luftmalen des Buchstabens verbinden.

Zuordnungsübung als Partnerspiel
Die Kinder malen Buchstaben auf vorgefertigte gleichgroße Pappkärtchen, z. B. 10 große Ⓑ und 10 kleine ⓑ (10 Ⓓ und 10 ⓓ). Dazu kommt ein „Schwarzer Peter" = ⓟ.
Jeder Spieler bekommt eine Karte (B oder D), die er offen hinlegt. Die übrigen Karten werden gemischt und verdeckt in die Mitte gelegt. Nun wird abwechselnd gezogen. Paßt die gezogene Karte zu der offengelegten, wird sie zugeordnet. Nicht passende Karten werden gestapelt und in der zweiten Runde wieder zum Ziehen in die Mitte gelegt. Verlierer ist, wer am Ende den „Schwarzen Peter" (p) hat. Das Partnerspiel kann mit beliebig vielen Buchstaben und auch in verschiedenen Schriften angefertigt werden. Es eignet sich sowohl für Übungen als auch für Wiederholungen.

B **b**

D **d**

a) 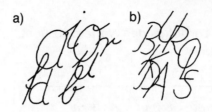 b)

Buchstaben-Salat
Wie Salatblätter sind die Buchstaben hier durcheinander gemischt. Welche Buchstaben erkennst du? Schreibe sie auf!

a) a, f, d, i, ...

b) _____

R
r

Ausgliedern eines Buchstabens (R, r), Erfassen des gleichen Lautes
1. Übermale in allen Wörtern den vorgegebenen Buchstaben rot!

(R) Bad · Rad · Reis · Brei · Rose · Burg

(r) Zwerg · Nagel · Brot · Kreis · Gras · Fuchs · Neger

(Rr) Roller · Rohr · Rektor · Ruder · Buden · Reiter · Puder

2. Diese und ähnliche Übungen sollten auch als akustisches Training durchgeführt werden. Der zu erhörende (zu suchende) Laut wird vorgegeben – auch der Buchstabe wird gezeigt –, die Wörter werden gesprochen, die Schüler geben ein verabredetes Zeichen, wenn sie den betreffenden Laut in einem Wort hören. Die Wörter gut artikuliert sprechen!

Lauterkennungsübung
„Gegenstände" werden verbunden, die den gleichen Laut als Inlaut haben. Der gemeinsame Inlaut wird jeweils in das Buchstabenkästchen geschrieben. Die Bilder mit gleichem Laut werden verbunden. (Fehlerquellen einbauen.)

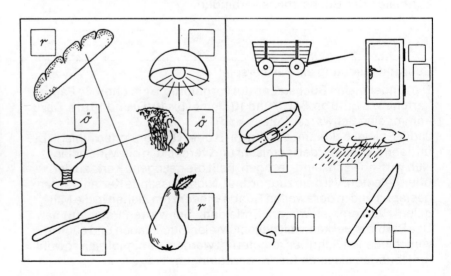

Visuelle und akustische Erkennungsübungen

Verbinde Gegenstände, die den gleichen Anlaut haben (gleichen Inlaut)! Lautiere diese gleichen Anlaute und schreibe sie!

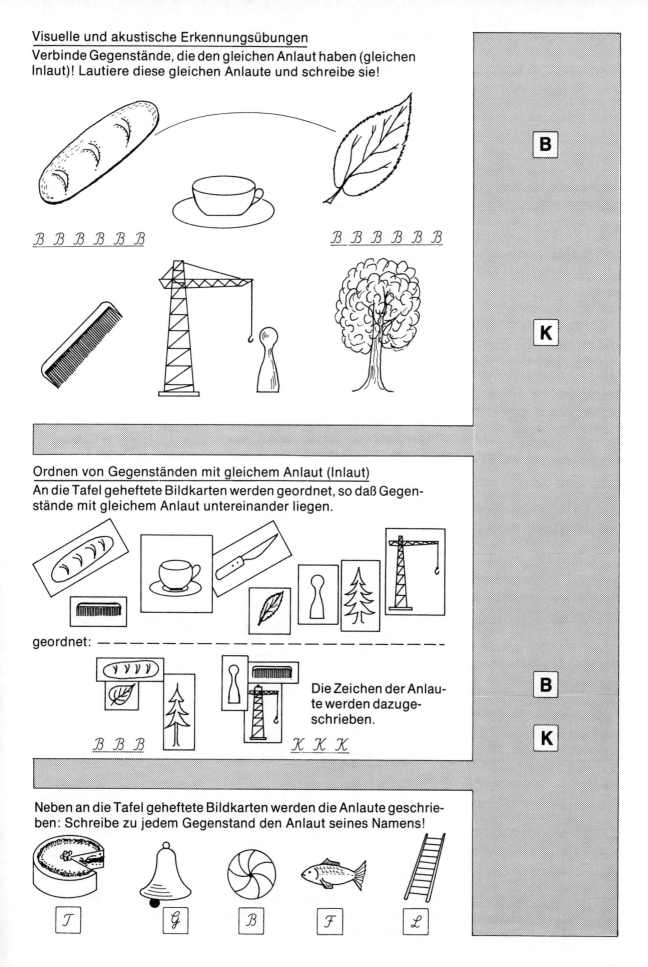

B B B B B B   B B B B B B

Ordnen von Gegenständen mit gleichem Anlaut (Inlaut)

An die Tafel geheftete Bildkarten werden geordnet, so daß Gegenstände mit gleichem Anlaut untereinander liegen.

geordnet: — — — — — — — — — — — — —

Die Zeichen der Anlaute werden dazugeschrieben.

B B B   K K K

Neben an die Tafel geheftete Bildkarten werden die Anlaute geschrieben: Schreibe zu jedem Gegenstand den Anlaut seines Namens!

T   G   B   F   L

B

K

B

K

9.1.4 Festigung des Klangbildes eines Lautes

p/P

In allen Wörtern fehlt ein p/P. Setze es ein und sprich danach das Wort deutlich!

Lam e, Hu e, Rau e, Kas er
ost, anne, aul, resse, aar

Pf

Einsetzen des pf-Lautes in Lautlücken:
Angeboten werden den Schülern optische oder auch akustische Lautlückeneinheiten, in die die Schüler den betreffenden Buchstaben bzw. Laut einsetzen sollen. Der einzusetzende Buchstabe/Laut ist vorgegeben.

a) *Pf* ..erd ..ahl ..ennig ..orte

pf ru..en klo..en tu..en hü..en Zo..

b)

Der einzusetzende Laut ist nicht vorgegeben. Die Schüler müssen ihn erst suchen. Beim Suchen werden mit verschiedenen Lauten geeignete Artikulations- und Syntheseübungen gemacht.

hin.en win.en trin.en tan.en zan.en
sie.en wie.en bü.eln wa.en mo.eln

9.1.5 Bewußt auf Laute hören

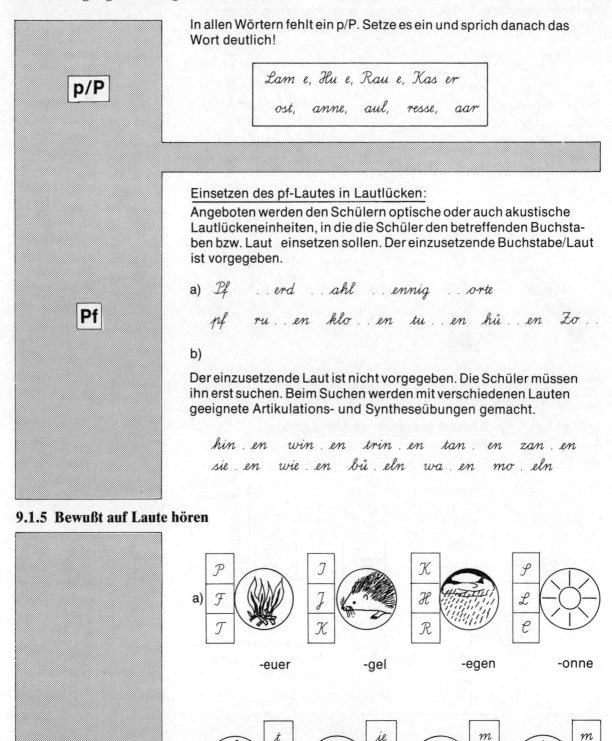

a) -euer   -gel   -egen   -onne

b) Mon-   Papag-   Zah-   Schir-

Betrachte jeweils das Bild. Setze jeden der drei angegebenen Laute davor. Dabei entstehen Unsinnwörter und ein sinnvolles Wort. Rahme dann den Buchstaben des passenden Lautes (sinnvoll) ein!

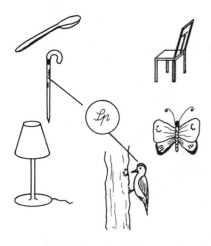

Ein bestimmter vorgegebener Laut (z. B. sp) soll aus einem Klang-Bild-Wortangebot herausgefunden, herausgehört werden

1. Gib allen Bildern Namen!
2. Male die Gegenstände bunt, bei denen du am Wortanfang ein „sp" hörst!

| Sp |

Heraushören von Anlauten aus vorgesprochenen Wörtern:

Ein Wort wird genannt (Lehrer, Schüler). Die Schüler hören den Anfangslaut heraus, artikulieren ihn und heben das entsprechende Buchstabenkärtchen hoch.

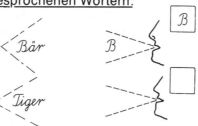

| B |

Bewußtmachen, daß durch „Mundablesen" ein Laut erkannt werden kann

– Der Lehrer spricht jeweils ein Wort und stellt die Aufgabe „Wenn ihr ein p hört, hebt ihr jedes Mal des p-Kärtchen hoch (oder: steht ihr auf, hebt die rechte Hand)!"

| Lampe · Fabrik · Stempel · Hupe · Rabe · Knabe · Raupe Räuber · Silbe · Tulpe |

| p |

– Die Aufgabe kann erweitert werden: Die Schüler differenzieren bei ihrer Kennzeichnung; d. h. sie haben je ein „b"- und ein „p"-Kärtchen und zeigen jeweils das zutreffende.

| p–b |

Zielgerichtetes Hören – Heraushören eines Lautes aus einem gesprochenen Wort

Erkennen z. B. des k-Lautes: Ein Wort wird vorgesprochen. Die Schüler versuchen herauszuhören, ob dieses Wort ein „k" enthält.

a) Nennen oder kennzeichnen!

Beispiel:
1. Reihe	– Falke – Balken – Fang – Falle
2. Reihe	– Hang – Bank – Flanke – Tank
3. Reihe	– Schankwirt – Schalk – Falke – Falz

b) Die Schüler tragen in eine Tabelle ein:

1.	k	k	–	–
2.	–	k	k	k
3.	k	k	k	–

| k |

9.1.6 Aus Anlauten Wörter machen

T

Zu einem vorgegebenen Anlaut legen die Schüler das passende Namenwort-Kärtchen:

T	..iger	..all	..anne
iger		..onne	..itzend
anne	..asend	..ausend	

Zu vorgegebenen (Namenwort-)Bildkarten suchen die Schüler den jeweils passenden Anfangslaut (Buchstabenkarte davorlegen):

F

Ausdenken von Wörtern mit bestimmten Anfangslauten:

„Ich sehe etwas in der Klasse, das fängt mit „F" an." Als Ratespiel in Gruppen oder mit dem Partner gespielt, verstärkt sich die Laut-Buchstaben-Assoziation, wenn der betreffende Buchstabe im Buchstabenhaus oder als Buchstabenkarte gezeigt wird.

A

Akustische Übung:

Der Anfangslaut wird gegeben. Aufgabenstellung: „Welches Wort kann daraus gemacht werden?" – Die Schüler nennen Wörter:

> *A* : *Affe, Anton, Apfel, Ampel, Altar*

Der Inlaut wird genannt, die Schüler suchen Wörter:

Z

> *z* : *pflanzen, winzeln, Winzer, reizen*

9.1.7 Erkennen von Buchstabenfolgen in Wörtern

„Wer kommt zuerst, l oder k?" Die Schüler antworten: „1. L; 2. k!"
Jeweils ein Wort wird genannt. Die Schüler stellen die Reihenfolge
der betreffenden Buchstaben fest.

Beispiele: Balken   Pickler   Wickler   Wolke
            1. ___   1. ___   1. ___   1. ___
            2. ___   2. ___   2. ___   2. ___

lk

kl

„In welchen Wörtern kommt ein „ng" vor? Die Wörter werden gut
artikuliert vorgesprochen. Die Schüler erhören den ng-Laut und
geben ein verabredetes Zeichen oder kennzeichnen die betr. Buchstaben.

Beispiele: bügeln · bücken · gerungen · Zunge ·
             Lunge · lang ·
             liegen · gelingen · fangen · fragen · lagen ·

Die Übung sollte visuelle Unterstützungsmöglichkeiten bieten:

   bü..eln · bü..en · Za..e · gele..en · fra..en · fa..en

Setze „ng" jeweils am richtigen Platz ein!

ng

Setze die Buchstabenfolge „rk" dort ein, wo sie ein sinnvolles Wort
ergibt!

sta.. Pa.. Bä..e Qua.. Stä..e

Bli..er Fab..ik Lä..e

„rk"

rk

Akustisch: Ein „Wort" wird vorgesprochen mit Angabe der Lücke.
Der Schüler spricht nach, setzt „rk" ein und stellt, nachdem er gut artikuliert gesprochen hat, fest, ob ein sinnvolles Wort entsteht.

Visuell/akustisch: Dem Schüler werden die Wortkarten mit Lücke
gezeigt. Er probiert „rk" einzusetzen und stellt
nach gut artikuliertem Sprechen fest, ob ein sinnvolles Wort entsteht.

9.1.8 Buchstaben und Buchstabenfolgen nach Lautdiktat schreiben

Möglichkeiten:

1. Laute werden diktiert. Die Schüler schreiben die entsprechenden

Buchstaben auf!

2. Die gleiche Übung als Partnerdiktat. Der Diktierende erhält eine Vorlage, auf der die zu diktierenden Buchstaben stehen. Die Zusammenstellung richtet sich nach dem Lernfortschritt der Klasse.

3. Die Schüler erhalten ein Arbeitsblatt in nebenstehender Anordnung der ihnen bereits bekannten Buchstaben.
Der Lehrer diktiert jeweils einen der in einer Reihe befindlichen drei Laute. Die Schüler kreisen den genannten Buchstaben ein und schreiben ihn dreimal dazu.

a ⓞ u	o o o
i e ⓐ	ä ä ä
l ⓜ n	
d t b	
p b k	
v w m	

4. Die Schüler erhalten eine Aufstellung mit Lückenwörtern (ein Laut fehlt jeweils). Die Schüler setzen das vom Lehrer angegebene Lautzeichen ein und unterstreichen dann das sinnvolle Wort:

b | haben fra.en verza.en tra.en

f | Ha.en lau.en La.e Tie.e

5. Die unter 1.–4. angegebenen Übungsmöglichkeiten können auch mit Silben bzw. Lautfolgen durchgeführt werden.

9.1.9 Zuordnung von lautgleichen Buchstaben verschiedener Schriften

1. Die einzelnen Skizzen zeigen die verschiedenen Arbeitsmöglichkeiten und Übungsnotwendigkeiten:

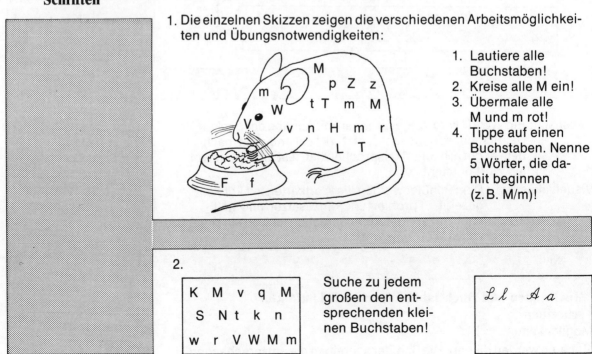

1. Lautiere alle Buchstaben!
2. Kreise alle M ein!
3. Übermale alle M und m rot!
4. Tippe auf einen Buchstaben. Nenne 5 Wörter, die damit beginnen (z. B. M/m)!

2.

K	M	v	q	M
S	N	t	k	n
w	r	V	W	M m

Suche zu jedem großen den entsprechenden kleinen Buchstaben!

L l   A a

3. Verbinde lautgleiche Buchstaben!

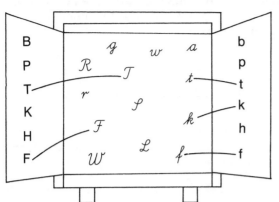

4.
a u o e i ö
𝒶 𝓊 𝑜

5.
F L S
𝓕 𝓛 𝒮

Ordne zu!

6.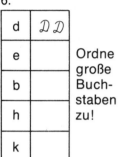

Ordne große Buchstaben zu!

7.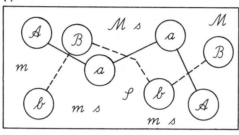

Verbinde alle lautgleichen Buchstaben!

8. Lautgleiche Buchstaben verschiedener Schriften sollen mit Hilfe von Zahlen zugeordnet werden:

$M_1 \; B_2 \; P_3 \; F_4 \; V_5 \; W_6$	$p_3 \; f \; v \; v \; w \; m_1 \; b_2$
$B_2 \; F \; M_1 \; V \; W \; P_3$	$m_1 \; p_3 \; b_2 \; b \; v \; w \; f$

9. Schreibe zu jedem kleinen Druckbuchstaben den entsprechenden großen Schreib-Buchstaben!

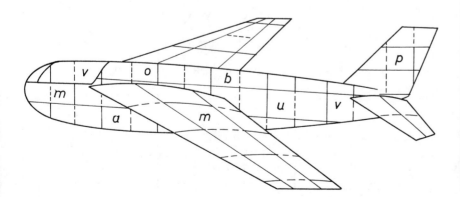

10. Material: Buchstabenkärtchen in Druck- und Schreibschrift.
Aufgabe: Die Karten liegen durcheinander. Ordnet jedem Druckbuchstaben den entsprechenden lautgleichen Buchstaben in Schreibschrift zu!

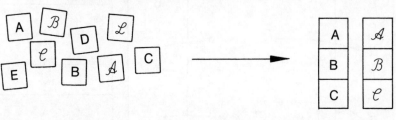

9.1.10 Bewußtmachen von Differenzierungsmerkmalen bei Buchstaben und Lauten

Es gibt eine Reihe von Buchstaben, die dem Schüler aufgrund ihrer ähnlichen, leicht verwechselbaren Form Schwierigkeiten bereiten. Werden Differenzierungsmerkmale dem Schüler nicht deutlich genug bewußt gemacht und die betreffenden Buchstaben nicht intensiv geübt, so treten Unsicherheiten in der Darstellung bis zum 4. Schuljahr hin auf.
Solche leicht verwechselbaren Buchstaben sind:

$$a-o \quad b-l \quad e-l \quad g-qu \quad h-k$$
$$m-n \quad p-p \quad p-qu \quad r-n \quad s-z \quad ch-sch$$
$$B-R \quad F-T \quad H-X \quad V-W \quad U-V$$
$$M-N \quad P-B \quad S-L \quad Y-J$$

Ähnliche Schwierigkeiten entstehen für manche Schüler bei der Differenzierung ähnlich klingender oder schwer zu differenzierender Laute:

$$o-\ddot{o} \quad \ddot{o}-\ddot{u} \quad i-\ddot{u} \quad e-\ddot{a} \quad t-d \quad r \text{ (versteckt)}$$
$$p-b \quad g-k \quad ch-sch \qquad l \text{ (versteckt)}$$

ü–ö

Differenzierungsübung mit Bild- und Schriftunterstützung:
Beispiel u–ö:

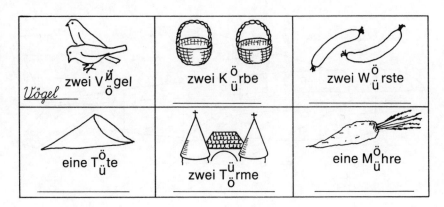

64

Differenzierung mit Bild- und Schriftunterstützung – Beispiel e–ä

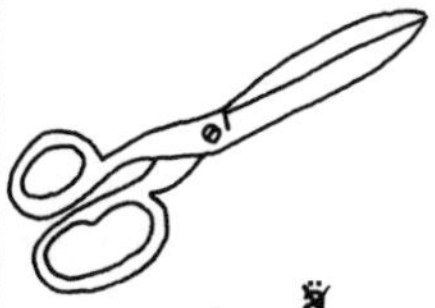

eine Schäre / Schere

zwei Gläser

zwei Hämmer

eine Bräzel

ein Bäsen

eine Säge

e–ä

1. Kreise den richtigen Buchstaben ein, kreuze den falschen durch!
2. Sortiere die Wörter in die Tabelle ein!

ä	e
Gläser	Schere

Akustische Differenzierung von Selbst- und Umlauten

Wörter z. B. mit „ö" und „ü" werden vorgesprochen. Der Schüler hört, differenziert und gibt jeweils das für die einzelnen Laute verabredete Zeichen (z. B. Buchstabenkarte hochheben; best. Lautbildungszeichen …)

würzen → ü   blöken → ö

blöken →   kürzen →

ü–ö

Sortieren von Umlautwörtern

~~lärmen~~ · ~~Därme~~ · ~~Höhle~~ · blöken · Blüte · bügeln · Flöhe · Zügel · Säge · Kapitän · Köpfe · Rücken · Röcke

ä	ö	ü
lärmen	Höhle	
Därme		

ä **ö** **ü**

Differenzierung und Sortieren nach Umlauten

Lückenwörter werden gegeben. Die Schüler setzen jeweils den fehlenden Umlaut ein und sortieren dann die Wörter.

Därme, Türme, Wälder, L_ge, R_cke, Bl_te, R_ckrat, Bl_tter, Kapit_n, sp_t, spr_hen, bl_d, Kuchenkr_mel, B_lle, pl_tzlich, er f_llt

ä	ö	ü
Därme		Türme
Wälder		

ä ö ü

Rätsel mit Umlauten

w	ü	r	z	e	n		
f	ü	t	t	e	r	n	
k		r	z	e	n		
b	l		t	t	e	r	n
a	u	s	h		h	l	e	n

Setze den richtigen Umlaut in jedes einzelne Wort ein!

ä

ü

Differenzierung von Doppellauten: Beispiel ie–ei

Wiese · Leim · Wein · Spieler · Speise · Reise · Pfeil · Diele · Riese · viel · Seil · biegen · steigen · liegen · zeigen · Ziege · Zeiger · Reiter · wieder

Sortiere diese Wörter nach ie und ei. Übermale dann alle „ie" grün, alle „ei" gelb!

ie	ie	ie	ei	ei
Wiese			Leim	

ie–ei

Differenzierung von Doppellauten: Beispiel ie – ei

In Lückenwörtern muß „ie" oder „ei" eingesetzt werden.

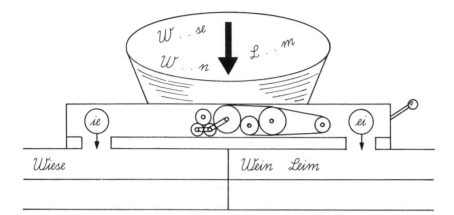

Aufgabe: Die ie–ei-Einsetzmaschine hat Panne. Du mußt dir selbst helfen und ie oder ei richtig einsetzen!

ie–ei

K und H unterscheiden:
1. Verbinde den richtigen Buchstaben mit dem passenden Bild!
2. Setze K oder H richtig vor die Wörter!
3. Schreibe über jedes Bild das richtige Wort!

Arbeit mit schwierig zu differenzierenden Buchstaben: *U oder V*

Schreibe den richtigen Buchstaben vor die einzelnen Wörter!

K – H

U – V

Differenzierung von S und L

Die Differenzierung mancher Buchstaben/Laute bereitet keine akustischen, wohl aber schriftgestalterische Schwierigkeiten. Bei solchen Beispielen muß der Schüler mit den Differenzierungsmerkmalen intensiv bekanntgemacht werden. Übungen, bei denen es auf bewußtes Differenzieren ankommt, sind anzusetzen:

Beispiel: Bei allen folgenden Wörtern fehlt als Anfangsbuchstabe jeweils ein S oder ein L. Setze richtig ein! Schreibe dann das ganze Wort!

.chritt	Schritt	.appen	Lappen
.chrift	....	.ängerin	....

Setze den richtigen Buchstaben ein, so daß sinnvolle Wörter entstehen! Lautiere mit den in der Kiste angebotenen Buchstaben/Lauten!

Kocht*ö*pfe   S*e*gel
Kir..e   Z.pfe
S.ge   Kir....e
Pf.tze   M.tze
B.geleisen   Kn.pfe
la..en   lö...en

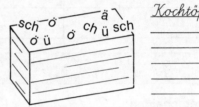

Kochtöpfe, Segel
_____
_____
_____
_____
_____

Ähnliche, leicht verwechselbare Buchstaben in einem Text differenzieren:

Zwei Diebe nachts im Mondenschein,
als alle in den Betten lagen,
schlichen sich zur Tür herein.
Sie wollten Geld und Gut wegtragen.
Die Menschen hatten nichts gehört,
doch Tiere fühlten sich gestört:
Die Mieze und die Mäuse piepsten,
Die kleinen Schweinchen quiekten.
Der Hahn laut schrie;
und Tell, der Hund, bellt laut wie nie.
Daraufhin dauert es nicht lange,
den Dieben ward's allmählich bange.
Die Polizei, die kam geheim herbei.
Sie brüllte: „Halt!" - und ergriff die zwei.

ie	ei
Diebe	zwei

1. Lies den Text gründlich. Übermale alle ie grün, alle ei gelb!
2. Sortiere die ie- und die ei-Wörter in die Tabelle ein!

Rätsel mit Selbstlauten

t	a	nzen	tanzen
sich r	o	llen	rollen
b		llen	
kn		rren	
schw		mmen	
schl		fen	
herumt		llen	
s		chen	
w		nseln	
w		deln	
f		hren	

Aufgabe:
Setze die Selbstlaute a, e, i, o oder u richtig in die Rätselwörter ein!
Schreibe die Wörter und übermale die verschiedenen Selbstlaute mit verschiedenen Farben!

Selbstlaute

Mitlaut-Rätsel

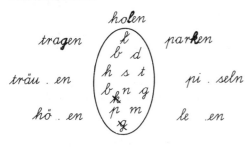

tragen   holen   parken

träu_en   pi_seln

hö_en   le_en

Aufgabe:
Setze in den Lückenwörtern jeweils den richtigen Mitlaut ein!
Schreibe dann die Wörter und übermale in jedem Wort die Mitlaute rot!

Mitlaute

holen, parken

Schreibe alle Mitlaute nach dem ABC auf. Du darfst eine Alphabet-Liste zu Hilfe nehmen!

b, c, d, f, g, h, j . . . .

9.1.11 Lokalisierung eines Lautes/Buchstabens innerhalb der Reihenfolge im Wort

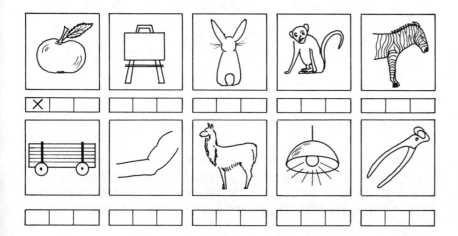

a / A

Lokalisierung des a/A im Wort

Ein Wort wird gesprochen (Bildunterstützung). Die Schüler stellen fest, ob der vorgegebene Laut als An-, In- oder Endlaut auftritt und markieren auf dem Arbeitsstreifen an der entsprechenden Stelle mit einem Zeichen (Kreuz oder Buchstabe A/a).

Lokalisierung des r/R:

Aufgabe: Ich spreche das Wort, ihr sprecht nach. Wir hören, wo das r/R zu finden ist! Wir schreiben es an den richtigen Platz (An-, In- oder Endlaut)!

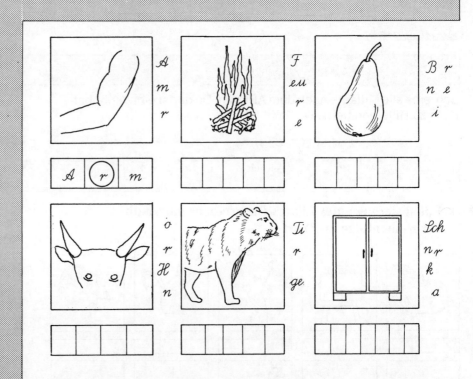

Lokalisierung eines Lautes/Buchstabens im Wort (Beispiel „r"):

Hier muß das „r" unter anderen Buchstaben herausgefunden bzw. analysiert werden. Alle Laute/Buchstaben müssen ordnend synthetisiert und in die Wortstreifen gesetzt werden. Das „r" wird herausgehoben.

Akustische Differenzierung eines Lautes aus vorgesprochenen Wörtern ohne Bildunterstützung – Beispiel „I":

Wörter werden vor- und mehrmals nachgesprochen	Der Schüler erhält eine Liste, auf der die Anzahl der Buchstaben der einzelnen Wörter punktiert ist. Am richtigen Platz setzt der Schüler jeweils den zu differenzierenden Buchstaben ein.
Qualm Zettelchen Fliege Stuhl Mühle Flamme Klopfer Pflaster	o o o *l* o 1 2 3 4 5 o o o o *l* o o o o 1 2 3 4 5 6 7 8 9 10 o o o o *l* o 1 2 3 4 5 6 _____ _____ _____ _____

I

9.1.12 Alphabetübungen zur Einführung in den Gebrauch von Nachschlagewerken

Vorgegebene Wörter nach dem Alphabet ordnen:
Antenne · Igel · Jäger · Losbude · Flieger · Eskimo · Dose · Kahn · Nordpol · Guckloch · Baderaum · Halteverbot · Mauer · Cäsar · Ofen · Park · Quelle

Ordne diese Wörter nach dem ABC!

A: *Antenne* N: _____

B: *Baderaum* O: _____

C: *Cäsar* P: _____

D: _____ Q: _____
↓ ↓

Zu einer vorgegebenen Alphabetordnung selbständig Wörter suchen
(Wörterlisten, Wörterbücher, Lesebuch als Hilfen ...)

A *Anhänger* B *Baumeister*
C _____ D _____ E _____
F _____ G _____ H _____

Vorgegebene Wörter nach dem Alphabet (ohne Alphabetangabe) ordnen:

Barbara · Energie · 1. *Anton*
Hundehaus · Cäsar · 2. *Barbara*
Anton · Fahrrad · 3. *Cäsar*
Geheimnis · Dudelsack · 4. _____
   5. _____

Wörter mit gleichen Anfangsbuchstaben ordnen:

bald · Base · Bakterie · backen · Bahn · Bambus · Bast · Bauch · baden · baggern · Banane · Baptist · Bart · Batterie · Bazille

Diese Wörter fangen alle mit dem Buchstaben B/b an. Auch den zweiten Buchstaben haben sie alle gemeinsam, nämlich das „a". Ordne die Wörter nach dem Alphabet!
Weil sie den ersten und zweiten Buchstaben alle gleich haben, mußt du dich jeweils nach dem dritten Buchstaben richten! Überlege, wie du praktisch arbeiten kannst (den dritten Buchstaben farbig kennzeichnen ...)!

1. _____ 2. _____
3. _____ 4. _____
5. _____ 6. _____
usw.

9.2 Akustisches und visuelles Analysetraining
9.2.1 Akustische Differenzierung einzelner Laute

Heraushören eines vorgegebenen Lautes aus einem Angebot von Einzellauten:
Laute werden vorgesprochen: **b, m, i, o, l, e, g, e, a, r, e**... Die Schüler sollen, wenn sie den vorgegebenen Laut „e" hören, ein verabredetes Zeichen geben und den Laut nachsprechen (Buchstabenkarte ⌐e⌐ hochheben – sprechen).

Die gleiche Übung, Heraushören eines vorgegebenen Lautes, wird durchgeführt, aber der Sprecher spricht im Flüsterton vor. Beim Hören schauen die Hörer auf den Mund des Sprechers und beachten die Lippenstellung.

Ablesen des Lautes an der Lautbildung: Der Sprecher spricht die einzelnen Laute nicht laut aus, sondern führt still die einzelnen Lautbildungsbewegungen vor. Die Schüler beobachten und sagen den von ihnen erkannten Laut bzw. zeigen das entsprechende Buchstabenkärtchen: **„Geheimsprache"**

9.2.2 Akustische Analyse des Anlautes

Die Nomen werden artikuliert gesprochen. Der Anlaut wird herausgehört und in das „Kästchen" eingetragen.
Assoziation Laut-Zeichen.

Akustische Analyse von Anlauten

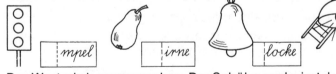

Das Wort wird vorgesprochen. Der Schüler analysiert den Anlaut und setzt ihn ein (Heraussuchen aus angebotenen Buchstabenkarten = Haftmaterial oder schreiben).

Suchen von Wörtern mit vorgegebenem Anlaut
1. Wörter werden vorgesprochen. Die Schüler heben das betreffende Buchstabenkärtchen, wenn der Laut in einem Wort auftritt.
2. Die Schüler suchen selbst Wörter mit dem genannten Anlaut (Gegenstände in der Klasse, aus Mutters Küche...).

Suchen und Aufkleben von Bildern, deren Nomen einen vorgegebenen Anlaut enthalten

Die Schüler schneiden aus Zeitschriften Bilder aus, die den vorgegebenen Laut in ihren Namen enthalten. Die Bilder können aufgeklebt, das Zeichen für den Laut kann dazugeschrieben werden.

  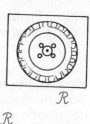 

9.2.3 Akustische Analyse von In- oder Endlauten

e

Zweckmäßig ist, die verschiedenen Varianten des e-Lautes bei den Übungen zu trennen: e als gedehntes, geschlossenes e (Eva);
e als kurzes, offenes e – gesprochen wie ä (streng);
e als kurzes, stimmschwaches e (Butter, komme, laufen, geholt ...)
Vorteilhaft scheint, die dabei auftretenden Morpheme „-er", „-et", „-en", „ge-" auch als solche zu üben und das e daraus nicht zu isolieren.

e

Heraushören des Lautes e aus gesprochenen Wörtern (kurzes, offenes e)

| Bett · Hals · Anzug · streng · Feder · Rad · Fett · Vollmacht · Nest · Mensch · Mann · wir | Die Wörter werden vorgesprochen. Die Schüler geben, wenn sie in einem Wort ein „e" hören, ein vorher verabredetes Zeichen (z. B. Buchstabenkarte e) |

Analyse des e-Lautes aus einem gesprochenen Satz:

Ein kurzer Satz wird langsam vorgesprochen. Die Schüler geben bei jedem Wort, in dem sie „e" hören, ein Zeichen.

Akustische Analyse verschiedener Laute eines Wortes:

Vater   – V· ter   Va· er   Vat· r   Vate·

Das Wort wird vorgesprochen – jeweils immer mit einem anderen ausgelassenen Buchstaben, den die Schüler bestimmen.

9.2.4 Visuelle Identifikation von Buchstaben

Buchstaben unter anderen Einzelbuchstaben wiedererkennen:

- Ein mit Buchstabenkärtchen gezeigter oder an der Tafel angeschriebener Buchstabe soll in einem Buchstabenstreifen oder in einem Buchstabenfeld wiedererkannt werden:

a)

b)

- Einzelbuchstaben in einer Buchstabenkette identifizieren:

Einzelbuchstaben in Verbindungen erkennen und lesen:

Aufgabe: Lies nur die Verbindungen mit a!

am . on . an . om . ol . al . ob . ab . ad . od

Einzelbuchstaben in Wörtern, Sätzen und kurzen Texten identifizieren:

Bahn Henne Hahn Sahne

Die Buben schauten in den blauen Himmel, aber das Sonnenlicht blendete sie.

Einzelne Buchstaben in Zeitschriften oder Textblättern suchen und ausschneiden, einkreisen oder übermalen:

Als Material eignen sich Illustrierte, Anzeigen mit großer Schrift oder vom Lehrer vorbereitete Textblätter.

Aufgaben:

Schneide aus einer Illustrierten 12 „e" aus und klebe sie in eine Reihe!

Schneide aus einer Illustrierten soviel „e" aus, daß sie zusammengeklebt wieder ein großes „e" ergeben!

Suche das Bild eines Gegenstandes, eines Tieres mit dem Anfangsbuchstaben „E": (Esel, Ente, Echse, Eber ...). Schneide aus dem Buchstabenblatt (vom Lehrer vorbereitet) eine Reihe von „E" aus und klebe damit das Bild voll!

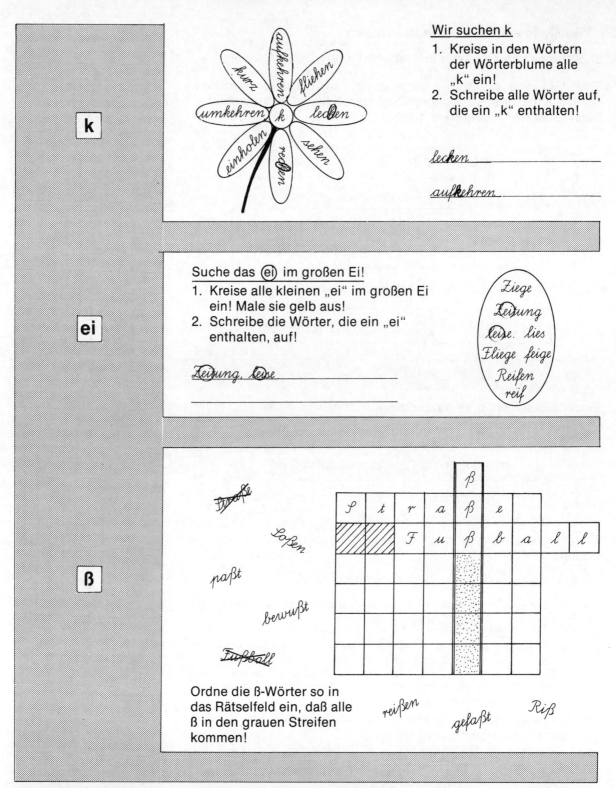

9.2.5 Visuelle Identifikation schwieriger Buchstabengruppen

Unsere Schrift zeigt eine Reihe von Buchstabenverbindungen, die sprachlich nur als Simultangruppe wirksam werden (→ Signalgruppen). Dem Kind wird das Erlernen und Benutzen von Sprache und Schrift wesentlich erleichtert, wenn es diese Zeichenverbindungen als Einheit kennenlernt und einübt:

au, u, äu, ei, ie, St, Str, Sp, Spr, sch, ch, ng, eln, ern, br, kr, dr, rk, lz, nz, rz, tz, , pf

Einige Auswahlbeispiele verdeutlichen Arbeitsmöglichkeiten.

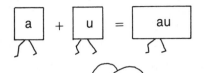

1. Suche alle Wörter in der Maus, die ein au/Au enthalten! Kreise das „au" ein!
2. Schreibe Wörter mit au/Au auf!

au

Schnauze, Maul, kauen

„e" und „u" fließen zu einem Laut zusammen: (eu).
Setze in allen Wortlücken „eu" ein und schreibe die Wörter auf!

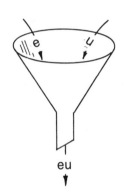

Fr(eu)de   F.. er   L.. te   h.. len

Freude, freuen,

eu

S und t verheiraten sich und bilden ein Paar, das nie mehr auseinandergeht. Das Buchstabenpaar schreibt sich St, ruft sich aber „Scht".

Straße · Stoß
Stein · Stall
Stau · Sturm

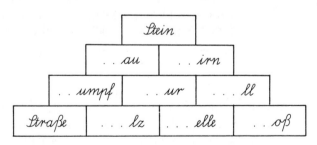

1. Setze alle St-Wörter jeweils in den richtigen Stein der Wörtermauer ein!
2. Schreibe die St-Wörter! Übermale dann das St farbig!

Stein, Stau

St

Pf

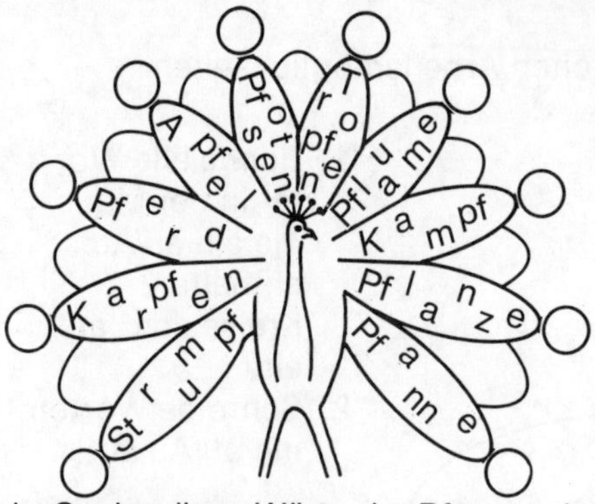

Ⓟⓕ ⓟⓕ Ⓟⓕ ⓟⓕ Ⓟⓕ ⓟⓕ

Das ist der Pfau. In seinen Schwanzfedern kannst du diese 10 Wörter finden:

① Apfel　　⑥ Pflanze
② Kampf　　⑦ Pflaume
③ Karpfen　⑧ Pfosten
④ Pfanne　　⑨ Strumpf
⑤ Pferd　　⑩ Tropfen

1. Suche diese Wörter im Pfauenschwanz und gib ihnen die richtigen Nummern!
2. Schreibe die Wörter! Ordne nach
3. Übermale alle Pf, pf und lies jedes Wort deutlich vor!

Pf	pf

eln

Mit „eln" machst du aus den Namenwörtern Tuwörter.

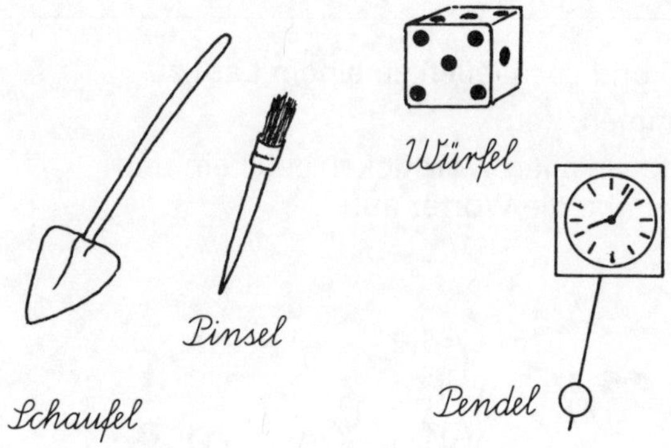

Schaufel　Pinsel　Würfel　Pendel

schaufeln

ern

...ern

feiern · wandern · finden ·
wundern · winden · lindern ·
erwidern · flattern · haben · stolpern ·
füttern · bluten · klappern · fordern ·
jagen · jammern · liefern · liften

e
r → ...ern
n

1. Das Klang- und Schriftbild „...ern" wird aus Beispielwörtern akustisch analysiert: Signalgruppen-Karte ...ern zeigen, Einzellaute e, r, n zusammensetzen e → er → ern; Wörter vorsprechen; verabredetes Zeichen geben, wenn die Gruppe ...ern im gesprochenen Wort enthalten ist.
2. Visomotorisch: Die Schüler sollen aus den Verben solche heraussuchen, die „...ern" enthalten, diese aufschreiben und das „...ern" übermalen.

feiern, wandern

9.2.6 Durch Streichen, Austauschen oder Einsetzen eines Lautes/Buchstabens andere Wörter entstehen lassen

Aus Wörtern entstehen neue Wörter, wenn der Anfangsbuchstabe abgetrennt wird.

	abgetrennt	neues Wort		abgetrennt	neues Wort
M/enge	M	Enge	treiben		
P/insel			schweben		
Fliegen			Schwein		
Brot			Rüben		

1. Zaubere aus den Wörtern durch Wegstreichen eines Inlautes ein neues Wort!
2. Schreibe das neu gezauberte Wort jeweils auf!
3. Lies dann so: „Rand minus (−) n = Rad"

Rand − n = Rad
Band − n =

| Rand · Band · Klasse · Gras |
| Kirsche · Bauch · Obst |

4. Schreibe! *Rand → Rad* _____

Die vorhergehende Übung kann auch umgekehrt gemacht werden: Die Schüler bekommen Wörter, dazu einen Einzelbuchstaben, den sie so einordnen müssen, daß ein neues Wort entsteht.

n Rad *Rand* _____   e Gas _____
n Bad _____   s Kirche _____

Auswahl eines passenden Inlautes bei Buchstabenvorgabe, aber mit Bildunterstützung

| M . nd | a | o | | M . nd | u | o | | R . nd | u | i |

Mond _____

| D . ch | u | a | | Bl . me | ö | u | | W . rm | e | u |

Selbstlaute

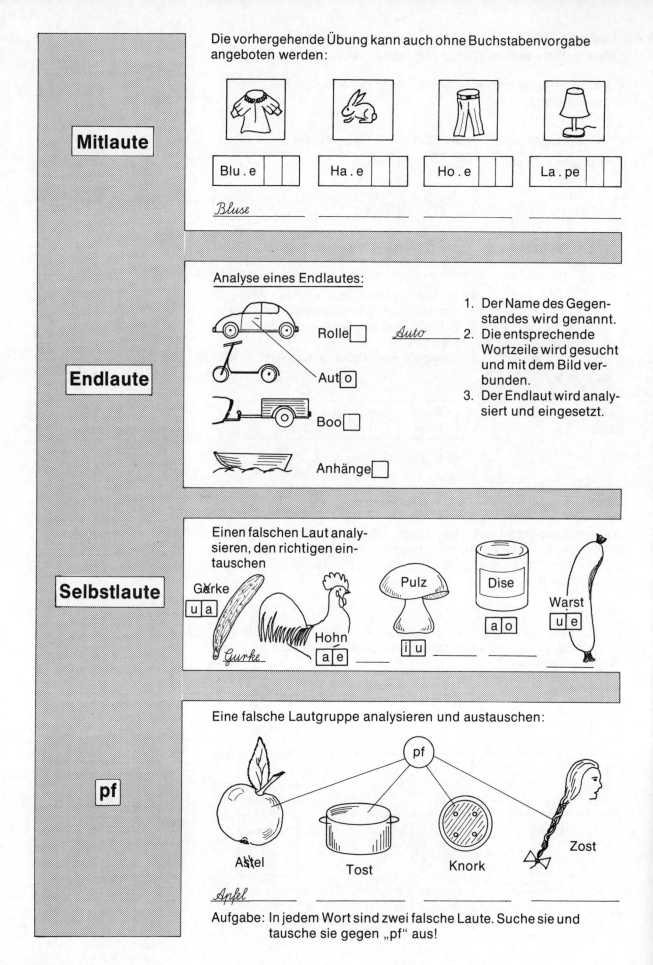

Laute analysieren und in Lücken einsetzen, so daß Wörter entstehen, die sinnvoll sind.

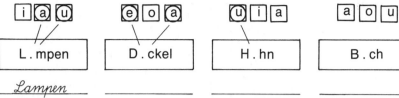

Lampen
Lumpen

Weitere Beispiele: N . del (o, a, u) – P . lz (i, u, e) – W . nd (o, a, i) – W . lle (o, a, i) – dr . n (a, o, i) – S . che (e, a, u)

Selbstlaute

9.2.7 Wörter auf- und abbauen

Wörter werden lesend und schreibend auf- und abgebaut

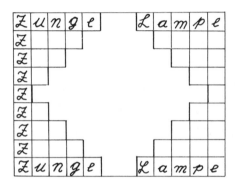

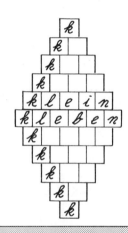

Ein Wort abbauen und ein anderes Wort aufbauen

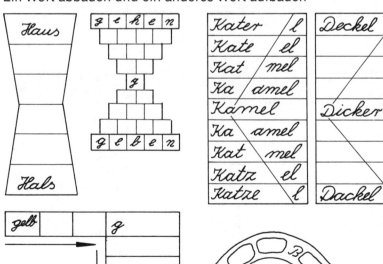

9.2.8 Die Stellung eines Lautes im Wort bestimmen

r

Birke			r		
April			r		
Gerda					
Tür					
Bär					
Rudi					
Karl					
Schrank					
Teller					
Sprudel					
Straße					

1. Suche das „r" in jedem Wort und schreibe es am gleichen Platz wie im Wort in den Wortstreifen!
2. Partnerarbeit: Lies das Wort vor. Dein Partner spricht das Wort nach, lautiert und kontrolliert die Stellung des „r".

Analysieren der An-, In- oder Auslautstellung eines Lautes/Buchstabens

Beispiel:

	Anlaut	Inlaut	Auslaut
Emil	X		
Bett		X	
Tomate			
Telefon			
beten			
Katze			
Lampe			
Eva			
Ende			

Bei diesem Beispiel ist sowohl das offene als auch das geschlossene „e" in die Übung eingeschlossen.

Aufgabe:
Zeige die Stellung des „e" an! Untersuche, ob es An-, In- oder Auslaut ist. Kreuze an!

9.2.9 Buchstaben- bzw. Lautreihenfolgen umkehren und umgekehrte Stellungen berichtigen:

Aufgabe: Stell in den einzelnen Wörtern jeweils zwei Buchstaben um! Lies laut vor, wie das entstandene Unsinnwort heißt!

| Messer | Gabel | Brot | Glas | Milch |

Messre *Gable*

| Butter | Bleistift | Gummi | Marmelade |

Buchstaben- bzw. Lautverstellungen richtigstellen

Messre   Gable   Bort

Messer

Gals   Btet   Eimre

In jedem Wort sind zwei Buchstaben vertauscht. Tausche um, daß das Wort wieder richtig klingt!

9.2.10 Wörter in Schriftspurmuster eintragen

- Der Schüler erhält ein Arbeitsblatt mit vorgezeichneten leeren Buchstabenkästchen (Schriftspur).
- Die Wörter werden angeschaut – oder auch nur vorgesprochen. Die Schüler lesen bzw. sprechen nach.
- Die Schüler tragen die einzelnen Buchstaben in die Kästchen ein.

Frosch · Teich · Wasser · Ufer · Schlamm · Pflanze · hüpfen · quaken · feucht · glitschig

Frosch   *Wasser*

Im umgekehrten Verfahren angewandt, wirkt die Übung auch sehr nutzbringend für die Schüler, weil sie analysieren müssen und produktiv tätig sind.

Aufgabe: Nach vorgesprochenem Wort den zugehörigen Schriftspurstreifen gestalten.

- Lehrer spricht vor Ufersteg
  oder/und zeigt:
- Die Schüler zeichnen:

- Partnerarbeit: Der Partner trägt in die gezeichneten Kästchen die Buchstaben ein.

9.2.11 Bewußtmachen unterschiedlicher Lautfärbungen eines Lautes

Nachdem der Schüler sowohl das gedehnte, geschlossene „e" (Eva) als auch das kurze, offene (streng – wie ä) und das kurze, stimmschwache „e" (schaute, lobtest) getrennt voneinander kennengelernt und geübt hat, sollte er allmählich befähigt werden, auch differenzieren zu können.

Übungsmöglichkeiten:

Erich · Butter lehrt · Eva · Vater · hattest Watte · Efeu	kurzes, stimmschwaches e	gedehntes, geschlossenes e
	Butter	Erich

streng · lobte rannte · eng Fett · Zeiger · du gucktest · Bett	kurzes, offenes e (ä)	kurzes, stimmschwaches e
	streng	lobte

Aus einer Wörtersammlung oder einem Text das e-Zeichen für ein spezifisches Klangbild erkennen und kennzeichnen

Übung:

> Der Kranich hatte vom schlauen, listigen Fuchs eine Einladung bekommen. Dieser folgte er. Der Fuchs hatte den Vogel zum Mahle ...

Kennzeichne alle kurzen, stimmschwachen e mit einem Punkt darunter! (Je jünger die Schüler, desto günstiger ist es, den verschiedenen „e" anschauliche Bezeichnungen zu geben. So z. B „Eva– e"; „hatte– e" usw.)

Vereinfacht genügt für Schüler der Anfangsklassen auch eine Differenzierung in „kurzklingende, dumpfe" e (führe) und in „hellklingende" e (Keks, eng).

ę) Ich führe die Pferde auf die Weide.
ę) Ich esse gern Keks.

Im Hinblick auf lautgerechtes Lesen und Rechtschreiben sind solche Übungen vom 1. Schuljahr an von Bedeutung.

e

9.2.12 Wörter in Laute und Buchstaben zerlegen – Bewußtmachen des Unterschiedes von Lauten und Buchstaben

Das Wort „Torte" hat fünf Buchstaben:

| Buchstaben | T o r t e |
| Laute | T o r t e |

Spricht man das Wort „Torte", so hört man auch fünf Laute:

Bei dem Wort „Kuchen aber ist es anders. Hier stimmen Buchstaben und Laute nicht überein.

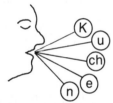

| Buchstaben | K u c h e n |
| Laute | K u (ch) e n |

Übung: Stelle bei jedem Wort die Anzahl der Buchstaben und der Laute fest!

Wort	Buchstaben		Laute	
Dusche	D u s c h e	6	D u (sch) e	4
Kirche				
Hecke				
Watte				
Lampe				
Wasser				
Sonne				
Klappleiter				
Schwein				

9.2.13 Wörter in Silben zerlegen und nach Silbenzahl ordnen

Diese Wortteile, die du hier siehst, nennt man Silben . Aus ihnen kannst du Wörter zusammensetzen:

Lei-ter   pe Lam-   Rol-ler   stift Blei-

Lei|ter _____

Bei jeder Silbe wollen wir klatschen: So viel Silben – so vielmal klatschen wir:

Schule → Schu le	Schule → Schu-le
Schulhof → Schul hof	Schulhof → Schul-hof
Klettergarten – Klet ter gar ten	Klettergarten – Klet-ter-gar-ten

Wir ordnen Wörter nach ihrer Silbenzahl:

Strom|kreis · Schal|ter · Strom · Leitung · Glühlampe · Batterie · Licht · Steckdose

einsilbig	zweisilbig	dreisilbig	viersilbig
	Strom-kreis		
	Schal-ter		

9.3 Akustisches und visuelles Synthesetraining
9.3.1 Zusammenschleifen von Lauten und Buchstaben zu Silben

Zusammenschleifen von zwei Lauten zu Silben

Tabellenlesen

	a	e	i	o	u	au	ei
B	Ba	Be	Bi	Bo	Bu	Bau	Bei
D	Da	De	Di	Do	Du	Dau	Dei
F	Fa	Fe	Fi	Fo	Fu	Fau	Fei
G	Ga	Ge	Gi	Go	Gu	Gau	Gei

	b	d	f	g	k	l	m	n	p
A	Ab →								
E									
I									
O	↓								

	a	i	ei	au	äu	ie	ö	ü
b	ba	bi	bei	bau	bäu	bie	bö	bü
d	da	di	dei	dau	däu	die	dö	dü
f	fa	fi	fei	fau	fäu	fie	fö	fü
r	ra	ri	rei	rau	räu	rie	rö	rü
s	sa	si	sei	sau	säu	sie	sö	sü
t	ta	ti	tei	tau	täu	tie	tö	tü

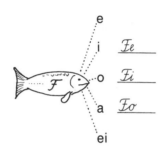

Laute/Buchstaben ankoppeln (visuell-akustisch)

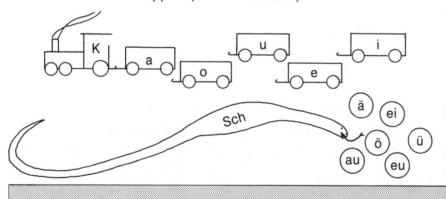

Arbeit mit der Buchstaben-Verbindungsmaschine

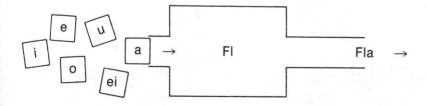

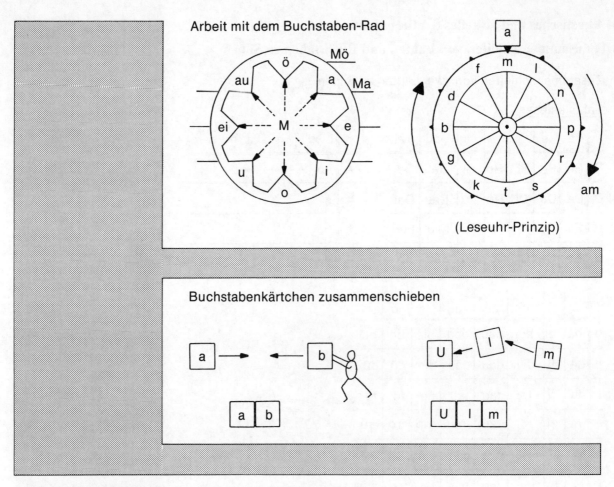

9.3.2 Zusammenschleifen von Lauten zu kleinen Wörtern

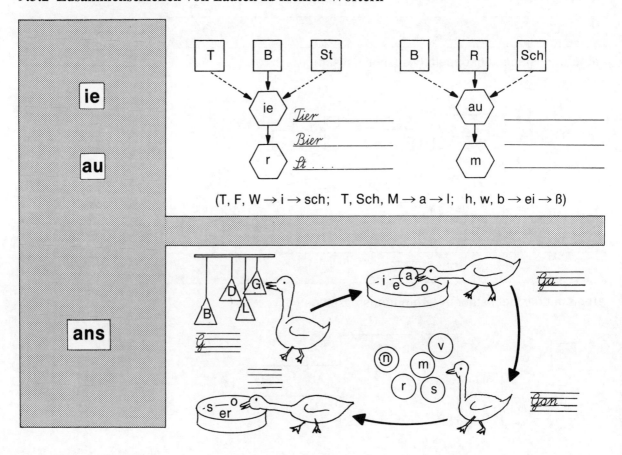

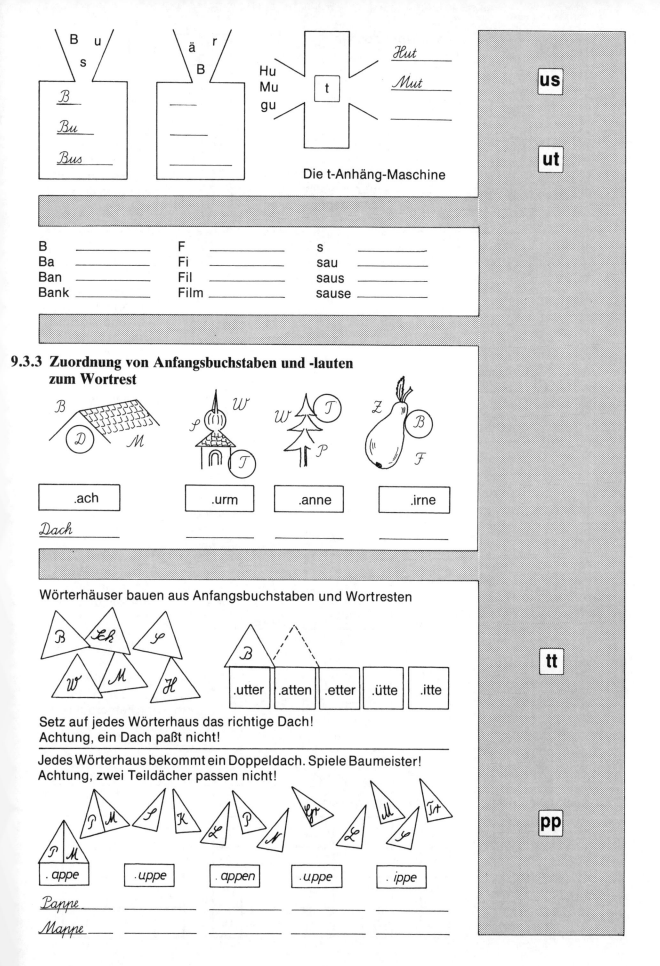

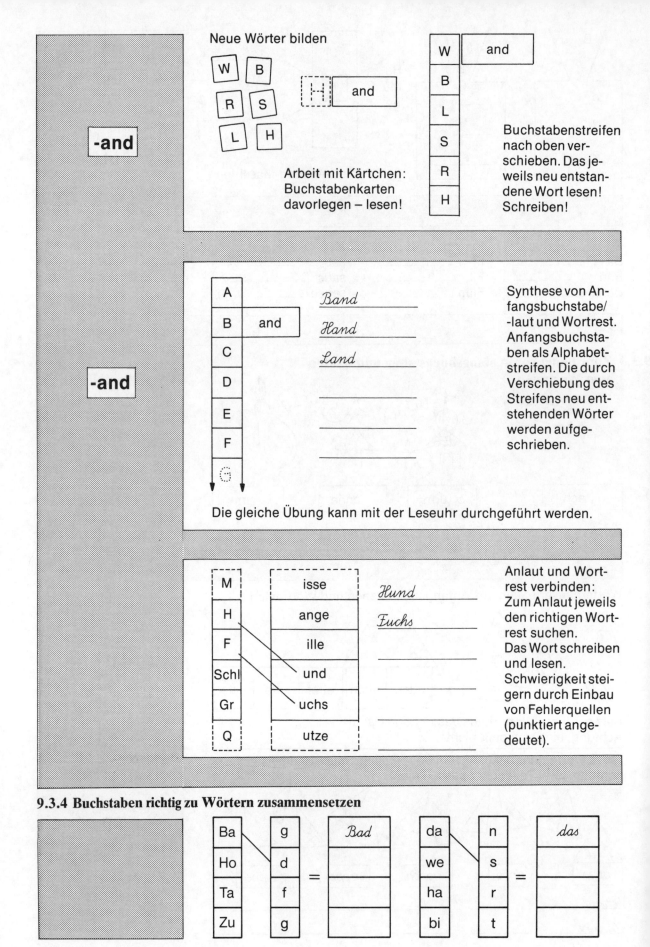

9.3.4 Buchstaben richtig zu Wörtern zusammensetzen

Au _____ _____ _____ _____

1. Lies zusammenhängend und verbinde dabei mit kleinen Bogen!
2. Schreibe die Wörter!

| Vater | Jäger | Hälse | Bänder |

Auf den Punktlinien unten ist jedes dieser vier Wörter zweimal versteckt.
Schreibe die Wörter an den richtigen Platz!

| J . . . r | . ä . s . | . ä . . . r | . . ge . |
| . . t . r | . . l . e | . a . e . | . ä . . e . |

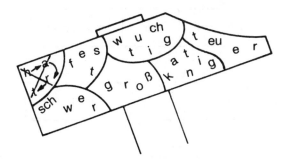

Wiewort

Wiewörter:

Der Hammer ist hart. Der Ha........

Qu

Qu(alm) *Qu*(elle) *Qu*(ader)

Qualm

Erkennst du die Wörter? Schreibe sie auf!

Pf

Pf(anne) *Pf*(eil) *Pf*(osten) *Pf*(erd)

Pfanne

Nomen

Ein Wortbild wird vorgegeben. Die Schüler bilden das Wort nach, indem sie die einzelnen Purzelbuchstaben suchen und zusammenschleifen. Dann wird das Wort geschrieben:

Wohnung – Erzählung – Gefahr – Fehler – Bezahlung

Wonhkung – Erzhlägnu – Gahefr – Fhlere – Behugzaln

Wohnung

Rätselsätze: Einmal vorwärts – einmal rückwärts!

| D ^{i} e | redniK | sp $_{ie}$ ^{l} en | tim | der | nhabnesi E |

Die Kind

| E ^{i} n | nehcdäM | f ^{r} ä h t | relloR |

| Z ^{wei} | negnuJ | sp ^{ie} $_{len}$ | llabßuF |

9.3.5 Bei vorgegebenem Bild die Buchstaben in richtiger Reihenfolge synthetisieren

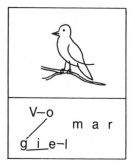

V–o   m a r
g_i_e–l

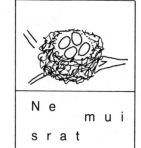

N e   m u i
   s r a t

l K   t z i u
   a o e

Vogel _____   _____   _____

Synthetisieren der richtigen Buchstaben mit Wortspur-Unterstützung

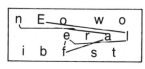

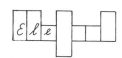

Suche die richtigen Buchstaben zum Wort zusammen. Unterstreiche oder kreise sie erst ein. Schreibe dann das Wort!

Ⓑ n s Ⓡ a u o l n f t s m

_____

T u a e f l l ff tt e r

_____

K n a l f tz e   _____

G e o a m n r s   _____

St o au i m r l sch ch   _____

```
W V L M S B R S T M l f m n a n m r v s
N U O R A T P L N E b e d g h o u a i e
D C B G E L V Z U D k l s m o t f b l g
H G E I R N D M F G p r s e t h k e p t
J L R W T H I J K E u v w z n v n w z q
```

Eine Buchstabenmenge wird vorgegeben, die Schüler bilden daraus Wörter:

z. B. S E I L B A H N

Seil, Bahn, Sahne, Salbe, sei

A B D E H L O S W Z T

als, bald, da, Held,

| t | r ⓣⓡ
s ts
n tn
l tl | t | nin
lin
rin
bin | Alle Zusammen-
schleifungen lesen!
Die richtige
einkreisen! |
| t | si
li
ni
ri | t | lind
ande
rank
rink | t | ranke
runfe
rinki
rinke |

9.3.6 Auf- und abbauendes Phasenlesen

S	rückwärts	W
St	rückwärt	Wu
Str	rückwär	Wur
Stre	rückwä	Wurz
Strei	rückw	Wurze
Streif	rück	Wurzel
Streife	rü	Wurze
Streifen	r	Wurz
Streife	rü	Wur
Streif	rück	Wu
Strei	rückw	W
Stre	rückwä	
Str	rückwär	
St	rückwärt	
S	rückwärts	

Das Phasenlesen – auch im Zusammenhang mit selbständigen Schreiben der Phasen durch den Schüler – trägt wesentlich zur Durchstrukturierung eines Wortbildes bei.

Aufgaben zur schriftlichen Arbeit:

Schüler   S

S . . . .

 . . . .

 . . . .

 . . . .

 . . .   .

S   Schüler

Wurzel

W

Phasenlesen und Phasenschreiben mit Wörtern:

Ab			
Ab	fahrt		
Ab	fahrt	s	
Ab	fahrt	s	lauf
Ab	fahrt	s	
Ab	fahrt		
Ab			
Ab	*fahrt*	*s*	*lauf*

Ver	bess	er	ung
Ver	bess	er	
Ver	bess		
Ver			
Ver	bess		
Ver	bess	er	
Ver	bess	er	ung

Phasenlesen bzw. Phasensprechen von Sätzen:

Hier liegt der Lerneffekt in der Strukturierung des Satzes und in der Übung bzw. Stärkung der Gedächtnis- und Konzentrationskraft, wenn die Übungen ohne schriftliches Vorbild gemacht werden.

Wir
Wir werden
Wir werden jetzt
Wir werden jetzt den
Wir werden jetzt den Satz
Wir werden jetzt den Satz in
Wir werden jetzt den Satz in einzelnen
Wir werden jetzt den Satz in einzelnen Phasen
Wir werden jetzt den Satz in einzelnen Phasen sprechen.
Wir werden jetzt den Satz in einzelnen Phasen

Abbau

9.3.7 Durch Streichung oder Auswechslung eines Buchstabens ein neues Wort synthetisieren

pp

ng

S	u	p	p	e
K	u	p	p	e
P	.	p	p	e
.	a	p	p	e
.	a	p	p	e
.	a	p	p	e

L	U	N	G	E	N
Z	U	N	G	E	N
Z	.	N	G	E	N
.	A	N	G	E	N
W	A	N	.	E	N
W	.	N	K	E	N

Setze für jeden Punkt einen anderen Buchstaben als in der Reihe darüber, so daß ein neues Wort entsteht! Die einzusetzenden Buchstaben können auch gegeben werden.

Schreibe die Wörter auf!

Suppe   *Lungen*

Kuppe   *Zungen*

In einem Wort wird ein Buchstabe gestrichen und aus den Restbuchstaben ein neues Wort gebildet:

B̷	T̷	R	B	V
r	o	a	i	a
au	r	s	e	t
s	t	e	n	e
e	e	n	e	r

Brause   *Torte*

sauer

9.3.8 Mit schwierigen Mitlautverbindungen synthetisieren

Bl

Mitlauthäufungen als Anlaut mit dem Wortrest synthetisieren:

○ u m e

Bl a t t

○ i t z

○ u s e

Fülle die Lückenkreise mit den „Bl"-Seifenblasen aus!
Schreibe die Wörter! Lies sie vor!

Im „bl"-Blatt findest du eine Reihe von Wörtern, wenn du überall „bl" davorsetzt!

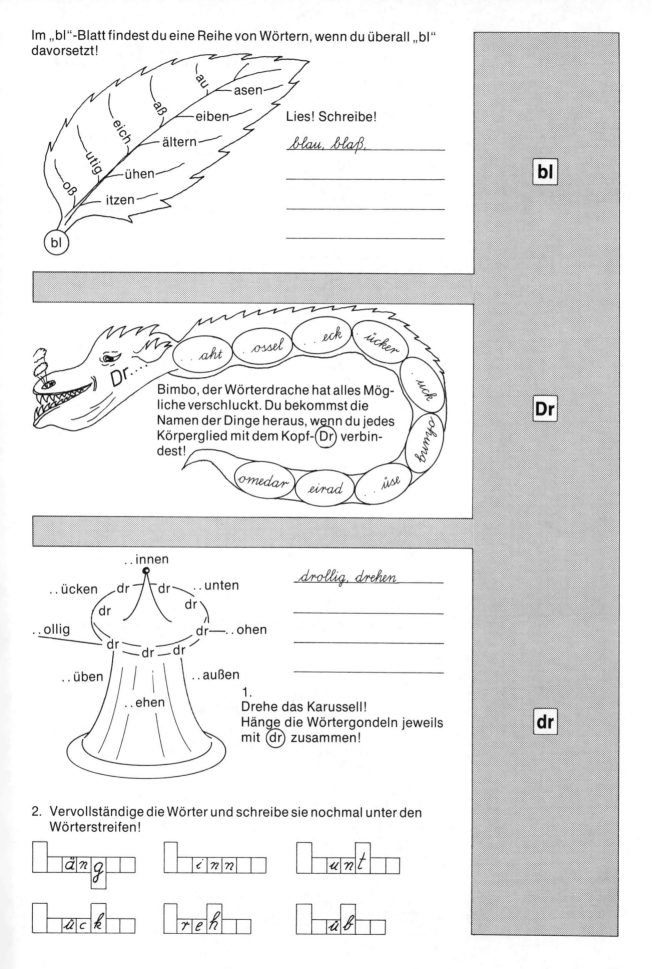

Lies! Schreibe!

blau, blaß,

bl

Bimbo, der Wörterdrache hat alles Mögliche verschluckt. Du bekommst die Namen der Dinge heraus, wenn du jedes Körperglied mit dem Kopf-(Dr) verbindest!

Dr

drollig, drehen

1. Drehe das Karussell! Hänge die Wörtergondeln jeweils mit (dr) zusammen!

dr

2. Vervollständige die Wörter und schreibe sie nochmal unter den Wörterstreifen!

äng   inn   unt

ück   reh   üb

Fratze, Fratze

Fr

In dieser Wörterfratze stecken eine Reihe Wörter, die du findest, wenn du vor jeden Wortrest ein „Fr" setzt.

Frost, Freund, Fräulein,

---

fr

fr
- ..agen — fragen
- ..euen — freuen
- ..ieren
- ..ühstücken
- ...essen

fr
- ..ech — frech
- ..oh
- ..omm
- ..ei
- ..üh

Fl

Flasche, Fl oh, Fl o ß, Fl ie g e, Fl ei sch, Fl ie g e r

Flasche

Wenn du die Wörterflaschen öffnest, können die Wörter heraus.

---

gl

Das Tuwort – Männchen

Wörter entstehen, wenn Arme und Beine den „gl"-Bauch berühren. Schreibe so:

..auben, ..ühen, ..eichen, ..änzen, ..eiten, ..otzen, ..itzern, ..ätten

glänzen, er glänzt,
gleiten, er gl. . . . . . .

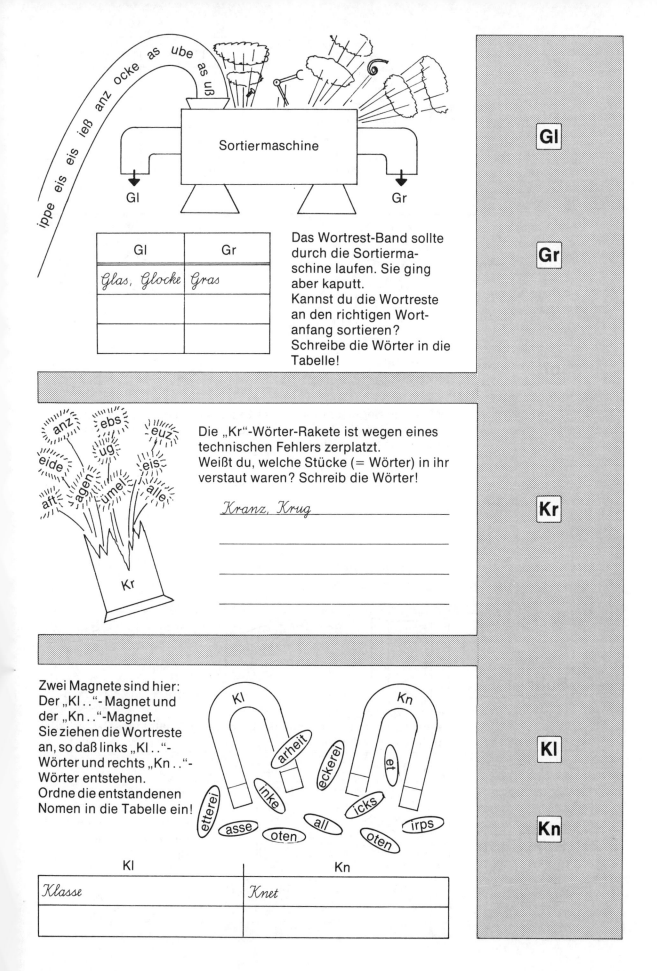

Gl	Gr
Glas, Glocke	Gras

Das Wortrest-Band sollte durch die Sortiermaschine laufen. Sie ging aber kaputt.
Kannst du die Wortreste an den richtigen Wortanfang sortieren?
Schreibe die Wörter in die Tabelle!

Die „Kr"-Wörter-Rakete ist wegen eines technischen Fehlers zerplatzt.
Weißt du, welche Stücke (= Wörter) in ihr verstaut waren? Schreib die Wörter!

Kranz, Krug
_____
_____
_____

Zwei Magnete sind hier:
Der „Kl.."- Magnet und der „Kn.."-Magnet.
Sie ziehen die Wortreste an, so daß links „Kl.."-Wörter und rechts „Kn.."-Wörter entstehen.
Ordne die entstandenen Nomen in die Tabelle ein!

Kl	Kn
Klasse	Knet

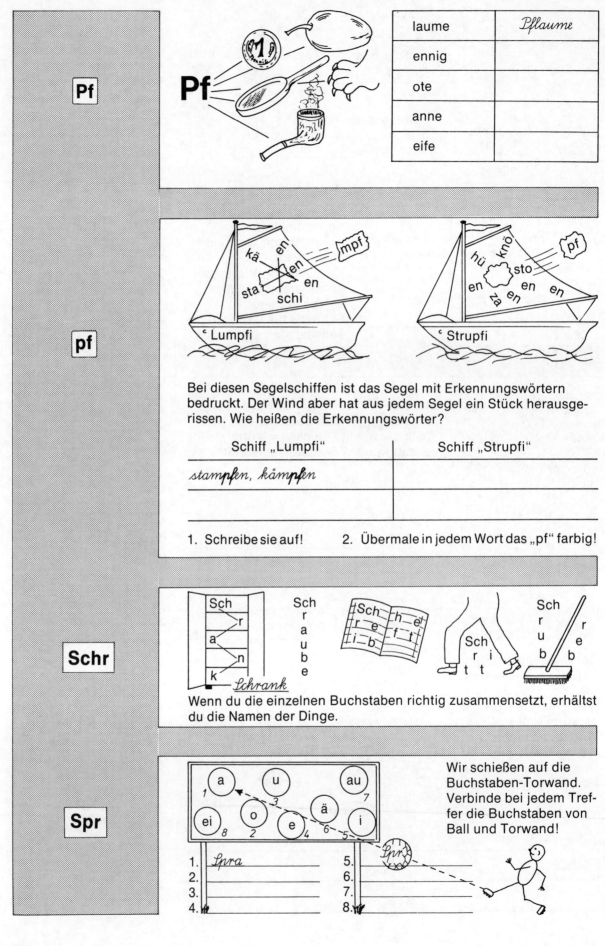

Arbeit mit Wörterstreifen („Zauberstreifen"):

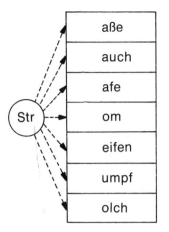
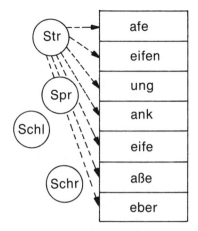

1. Lies die Streifen!
2. Zusammenlesen mit dem Wortanfang! Auch die Unsinnwörter lesen!
3. Sinnvolle Wörter sollst du schreiben und laut lesen!

Str

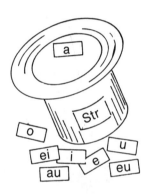

Wir setzen zusammen:
Wir stecken jeweils ein Kärtchen in den Zauberhut (Stra – Stro – Stru – Strei usw. ...).
Außen am Zauberhut befestigen wir andere Signalgruppen – je nach Übungsabsicht.
- Tr/tr Dr/dr Br/br Gr/gr Kr/kr Pr/pr Spr/spr Schr/schr
- Bl/bl Fl/fl Gl/gl Kl/kl Pl/pl Schl/schl Kn/kn Schn/schn Schw

Str

Das „versteckte" r

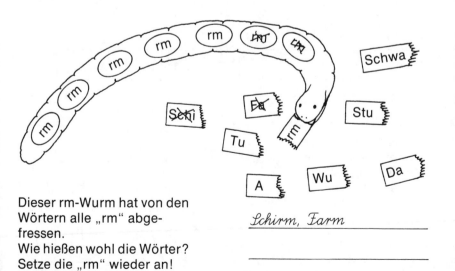

Dieser rm-Wurm hat von den Wörtern alle „rm" abgefressen.
Wie hießen wohl die Wörter?
Setze die „rm" wieder an!
Lies! Schreibe!

Schirm, Farm

... rm

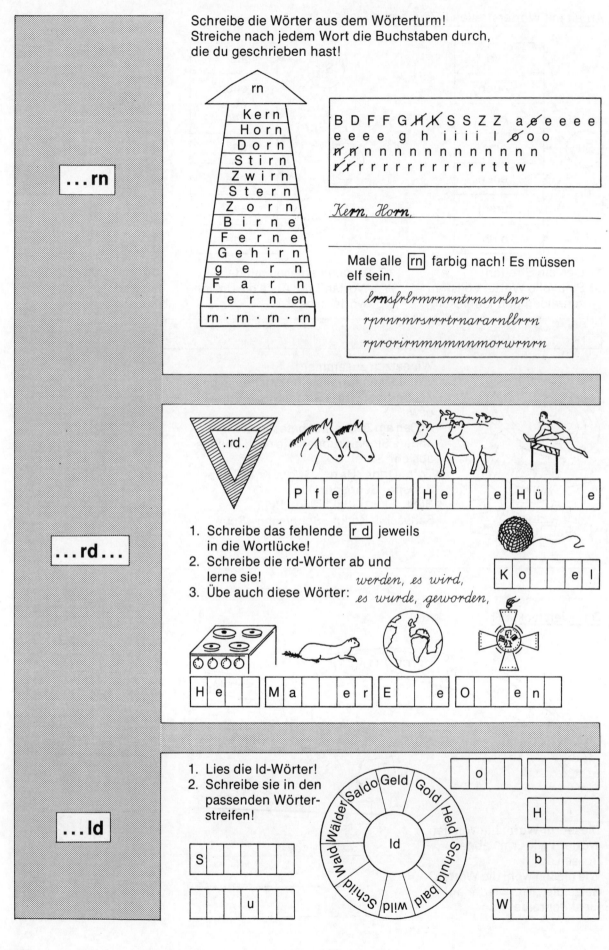

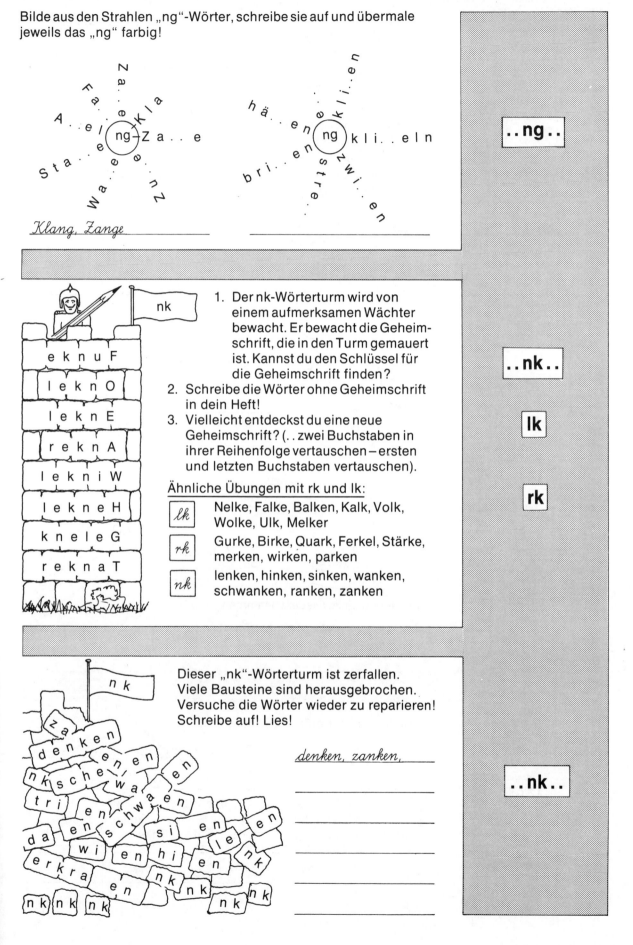

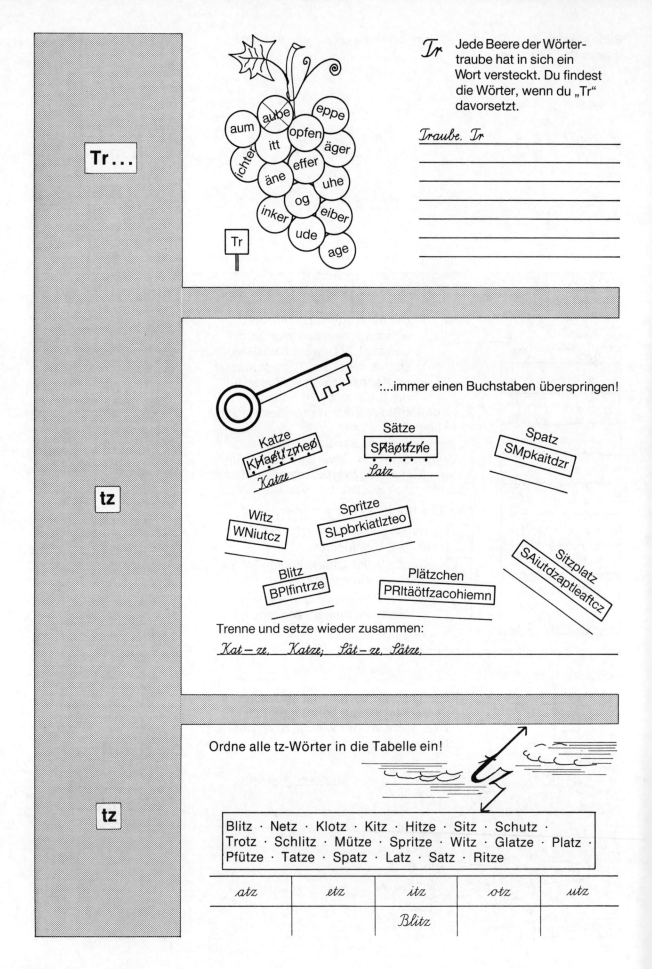

9.3.9 Rückwärtslesen als Synthesetraining

ennafP   drefP   lefpA   enriB

Pfanne   _____   _____   _____

Rückwärtsgang	Vorwärtsgang
nesmerb	bremsen
nepuh	hu....
nreuets	

Wörter vorwärts und rückwärts lesen:

lesen – nesel
radieren – nereidar
schreiben – .....
rechnen – .....

Was im Ranzen ist	
rellüF	Füller
etfeH	Hefte
lesniP	
nebraF	
riepaP	

Das tun wir in der Schule	
nenrel	
negnis	
nenlam	
nesel	
nenhcer	
nebierhcs	

Sowohl rückwärts als auch vorwärts werden die Wörter gelesen. Schwerpunkt der Lesearbeit sollte das Rückwärtslesen sein, weil dabei die Sinnunterstützung vom „realen" Wortklang her ausgeschlossen ist und die Synthesefähigkeit besonders gefordert und gefördert wird.

Die grau überzogenen Wörter mußt du im Rückwärtsgang lesen, dann verstehst du den Reim.

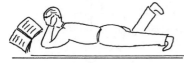

Norbert, ein Junge aus nrohhcstiH,
las alles von netnih statt von nrov.
Er fand ein hcuB und siehe ad,
es handelte von akiremA.

Hier sind andere Bücher. Schreibe auf, von welchem Land oder Erdteil sie handeln!

neilatJ_____   kramenäD_____
neloP_____   dnalgnE_____
lagutroP_____

Sätze rückwärts lesen:

reteP tsar fua menies
nettilhcS sträwkcür
ned greB banih.

Peter rast ......

1. Lies den Satz links neben dem Bild!
2. Lies die einzelnen Wörter rückwärts!
3. Schreibe den Satz richtig auf!

aD tsuas re rebü nenie legüH. rE tgnirps tim menies nettilhcS hcrud eid tfuL. nnaD tednal re fua med nekcüR dnu tlezrup rebüfpok ni ned eenhcS.

Auch Geschichten können im Rückwärtsgang gelesen und geschrieben werden. Diese Übungen verlangen Konzentration, steigern die Aufmerksamkeitskraft und machen außerdem Spaß. Die Synthesefähigkeit wird in besonderer Weise gestärkt.

hcuseB mi ooZ
niE renuarb räB tmmurb snu muz ßurG.
niE regiT tkcelb eid enhäZ.
eiD neffA neierhcs tual dnu llirhcs,
sib reniek eis rhem neröh lliw.
hcoD hcildein dnis eis neuahcsna.

Besuch im Zoo
Ein brauner Bär............

9.3.10 Kleinwörter als Bausteine größerer Wörter erkennen und synthetisieren

kein, sein,

ein

Bilde mit dem Wörtchen „ein" andere Wörter!

ein

1	2	3	4	5	6
B	H	F	W	L	H

→ ein →

1	2	3	4	5	6
e	er	es	–	e	o

1. Beine   2. Heiner   3. _____
4. _____   5. _____   6. _____

Laß den „her"-Magnet nacheinander die kleinen Wörtchen anziehen. Es entstehen so neue Wörter!

herab	herab

her

ein	aus	vor
herein	heraus	

her

Kleinwörter in größeren Wörtern wiedererkennen:

ein	aus	hin	er	auf
we*in*en	s*aus*en	*hin*ab	Käf*er*	l*auf*en
h*erein*	Br*aus*e	*hin*auf	*er*lernen	*hin*auf

Kleinwörter

auch	an	ist	vor	mal
B*auch*	h*eran*	K*ist*e	h*ervor*	drei*mal*
r*auch*en	l*an*den	b*ist*	be*vor*	*mal*en

9.3.11 Synthesearbeit mit Silben

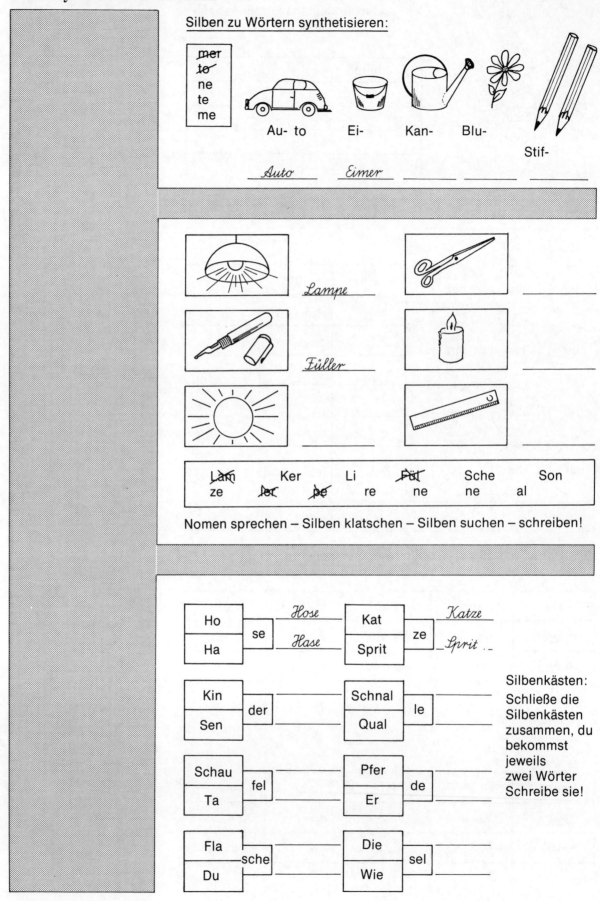

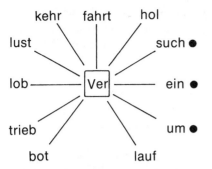

Bilde Wörter mit der Silbe „Ver"-!
Achtung, manchmal entstehen Unsinnwörter!

sinnvoll	unsinnig
Versuch, Verein	Verum

Ver

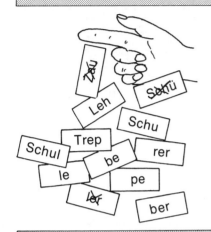

Der Silbenzauberer zaubert immer zwei Silben zu einem Wort zusammen:

Zau – ber ; Zauber

Schü – ler ; Schüler

_____

_____

Suche die richtigen Wäschestücke zu Wörtern zusammen. Zwei Wäschestücke ergeben jeweils ein Wort. Die Wörter sagen:

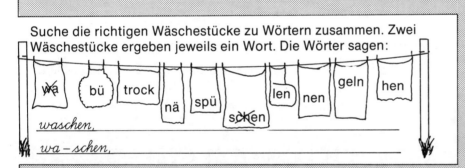

waschen,
wa – schen,

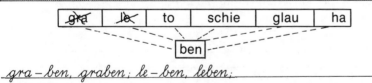

gra – ben, graben ; le – ben, leben ;

In jedem Silbenring sind Wörter versteckt. Suche und schreibe sie!

En – kel, Enkel
Hen – kel, Henkel

Silben

kel
ken
ker

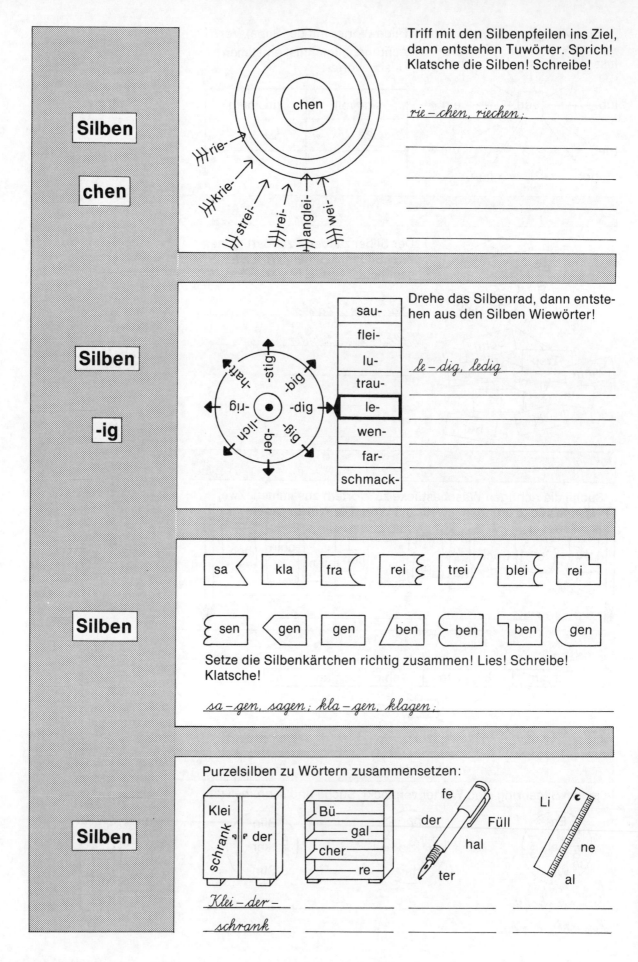

Aus einem Silbenangebot passende Silben zu Wörtern zusammensetzen

Dru	me	der
Dre	ma	dor
Dro	mu	dur
Dra	mi	dar

Suche die drei richtigen Silben! Schreibe das Wort zuerst in Silben getrennt, dann zusammen!

Silben

Suche die richtigen Silben für die Nomen zusammen! Achtung, es sind auch unpassende Silben dabei!

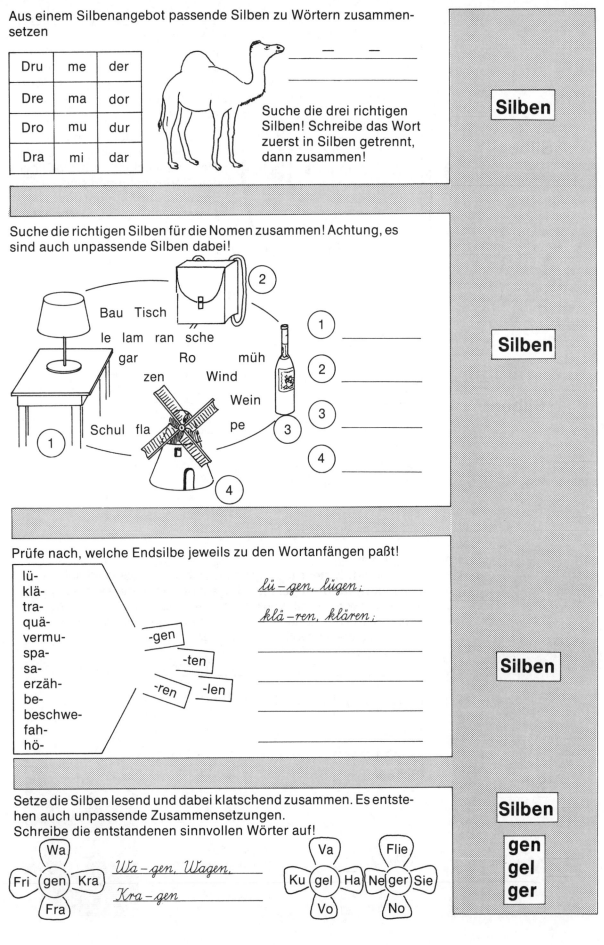

Silben

Prüfe nach, welche Endsilbe jeweils zu den Wortanfängen paßt!

lü-
klä-
tra-
quä-
vermu-
spa-
sa-
erzäh-
be-
beschwe-
fah-
hö-

-gen   -ten   -ren   -len

lü-gen, lügen;
klä-ren, klären;

Silben

Setze die Silben lesend und dabei klatschend zusammen. Es entstehen auch unpassende Zusammensetzungen.
Schreibe die entstandenen sinnvollen Wörter auf!

Wa / Fri (gen) Kra / Fra

Wa-gen, Wagen,
Kra-gen

Va / Ku (gel) Ha / Vo   Flie / Ne (ger) Sie / No

Silben

gen
gel
ger

111

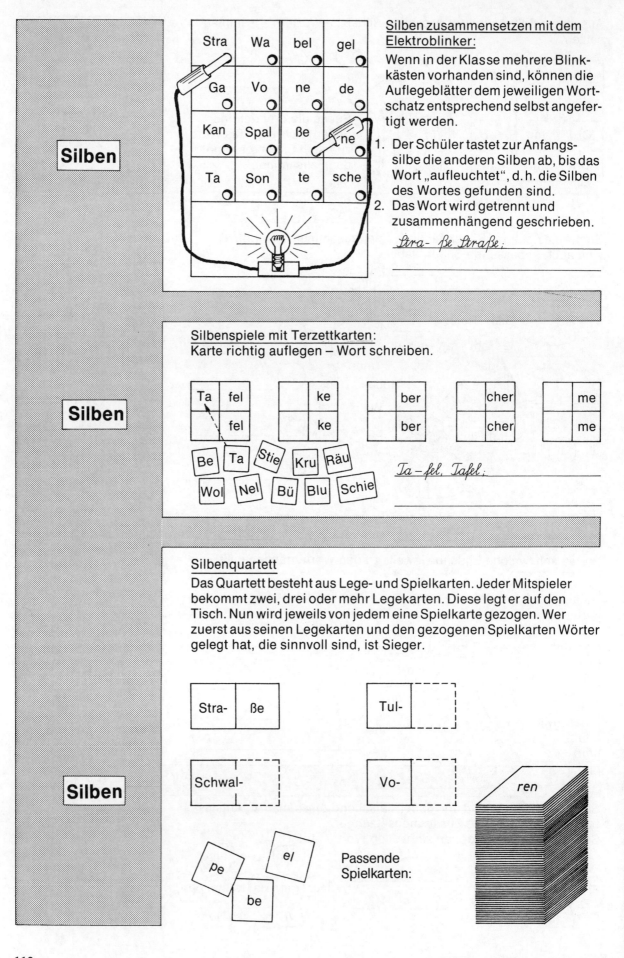

Quartettspiel (Selbstanfertigung):
Grundkarten und Spielkarten – eventuell unterschiedliche Farben

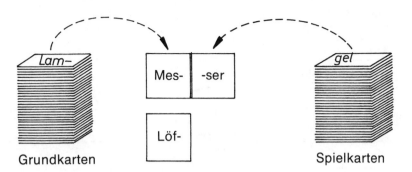

Die beiden Kartenstöße liegen vor den Spielern. Nacheinander zieht jeder eine Grundkarte und legt sie offen hin. Reihum wird dann jeweils eine Spielkarte gezogen. Paßt sie mit der Grundkarte zu einem Wort zusammen, schreibt der Spieler dieses Wort auf und zieht eine neue Grundkarte. Sieger ist, wer nach einer bestimmten Zeit die meisten Wörter hat. Vorlesen, dabei Silben „klatschen" ...

Silben

Lustiges Wörterspiel:

| Lu-ku-ma-tü-ve |
| La-ku-mi-tä-ve |
| Li-ka-mei-teu-ve |
| Lu-ko-mu-tu-ve |
| Lo-ka-ma-ta-ve |
| Lo-ko-mo-ti-ve |
| Lo-ko-mo-tü-ve |

Leseblatt: Schüler lesen, Tempo steigern. Das richtige Wort getrennt und zusammenhängend aufschreiben!

Lo-ko-mo-ti-ve   Lokomotive

Selbstanfertigung solcher Silben-Wörterblätter (4- bzw. 5silbige Wörter) macht den Kindern riesigen Spaß.

Silben

Überflüssige Silben streichen!

 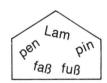 

Blei-stift; Fahr-rad-sat-tel;

Bleistift _____

_____

Hier sind zu viele Silben in den Wörterhäusern. Streiche die unpassenden!

Silben

Silbenspringen: Immer eine Silbe überspringen, dann weißt du das Wort!

Fuß ein ball wer spie fen ler   *Fußballspieler, einwerfen*
Se be gel la boot den   _____
Ei ab sen fah bahn ren   _____

9.3.12 Wörter aus ungeordneten Wortstücken synthetisieren

Das Kätzchen   t   schl   eck.   *schleckt*

Das Kätzchen schleckt.

Das Bäumchen   ank   schw   t.

Die Maschine   r   er   att   t.

1) gen   ein   schla

2) mern   häm

3) geln   na

4) split   zer   tern

5) fen   klop

Setze die Silben einer Reihe richtig zusammen. Sie sagen dir, was man mit dem Hammer tun kann.

1) *einschlagen*
2)
3)
4)
5)

9.4 Akustisches und visuelles Differenzierungstraining
9.4.1 Heraushören von Lauten

Bildkarten werden vorgezeigt, die Wörter werden gesprochen und dann wird der Laut, der in diesem Wort erklingt, „herausgehört". Die Schüler sprechen Wort und Laut und kreuzen sein Zeichen (Buchstabe) an.

 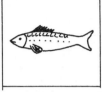 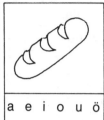

| a̶ e i o u ä | a e i o u ü | a e i o u ei | a e i o u ö |

Wörter mit einem vorgegebenen Laut suchen: Beispiel „ü"

Material:
Wortkärtchen (ü-Wörter und andere), eine Pappfratze (der „ü-Fresser") mit dahintergeklebtem Auffangbehälter.
- Ein Wortkärtchen wird vorgelesen. Die Kinder hören, ob ein „ü" im Wort enthalten ist. Wortkärtchen mit „ü-Wörtern" werden dem ü-Fresser durch den Mund gesteckt.
- Das „Spiel" kann auch mit verschiedenen „Buchstabenfressern" gespielt werden (z. B. Differenzieren von a–ä–ö usw.).
- Kontrolle: „Wörter" aus dem Behälter herausnehmen – vorlesen – das „ü" jeweils zeigen und sprechen.

ü

Buchstaben suchen, deren Laute im Wort enthalten sind

b d g <u>k</u> <u>p</u>

Die Schüler sagen das Namenwort („Kapelle) und markieren diejenigen Buchstaben (Mitlaute), die im Wort enthalten sind.

b d g r k

Die Übung kann mit Bildkarten, mit Arbeitsblättern oder auch Overhead-Folien durchgeführt werden (Deckblatt-Folie zum Markieren).

Laut im Wort	Buchstaben-Tabelle					
Lehrer spricht	Nr.	g	p	b	k	t	d
Liste	1.					x	
Schrank	2.				x		
Kapelle	3.		x		x		
Öltank	4.					x	x
Fabrik	5.			x	x		

Wort	g	p	b	k	t	d
denken				x		x
treiben			x		x	
rempeln		x				
gedankt	x			x	x	x
getankt	x			x	x	

Laut-Buchstaben-Zuordnung

Wörter werden vorgesprochen.
Die Schüler haben eine entsprechende Buchstabentabelle. Sie kreuzen diejenigen Buchstaben an, die im jeweiligen Wort als Laute zu hören sind.
Die Übung kann auch als rein visuelle Übung durchgeführt werden. In diesem Fall erhält der Schüler Buchstaben- und Worttabelle.

Arbeitsmaterial: Tafelbild
Arbeitsblatt
Folie-Overhead

Laut-Buchstaben-Zuordnung

Die Schüler erhalten einen Lückentext bzw. -satz. Der Lehrer oder ein Schüler liest diesen Satz vollständig vor. Die Schüler nennen die Laute, die eingesetzt werden müssen, schreiben die entsprechenden Buchstaben in den Text und sprechen dabei artikuliert.

Beispiel: Lückentext – Unterscheiden von g–k–b–d–t

Frühjahrsarbeit im Ga.en
Ge.sern ha.en wir im Gar.en ge.ra.en.
.as Un.rau. sammel.en wir in einem .or...

Akustische und visuelle Differenzierung von „r"
in Mitlautverbindungen:
Synthesearbeit mit dem wenig hervortretenden „r":

Setze aus den Buchstaben Wörter zusammen. Übermale das „r" farbig!

Andere wenig hervortretende und schwierig erkennbare Laute:

g – Dinge, klingt   p – pumpt, Sumpf
l – Balken, Nelken   u – quillt, Quelle

9.4.2 Akustische Lokalisation von An-, In- und Endlauten und von wenig hervortretenden Lauten

Beispiel: „sch"
1. Die Schüler nennen die Wörter.
2. Sie hören heraus, ob sich das „sch" am Wortanfang, in der Mitte oder am Wortende befindet.
3. Sie schreiben das „sch" in das entsprechende Kästchen.

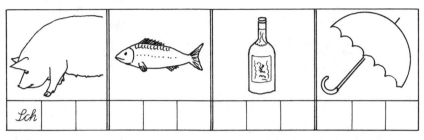

sch

Beispiel: r/R
Wörter werden vorgesprochen. Jeder Schüler hat drei verschiedene Kärtchen.

 Mit je einem zeigt er an, ob das r/R am Anfang, Ende oder in der Mitte erklingt.

Rasen · Garten · Bauer · Reise · Marmelade · Doktor · Bär
rast · fährt · klar · reif · stark · über · leeren · Rinder

r/R

Beispiel: r
Der Laut/Buchstabe „r" wird vorgegeben an die Tafel schreiben, „r" sprechen). Nun nennt der Lehrer Wörter mit „r". Taucht in einem Wort ein „r" auf, gibt der Schüler ein verabredetes Zeichen. Auf einer vorbereiteten Liste vermerkt der Schüler, an welcher Stelle in der Reihenfolge das „r" steht.

Wort								
Birke			X					
Brause		X						
Wirtshaus								

r

9.4.3 Akustische Differenzierung von „harten" und „weichen" Lauten

Grundfolie:
Deckfolie: P B P B

Wort gut artikuliert sprechen bzw. vorsprechen.
Den (richtigen) Anlaut heraushören.
Den richtigen Buchstaben einkreisen (wasserlöslicher Schreiber → Wiederverwendung).

Arbeitsblatt: Auf ihm gehören Bild und Buchstaben zusammen

P–B

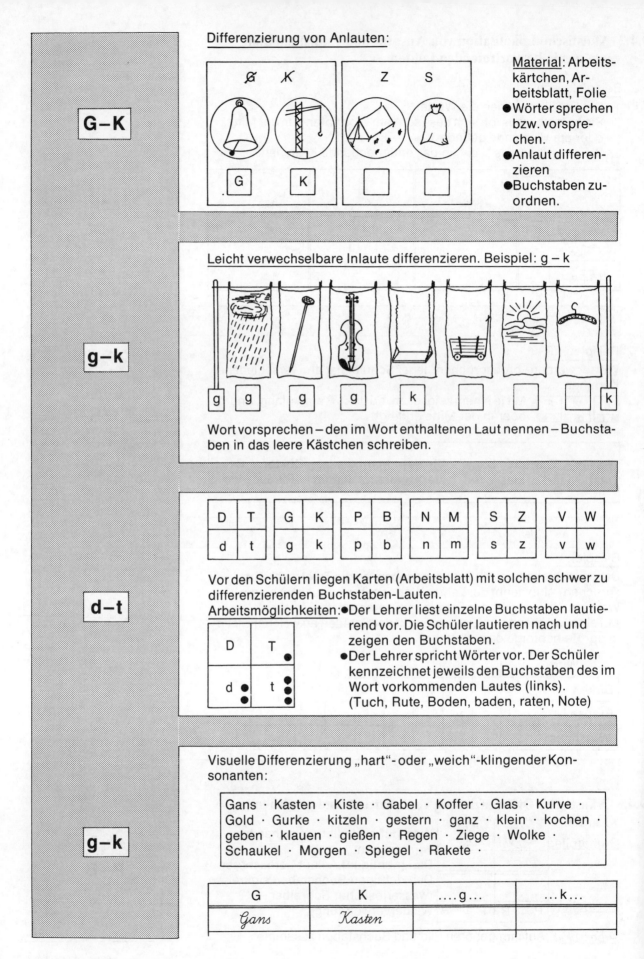

Visuelle Differenzierung „hart"- oder „weich"-klingender Konsonanten

Pilz — *Lampen* — *Brille* — *Tube*

P–B

1. Ordne die Wörter aus dem Kasten richtig in der Tabelle ein und lies dann die vier Wortleisten so deutlich, daß man das

   P p und B b

   genau unterschneiden kann!

Ball baden Park parken Farbe Lampe Besen Pelz beten plaudern Raupe Nebel Birke Pilz blind pünktlich lieben Papier Obst Körper Post Bote brav probieren Bruder Pudel billig hupen toben Benzin Pullover putzen blasen Ampel Fieber plagt

B....b..	-b-	P...p...	-p
Ball	Farbe	Park	Lampe

b–p

Krokodil — *Gries* — *Nagel*

Lies die Sätze! Entscheide dich dann, ob ein K, k oder G, g fehlt und kreuze an, was deiner Meinung richtig ist! Überprüfe das Ergebnis mit Hilfe des Wörterbuches oder einer Wörterliste (!) und trage dann erst den fehlenden Buchstaben ein!

g–k

G	K	
0	☒	Der Elektriker legt ein _K_abel.
0	0	Der __ragen des Hemdes ist schmutzig.
0	0	Der __lobus ist eine Nachbildung der Erdkugel.
0	0	Er zieht mit dem Zirkel einen __reis.
0	0	Die __rille zirpt im __ras.
0	0	Der __ran hebt schwere Lasten.
0	0	__lück und __las, wie leicht bricht das.
0	0	Mein Freund ist an einer __rippe erkrankt.
0	0	Vater schrieb uns eine __arte aus Berlin.
g	k	
0	0	Du bist ein flin__er Junge!
0	0	Mutter sorgt für einen blan__ken Fußboden.
0	0	Der Radfahrer biegt nach lin__s ab.
0	0	Im Keller ist es dun__el.
0	0	Der klu__e Fuchs überlistete den Raben.
0	0	Der Junge ist än__stlich und fei__e.
0	0	Der Verletzte hin__te über die Straße.
0	0	Hole beim Metz__er frischen Schin__en.

119

| 0 | 0 | Das Flugzeug startete pün__tlich.
| 0 | 0 | Mutter kochte Spar__elgemüse.
| 0 | 0 | Der Bäcker__netet den Teig.
| 0 | 0 | Die Eltern sind um ihre Kinder besor__t.

! *Solche Übungen sollten nach Möglichkeit mit vorher geübten Wörtern durchgeführt werden oder nur bei exakter Lautbildung (Lehrer). Eine sofortige Kontrolle (Duden, Wörterliste, ...) ist wichtig, um Fehleinprägungen zu vermeiden.

b–p

Akustische Differenzierung: Beispiel Bb–Pp

Wörter werden leise, langsam und gut artikuliert vorgelesen. Beim B- und beim P-Laut geben die Schüler ein jeweils verabredetes Zeichen:
B = einmal klatschen; P = zweimal klatschen oder B = Buchstabenkarte
B heben; P = P Buchstabenkarte zeigen usf.

Besen · Brille · Pinsel · Blüte · Pelz · Paket · Bluse · Plakat · Pilz · packen · plötzlich · bitten · prüfen · braten · bauen · platzen

b–p

Unterscheiden von „harten" und „weichen" Lauten

Bei „harten" Lauten spürt man in der vor den Mund gehaltenen Hand einen plötzlichen Luftstrom.

Aufgabe: Sprich jedes Wort in die vor den Mund gehaltene Hand und stelle fest, ob der Anlaut „hart" oder „weich" klingt (p oder b)!

a) Wörter werden vorgesprochen. Die Schüler stellen bei jedem Wort fest, ob der Anlaut „weich" oder „hart" klingt.
z. B.: Karte – Garten; Pill – Ball; Torte – Duden;

b) Der Lehrer nennt Wörter. Die Schüler kennzeichnen auf einer Tabelle, ordnen zu:

	hart/p	weich/b		p/hart	b/weich
Raupe	X		Taube		
Hupe	X		Siebe		
Bude		X	Tulpe		

9.4.4 Unterscheidung kurz und langklingender Vokale

Kennzeichnung mit Punkt = kurzer Vokal; ... mit Strich = langer Vokal;

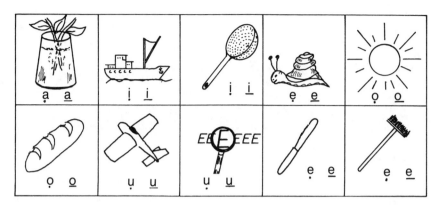

Vokal

Wörter mit kurzem oder mit langem Vokal bewußt lesen und aus einem Angebot heraushören

| Vase · Feder · Keller · Tanne · Tafel · Hut · Hütte · Wal · Zucker · Hölle · Koffer · Rose · Rasen · Kasse |

Die Schüler bekommen Wörter vorgelegt, bei denen der kurze Vokal mit einem Punkt, der lange jeweils mit einem Strich gekennzeichnet ist. Die Wörter werden vor- und nachgesprochen, „Kürze" bzw. „Länge" werden bewußt gemacht.

Die Schüler erhalten Wörter mit „langen" und „kurzen" Vokalen, die nicht gekennzeichnet sind. Beispiele mit a–a:

| graben · jagen · jammern · klagen · klappen · knallen · knacken · mahlen · packen · parken · fahren · rasen |

a) Wörter vorsprechen – nachsprechen – nachsprechen und bewußt hören – Zeichen für kurzklingenden oder langklingenden Vokal „a" geben (vereinbaren).
b) Schüler schreiben die vorgegebenen Wörter ab und kennzeichnen kurzklingende „a" mit Punkt: ạ; langklingende mit Strich: a̱.
c) Lehrer spricht Wörter vor, die Schüler kennzeichnen in einer Tabelle.

Vokal

Gesprochenes Wort	Lfd. Nr.	ạ (kurz)	a̱ (lang)
1. Halle	1.	×	
2. Tafel	2.		×
3. Knall	3.	×	
4. Spalt	4.	×	

9.4.5 Visuelle und akustische Differenzierung ähnlicher Laute und Buchstaben

U – W

Unterscheidung zweier ähnlicher Buchstaben: Beispiel U und V

Male aus allen V einen lustigen Vogel, aus allen U ein Ungeheuergesicht.
Schreibe dann Wörter mit V und U auf!

V – W

V oder W?

- Den richtigen Buchstaben einsetzen!
- Das Wort über das Bild schreiben. – Wörter lesen.

V – W

b – d

Würfelspiele: Beispiel = Differenzierung d–b
Zu einem Spiel gehören zwei Würfel und ein Arbeitsblatt mit den zu differenzierenden Buchstaben.

Arbeitsblatt

| d d d d | b b b b b |
| d d d d | b b b b b |

a) Gruppen- oder Partnerspiel: Jeder Spielpartner bzw. jede Gruppe hat einen Würfel und ein Arbeitsblatt. Je ein Spieler würfelt. Erscheint auf dem Würfel ein „d" oder ein „b", so darf auf dem Arbeitsblatt ein entsprechender Buchstabe eingekreist oder übermalt werden.
Sieger ist, wer zuerst alle Buchstaben auf dem Blatt gekennzeichnet hat.

b) Das Spiel kann auch so organisiert werden: Es wird mit Zahlenwürfeln gespielt. Wer ① würfelt, darf auf dem Arbeitsblatt ein „d" durchstreichen, wer ⑥ würfelt darf ein „b" streichen oder einkreisen.

①	⑥
d d d d d	b b b b b
d d d d d	b b b b b

Differenzierung b–d:

a)

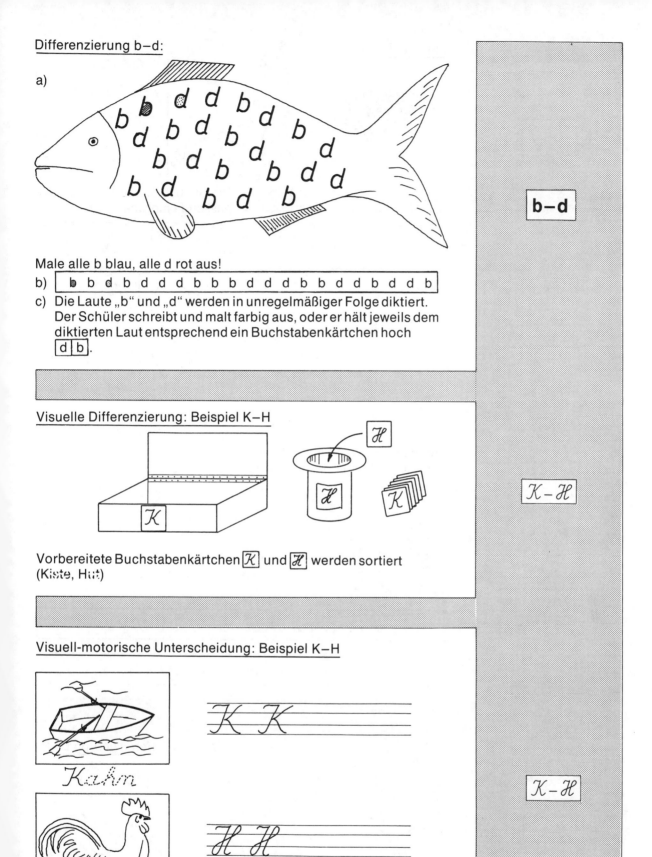

Male alle b blau, alle d rot aus!

b) | b b d b d d d b b b d d d b b d d b d d b |

c) Die Laute „b" und „d" werden in unregelmäßiger Folge diktiert. Der Schüler schreibt und malt farbig aus, oder er hält jeweils dem diktierten Laut entsprechend ein Buchstabenkärtchen hoch d b .

Visuelle Differenzierung: Beispiel K–H

Vorbereitete Buchstabenkärtchen K und H werden sortiert (Kiste, Hut)

Visuell-motorische Unterscheidung: Beispiel K–H

Kahn

Hahn

Sprich jeweils das Wort und schreibe seinen Anfangsbuchstaben!

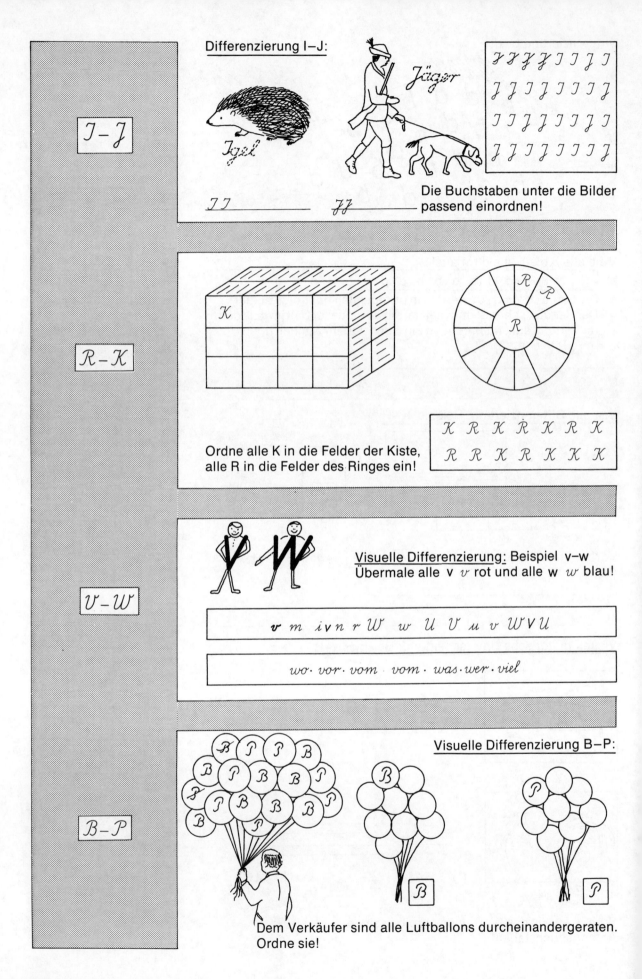

Visuelle Differenzierung M–N:

M	M	N	M	N	M	N	M	N
N	M	N	M	M	M	N	N	M	M

Ziehe alle M rot und alle N grün nach! Dabei zählen:

M–N

Differenzierung m–n:

m3
n2

n m   n m
m m n m m n
n m m m n n m
n m m n

- Schreibe über jedes „m" eine 3, über jedes „n" eine 2! Lautiere dabei!
- Partnerdiktat: m und n
- Ziehe alle „m" rot und alle „n" grün nach und zähle beim Schreiben der „m" jeweils 1, 2, 3, beim „n" 1, 2!
- Schneide aus Illustrierten „m" und „n" aus und klebe geordnet auf!

m–n

Differenzierung P–T mit Hilfe von Assoziationsfiguren:

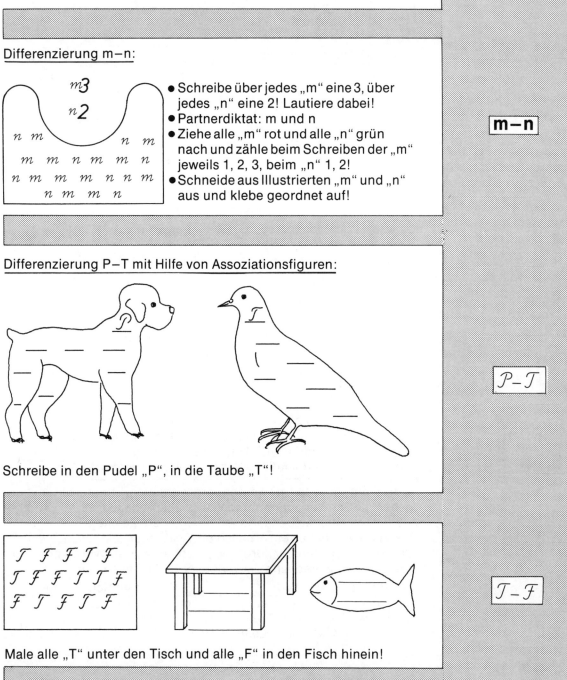

Schreibe in den Pudel „P", in die Taube „T"!

P–T

T F F T F
T F F T T F
F T F T F

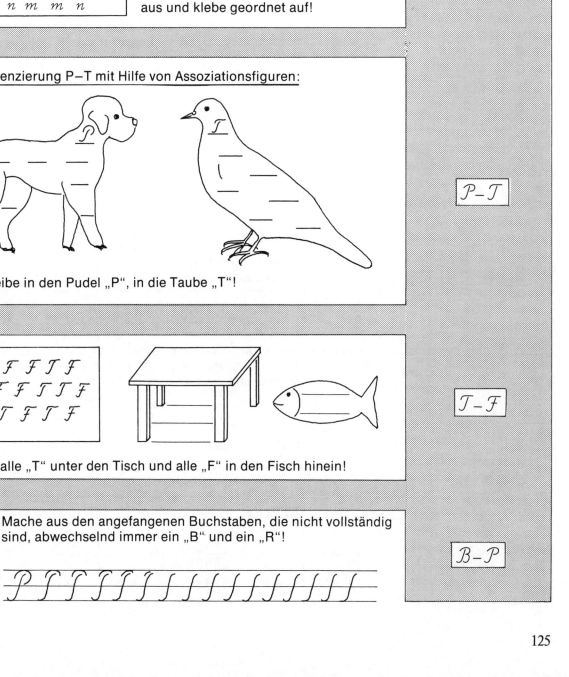

Male alle „T" unter den Tisch und alle „F" in den Fisch hinein!

T–F

Ⓑ Mache aus den angefangenen Buchstaben, die nicht vollständig sind, abwechselnd immer ein „B" und ein „R"!

B–P

Ⓟ P f f f f f f f f f f f f f f f f f f f f f f

N–M

Male in die Nasen der Gesichter „N", und in jeden Mund „M"!

S–L

Differenzierung S–L

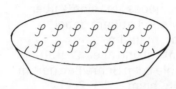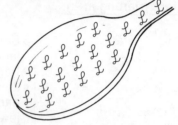

Male alle „S" in der Suppe und alle „L" im Löffel nach!

m–n

Differenzierung m–n
Ordne die Wörter in die Tabelle!

Wörter mit m	Wörter mit n
träumen	nein
mit	

träume · nein · mit · uns ·
flimmern · Familie · Qualm · Film
landen · trinken · Kahn · Sohn ·
Marmelade · Nase · Spinne · Hammer

Wörter mit „m" oder „n" werden vorgesprochen. Erklingt ein „m", so geben die Schüler ein verabredetes Zeichen, ebenso bei „n" (3 Finger – 2 Finger, Buchstabenkärtchen oder andere Zeichen).
Die Schüler erhalten ein Arbeitsblatt. Der Lehrer liest jeweils zwei Wörter vor. Die Schüler hören, ob „m" oder „n" darin vorkommt und schreiben entsprechend „m" oder „n" in die Tabelle ein!

Wörter, liest Lehrer vor   ...füllt Schüler aus

1. Name	Sahne	4. kam	nahm	1. *m*	4. ____
2. weinen	reimen	5. kein	fein	2. *n*	5. ____
3. kam	Kran	6. Leim	Heim	3. ____	6. ____

Differenzierung m–n:

 Bau... *Baum*   Zau.. *Zaun*   Bei..

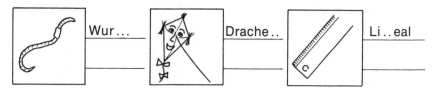

Setze m bzw. n ein! Schreibe das Wort!

n	n	n	n	n	n	n	n	n
n	n	n	n	m	m	n	n	n
n	n	n	m	m	m	m	n	n
m	n	m	m	m	m	m	m	n
n	m	n	m	m	m	m	n	m

Male alle „n" grün und alle „m" rot nach! Wieviel „m"/„n" kannst du hintereinander schreiben ohne abzusetzen?

m–n

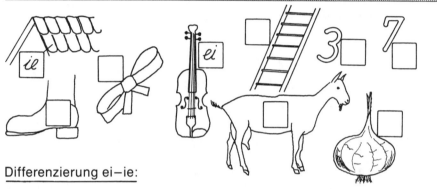

Differenzierung ei–ie:

Die Namenwörter werden genannt. Die jeweils richtige Buchstabenverbindung wird genannt und in das leere Kästchen eingeschrieben!

ei–ie

Differenzierung ei–ie

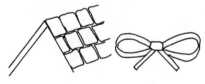  

| Z..gel | Schl..fe | L..ter | s..ben |

- Schreibe ei oder ie in die Wortstreifen ein und schreibe dann das ganze Wort darunter!
- Übermale „ei" gelb und „ie" grün!

Differenzierung ei–ie

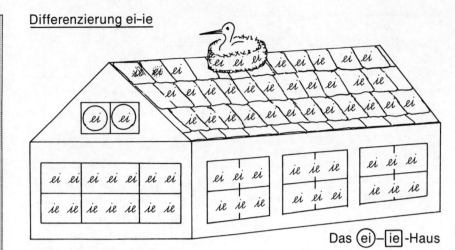

Das ei–ie-Haus

Male alle „ie" rot, alle „ei" gelb aus!

ei–ie

Differenzierung ei–ie:

G..ge, Z..ge, L..ter, Z..ger, H..zung,
Zw..bel, Schl..fe, St..fel, B..ne,

Fülle die Lückenwörter richtig mit „ei" oder „ie" aus!
Male alle „ei" gelb, alle „ie" rot aus! Auch als akustische Übung.

Der Lehrer diktiert Wörter mit „ei" und Wörter mit „ie". Die Schüler hören „ei" bzw. „ie" heraus und geben jeweils ein vereinbartes Zeichen (z. B. „ei" = Wortkärtchen mit gelbem ei; ie = Wortkärtchen mit grünem ie).

Ein vorgegebener Wortschatz wird nach ei- und ie-Wörtern sortiert:

spielen · greifen · schreiben · zeigen · riechen, reichen ·
herreichen · reiten · biegen · liegen · ziehen · siegen ·
leiden · gießen · fließen · treiben · bieten

„ie"	„ei"
spielen	greifen

Differenzierung u–n:

- Übermale alle n rot!
  Übermale alle u blau!
- Laß dir von einem Partner „n" und „u" diktieren (durcheinander).
  Schreibe!

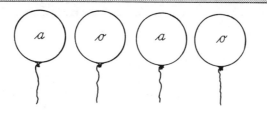

| u–n |

Differenzierung a–o:

- Male alle a-Luftballons orange, alle o-Ballons dunkelgrün!
- Schreibe a und o!
  Male die unterschiedlichen Teile farbig!

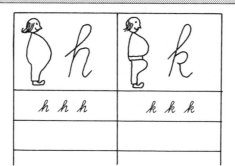

| a–o |

Differenzierung h–k:

Achtung, das „k" hat einen unsichtbaren Gürtel um und schnürt sich seinen Bauch zusammen!
- Schreibe h und k!
- Schreibe h und k in Verbindung mit anderen Buchstaben! So:

ha, he, hi, ho...   ka, ke, ki,...

| h–k |

Differenzierung u–a:

{Witz:} Weißt du, was aus einem u wird, wenn es eine Kappe aufsetzt?
(ein a)
Achtung, „u" ist oben offen, „a" muß zu sein! Schreibe abwechselnd a, u, a, u ...

auauauauauauau

| u–a |

- Kreuze alle falsch geschriebenen a durch!

axaxaaauaaauaaua

- Schreibe mehrere a hintereinander in einem Schriftzug ohne abzusetzen!

aaaaa · aaaaa ·

d–t

Akustische Differenzierung d–t:

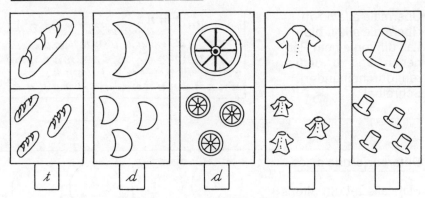

Die Nomen werden in der Einzahlform (Singular) vor- und von den Schülern nachgesprochen. Die Schüler sollen hören, ob das Wort d oder t enthält (Mehrzahlform als Hör-Hilfe). Der im Wort vorkommende Laut wird im leeren Kästchen gekennzeichnet!

Akustische Differenzierung d–t im Inlaut:

Eine Anzahl von Wörtern mit d oder t werden gut artikuliert vorgelesen. Die Schüler geben jeweils bei d und t bestimmte verabredete Zeichen (Buchstabenkarte, Handzeichen, Ton anschlagen mit Musikinstrumenten ...).

> baden · flöten · reden
> rudern · beten · bluten
> rodeln · einfädeln ·
> tuten · tadeln · radeln

ch–sch

Visuelle und akustische Differenzierung ch–sch:

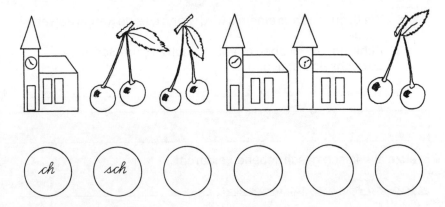

Sprich die Nomen! Höre, ob im Wort ch oder sch vorkommt und schreibe die jeweils richtige Buchstabenzusammensetzung in den Kreis!

Kirche · Kirsche · Gewicht · Wischer · Streichholz · Maschine · Büsche · berichten · fischen · Pflicht · Veilchen · Fichte · Flasche · Fläche · Wäsche · Tische · Tücher · Vorsicht · Aussicht · Asche ·

- Übermale in diesen Wörtern alle ch grün, alle sch rot!
- Sortiere die ch- und sch-Wörter in einer Tabelle!

ch	sch

ch – sch

- Sprecht euch die Wörter gegenseitig vor. Je nachdem, ob du ein ch oder ein sch hörst, hebst du ein entsprechendes Buchstabenkärtchen!
- Wörter mit ch und sch werden diktiert, die Schüler hören und kreuzen in einer Tabelle an oder schreiben ch oder sch!

Vorgelesenes Wort	ch	sch	Vorgelesenes Wort	ch	sch
1. Kirche	X		1. Kirche	ch	
2. Kirsche		X	2. Kirsche		sch
3. Furche	X		3. Furche	ch	
4. Bursche			4. Bursche		

g oder q?

Die g–q-Sortiermaschine hilft dir, die Wörter zu sortieren.

- Schreibe die Wörter auf die jeweils richtige Seite der Tabelle!
- Übermale alle qu rot, kreise alle g blau ein!

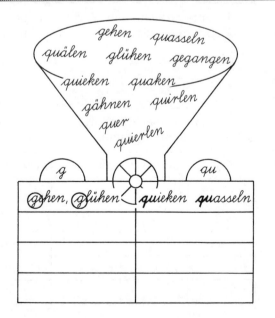

g – q

9.4.6 Erkennen, Differenzieren und Anwenden von schwierigen Mitlauthäufungen

Der Umgang mit Wörtern, in denen schwierig zu differenzierende Mitlauthäufungen vorkommen, die rechtschriftlich zum Problem werden können, sollte häufig möglich gemacht werden. Solche Mitlauthäufungen können sein: lk, ln, lz, nk, nz, rk, rz – das versteckte „r" in verschiedenen Verbindungen wie rch, rd, rt, rsch, rm, rn – pf – tz.

An einigen Auswahlbeispielen sollen hier methodische Möglichkeiten exemplarisch gezeigt werden:

tz

Ka☐☐e · Mü☐☐e · Spri☐☐e · La☐☐ · Ki☐☐ · Bli☐☐

(tz)

pu☐☐en · schwa☐☐en · bli☐☐en · ri☐☐en · fli☐☐en · stü☐☐en · pla☐☐en · si☐☐en · spri☐☐en · verle☐☐en

1. Setze in die Lücken tz ein!
2. Übermale alle tz gelb!
3. Lies die Wörter laut!
4. Lerne die Wörter und schreibe sie aus dem Gedächtnis auf!

pf

Kopf · Topf · Tupfer · Koffer · Affe · Apfel · Gipfel · Koppel · Kupfer · Sumpf · Giraffe · Kappe · Wipfel · Zipfel · Zappelei · Zapfen

1. Unterstreiche alle Wörter mit „pf"!
2. Schreibe alle pf-Wörter auf! Male jeweils „pf" rot nach!

Kopf

r

Achtung, wenn man die Wörter spricht, versteckt sich das „r" gern! Gib acht, daß du es immer findest und nie vergißt!

„r"	Farm	Sturm	Wurst	Herzen	Sturz
	D	W	D	K	k

Narbe	Stürze	Garten	sorgen	Korn	dort
F	Sch	K	m	H	f
	W	st	b	Z	W

In der n-Straße wohnen schwierige Lautverbindungen.

| nd | nt | ng | nk | nz |

Sand · Tante · Zange · Blinker · sinken · Pflanze · Kranz ·
Länder · Rente · Zunge · Schrank · Ranzen · Glanz ·
Windel · Tank · munter · Stengel · dunkel · blond · hinten ·
fängt · funkeln · rund · Ente · hungrig · bringen ·
blinzeln · ernten · wandern

Ordne diese Wörter ihren Häusern zu!

nd — *Land*

nt — *Tante*

ng — *Zange*

nk — *Blinker, sinken*

nz —

n

In diesen Wörterwagen ist alles durcheinandergeraten. Ordne die Wörter nach den angegebenen Mitlautverbindungen!

cht: Vorsicht, du hörst, Unterricht, Vorschrift, garstig, Wurst, ~~Gesicht~~

rst: ~~Hirsch~~, bersten, Bericht, Kirsche, wirst, Recht, wichtig

rsch: Nichte, Durst, Barsch, Licht, Marsch, Horst, Forst, schlecht, Dorsch

..cht	..rst	..rsch
Gesicht		*Hirsch*

cht

rst

rsch

9.4.7 Differenzieren von Laut und Umlaut, Differenzieren ähnlicher Umlaute

T.rm · T.rme

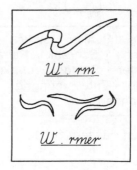

W.rm · W.rmer

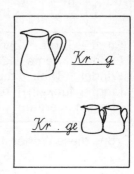

Kr.g · Kr.ge

u oder ü? setze richtig ein!

Aus vorgesprochenen Wörtern u und ü heraushören:
Die Schüler geben jeweils ein verabredetes Zeichen (für ü zwei gestreckte Finger = ü-Striche).

Buch · Bücher · Bühne · Düne · dünn · dumm · fummeln · Gunter · Günter · Hunde · Hülle · füllen · Null · schwül · kühl

Unterscheidung i/ie–ü:
Der Lehrer spricht Wörter vor (Tonband/Kassette). Die Kinder malen beim ü die runde Lippenformung (○), beim i-Laut einen breiten Strich (breitgezogener Mund).

Nr.	Vorgesprochenes Wort	Nr.	ü	i/ie
1.	Rübe	1.	○	
2.	Wiese	2.		—
3.	Dieb	3.		—
4.	Züge	4.	○	
5.	Ziege	5.		—

Unterscheidung ö–ü: Schreibe die Zeilen voll!

Flöte

ö ö ö ö
ö ö ö
öt öt
ör
on

Füller

ü
ü
ül
ür
ün

134

Differenzierung ü–ö:

> W . lfe – H . hle – b . se – sp . ren – . ltank – Fl . te
> sp . len – Sp . lmaschine – Heiz . l – R . hre – r . hren

1. Setze ü oder ö ein und lies dann das Wort vor!
2. Schreibe die Wörter geordnet nach ü und ö in die Tabelle!

ö	ü
Wölfe, Höhle, böse,	*spüren,*

Differenzierung bzw. Anleitung von au–äu:

Achtung, aus au wird äu!

„äu" kann nur aus „au" entstehen!

Arbeite weiter!

(äu)

der L . . fer, die Glocken l . . ten, viele L . . te auf der Straße, aus H . . ten wird Leder, h . . te regnet es, ein Fr . . lein vom Land, die B . . te der Seer . . ber, Str . . ße in den Vasen

(eu)   *Läufer – laut; läuten – laut*

Eine Wortliste der eu- und äu-Wörter muß der Schüler zur Verfügung haben!

135

9.4.8 Visuelle und akustische Unterscheidung häufig vorkommender Morpheme

Morpheme

Die „Einprogrammierung" der in unserer Sprache häufig wiederkehrenden Morpheme (bzw. Grapheme) erleichtert dem Schüler den Lese- und Schreibprozeß. Hat nämlich der Schüler diese kleinsten, Bedeutung tragenden Teile unserer Sprache bis zur spontanen Abrufbarkeit automatisiert, dann braucht er nicht mehr Einzellaute bzw. -buchstaben zu synthetisieren oder zu analysieren, sondern das Morphem (Graphem) wird als Einheit erkannt und benutzt.

In unserer Sprache häufig wiederkommende Morpheme:

- *er* : Bäcker, schlauer, Kater, einer, geschickter
- *el* : Buckel, Segel, Elke
- *en* : backen, Fichten, einen, geschriebenen, denen
- *es* : des, eines, gefrorenes, Tisches
- *et* : etwas, wendet, gesendet, etwas
- *be, be* : bekannt, beben, Besen, lebe
- *ge, ge* : gegeben, gegen, Gewitter, eingepackt
- *le, le* : lesen, gelebt, Schnalle
- *ne* : Kanne, segne, eine
- *re* : verliere, spüre, Gerühre
- *se* : Pause, sause, Gehäuse
- *te* : konnte, irrte, der Gescheite
- *est* : du konntest, Nest, am breitesten
- *ern* : auf Brettern, wimmern, dauern

·er

Visuelles Erfassen des -er:
Die Schüler werden mit dem Morphem/Graphem bekanntgemacht. Die Beispiele werden gelesen. Die Schüler differenzieren das -er.

Soviel -er findest du in jeder Zeile	Beispiel
-er -er -er	ein schlauer, geschickter Schüler
-er -er -er	ein grüner, neuer Roller
-er -er -er -er	ein schlauer Kater auf der Lauer
-er -er -er	ein flotter Reiter kommt weiter.

Kreise alle -er rot ein!

·er

Anwendung des Morphems/Graphems -er in Lückenwörtern – syntaktische Bindung:

Ein flott*er* Reit*er* kommt weit*er* als ein langsam   .
Imm   wied   stieg er auf die morsche Leit   .
Ein Schmal   und ein Dick   malten Bild   wie Kunstmal

- Lies die Sätze so, wie sie hier stehen, ohne die Lücken zu füllen!
- Setze in die markierten Lücken jeweils das -er ein!
- Lies dann die vollständigen Sätze laut und achte auf das -er!

Akustische Diskrimination des -er:

a) Wörter werden vorgesprochen. Die Schüler hören auf den Wortklang. Hören sie ein -er, so geben sie ein verabredetes Zeichen (Karte mit auf Vor- und Rückseite vermerktem „-er" heben).

	fahren	Leiter	Miete	Regen
	Fahrer	sonnig	Mieter	Neger
	Jäger	Turner	Wunden	Stotterer
	Nagel	Freundschaft	weiter	reitet

b) Ein Satz wird vorgesprochen. Die Schüler hören und sollen schließlich angeben, wie oft das -er im Satz vorkam:

Ein beweglicher Läufer kommt schneller ins Ziel als ein steifer, unbeweglicher.

Syntaktische Bindung des -er:

a)

Verbinde mit Strichen, was zusammengehört!

b)

(ein -er / -er Kat / schlau)

(Es gab imm -er Sieg -er wenig -er)

Verbinde und schreibe! *ein schneller Retter*

9.4.9 Akustisches und visuelles Ausgliedern von Signalgruppen

Für die Signalgruppen gilt Gleiches wie für die im vorausgehenden Abschnitt genannten Morpheme. Übungen mit ihnen verhelfen dem Schüler zur simultanen Auffassung und Darstellung von Wortbildern.

Akustisches Training: Beispiel -ing

Wörter werden vorgesprochen. Entdecken die Schüler beim Zuhören die Signalgruppe, geben sie ein verabredetes Zeichen (Kärtchen mit „-ing", beidseitig beschriftet, heben).

Ring · Ding · dünn · schlimm · Finger · er fing · Gewinn · singen · blinken · verdünnen · bring · bringen · Klingel

Visuell-motorisches Training – Beispiel „-ell":
Suche die Signalgruppe „-ell" und male sie farbig nach!

ell

a) ... in Wörtern:

Welle · Felle · Elle · Geselle · Forelle · Quelle · schnell hell · grell · gesellig

b) ... in Sätzen:

*Schnelle Forellen schwammen durch die Wellen.
Helle Quellen sprudelten aus der Erde.*

9.4.10 Unterscheidung ähnlich aussehender und ähnlich klingender Wortpaare und Lautverbindungen

Es muß darauf hingewiesen werden, daß solche Übungen ausschließlich als akustische bzw. visuelle Differenzierungsübungen durchgeführt werden. Solche Gegenüberstellungen dienen der Entwicklung der Aufmerksamkeits- bzw. Konzentrationsfähigkeit des Schülers. Bei eigentlichen Rechtschreibübungen (Eintrainieren von Wortbildern ...) sollte allerdings das parallele Erlernen ähnlicher Wortbilder tunlichst vermieden werden (Ranschburgsche Hemmung – „Heterogene Stoffe prägen sich leichter und intensiver ein als homogene!").

Akustische Unterscheidung: Wörter werden vorgesprochen. Die Schüler lernen, durch aufmerksames Hören und „Auf-den-Mund-Schauen" gleiche und verschiedene Wörter zu erkennen. Beispiele:

wagen – wachen	Regen – Regen
wagen – wagen	Qualle – Qualle
reden – regen	Qualle – Quelle
Regen – Rechen	Qualle – knalle
Regen – Segen	usw. ...

1. Bei gleichen Wörtern geben die Schüler ein verabredetes Zeichen.

2. Die Aufgabe kann erweitert werden: Die Schüler müssen angeben, welche verschiedenen Laute bei unterschiedlichen Wörtern auftreten:
z. B. wagen – wachen → g und ch . Dabei empfiehlt es sich, einen engen Rahmen zu setzen und mit Buchstabenkärtchen zu arbeiten.

Visuelle Differenzierung: Material: Tafelbild, Arbeitsblatt, Wortkarten an der Hafttafel

Wortpaar	=	≠
reden – regen		≠
laden – lagen		≠
sagen – sagen	=	
Waden – wagen		
Wagen – Waren		
laden – laden		
laden – lagen		
liegen – lügen		

1. Schreibe in die Tabelle ein Gleichheitszeichen, wenn die Wörter gleich sind, schreibe ein ≠ (= nicht gleich), wenn sich die Wörter unterscheiden.

2. Lies die Wörter aus der Tabelle fließend vor! Übe, daß du das Vorlesetempo steigern kannst!

Übe das schnelle Vorlesen dieser Wörter, die sich fortlaufend durch Kleinigkeiten unterscheiden!

> gehen – geben – heben – leben – beben – baten

> seifen – reifen – reiben – bleiben – blieben – blühen

..nn.. oder ...ng...?

Tanne	Zange	Wanne
Schlange	Hang	Kanne
Sonne	Tonne	Zunge

1. Das einzelne Nomen wird gut artikuliert gesprochen. Die Schüler hören, ob „nn" oder „ng" erklingt und zeigen das entsprechende Lautzeichen-Kärtchen.
2. Die drei Nomen einer Bildreihe werden nacheinander gesprochen; die Schüler sollen jeweils das Wort mit „ng" nennen.
3. Arbeitsblatt mit Wörtern (evtl. Bildunterstützung): Die Schüler kennzeichnen das Wort mit „ng" und die beiden Buchstaben speziell.

nn – ng

Unterscheidung von „ng" und „nk":

| Ding · Ring · Fink · winken · er fing · trinken · zwingen · Finger · eindringen · Zwinger · Blinker · wanken klingen · fangen · zanken · Klang · blank · Schrank · hängen · denken |

1. Die Schüler übermalen alle „ng" rot, alle „nk" grün.
2. Die Wörter werden in eine Tabelle eingeordnet.
3. Akustische Differenzierung:
   a) Die Wörter werden vorgesprochen. Die Schüler zeigen mit vereinbarten Zeichen an, ob im jeweils vorgesprochenen Wort „ng" oder „nk" auftritt.
   b) Der Lehrer liest jeweils ein Wortpaar vor. Die Schüler kennzeichnen die zutreffende Lautverbindung in einer Tabelle.

	Wort		ng	nk
1.	winken – trinken	1.		x x
2.	schlank – eng	2.	x	x
3.	Zange – tanke	3.	x	x
4.	Bank – bang	4.		

ng – nk

Visuelle Differenzierung: Finde das (sinnvolle) Wort und schreibe es in die Leerspalte!

beiblen – beilben – beibeln – bleiben	bleiben
beigen – begein – biegen – begien	
fleigen – fieglen – fielgen – fliegen	
fleißen – fließen – fießlen – fleißeln	
bieben – bielen – lielen – lieben	

9.4.11 Aus einem Wort durch Auswechseln eines Buchstabens ein neues Wort bilden

Akustische und visuelle Differenzierung eines Lautes/Buchstabens-
Einsetzen eines anderen Buchstabens
Beispiel r:

r

Da̶m̶m
Ka̶ṯte
Schwamm
Spott
Wanze
Heer
Topf
wenden

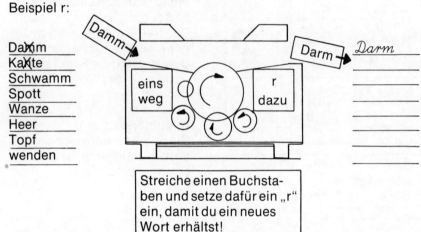

Streiche einen Buchstaben und setze dafür ein „r" ein, damit du ein neues Wort erhältst!

Darm

Auswahlantworten finden
Die Schüler kreuzen die richtige Auswahlantwort an und schreiben den Satz im Eigendiktat nieder:

		fliegt ◯	
	Die Schnecke	dient ◯	Die Schnecke kriecht
		kriecht ⊗	
		verdient ◯	
	Die Biene	fliegt ◯	
		schiebt ◯	
		verdient ◯	
	Das Wiesel	spielt ◯	
		fliegt ◯	

9.4.12 Fehler erkennen

In jedem Satz ist ein Buchstabe falsch geschrieben. Lies! Schreibe die Sätze ab und berichtige dabei den Fehler!
(Die Übung sollte nur mit inhaltlich verstandenen und rechtschriftlich geübten Wörtern durchgeführt werden → Stärkung der Aufmerksamkeitsfähigkeit und Entwicklung der Fähigkeit zur Selbstkontrolle):

① Mein Hund leckt mir die H*a*nd.
② Die Render trinken aus der Rinne.
③ Der Hose hoppelt hinter die Tanne.
④ Sieben Siebenschläfer schliefer auf dem Ast.

① Mein Hund leckt mir die Hand.
② Die ....

9.4.13 Wörterschlangen in Einzelwörter trennen

Abendbaldgesundniemandnördlichordnensobaldwild
blindsandigschädlichdringendmildfeindlich
währendundtausendundfremd

Beispiel:
Wörter mit d

Abend, bald, gesund

d

9.4.14 Homophone: Differenzierung mit Hilfe der Logik

Bei gleichlautenden Wörtern, den Homophonen, muß der Schüler lernen, den Kontext zu berücksichtigen und damit Sinnbedeutung der Homophone und richtige Schreibung zu assoziieren. Grundsätzlich ist während der Lern- und Übungsprozesse Bildunterstützung als Assoziationsverstärkung angebracht und Ranschburgs These zu berücksichtigen, daß sich heterogene Stoffe leichter einprägen als homogene. Aber Schule wird nicht umhin kommen, Differenzierungsübungen durchzuführen.

Beispiel: mehr – Meer

mehr	Limonade	das riesige Meer
____	Tee	das stille ____
____	Kaffee	das tiefe ____
____	Geld	das stürmische ____

Homophone:

Beete im Garten	–	ich bete
die Blüte	–	es blühte
fast (= beinahe)	–	er faßt an
er fällt	–	das Feld
der Flug	–	der Pflug
er fiel hin	–	viel Geld
immer fetter	–	mein Vetter
ganz gut	–	die Gans
er ist schlau	–	er ißt Obst
eine schwere Last	–	laßt es sein
Lehrer lehren	–	ein Glas leeren
viele Leute	–	ich läute die Glocke
Bilder malen	–	Mehl mahlen
das Meer	–	mehr Geld
sie nahmen	–	die Namen
das Rad rollt	–	Rat holen
reisen	–	reißen
zwei Sätze	–	ich setze mich
ihr seid da	–	seit heute
sie laufen	–	sieh hin
spazieren	–	der Spatz
die Stadt	–	es findet statt
die Waagen	–	die Wagen
ich war dort	–	wahr (unwahr)
du weist es zurück	–	du weißt es
wieder	–	wider
die große Zehe	–	der zähe Brei

9.5 Wortbild- und Wortstrukturtraining

Wortbildtraining sichert die Erfassung der Wortstruktur. Im einzelnen geht es dabei um die Erarbeitung verschiedener Teilgestalten:

1. Sicherung der akustischen Gestalt	Klangbild aufnehmen und differenzieren
2. Sicherung der sprechmotorischen Gestalt	Aussprache – gliederndes Mitsprechen beim Schreiben – sprechmotorische Schwierigkeiten überwinden
3. Sicherung der optischen Gestalt	Schriftbild, Wortstruktur, markante Teile mit Stützfunktion
4. Sicherung der graphomotorischen Gestalt	Schreibbewegungsablauf Schreibbewegungsbild
5. Inhaltliche Sicherung	Inhaltsverständnis Bedeutung
6. Eventuelle Sicherung auf der logischen Ebene	grammatischer Bezug, Regelbezug, der die Schreibweise unterstützt
7. Eventuelle Sicherungsmöglichkeiten auf der mnemotechnischen Ebene	Merkverse – „Eselsbrücken"

Da die einzelnen Bereiche ineinanderfließen, ist es natürlich und notwendig, die verschiedenen Übungen zu koordinieren. Der Schüler verlangt – je nach seiner Rechtschreibbegabung, je nach seinen Auffassungsschwerpunkten und je nach der Schwierigkeit des Wortbildes – nach Möglichkeiten, um Wortbilder durchstrukturieren und die Wortgestalt verinnerlichen zu können.

Als Übungen, die das Durchstrukturieren der Wortbilder erleichtern, bieten sich an:

Zusammensetzübungen
Ergänzungsübungen
Suchübungen – akustisch und visuell
Wort-in-Wort-Spiele
Silbenübungen
Morphemübungen
Wortspurübungen
Übungen zum Erkennen bzw. Wiedererkennen der Wortbilder an markanten Teilen
Wesentlich sind Wahrnehmungsübungen im weitesten Sinne

Darüber hinaus kann die rechtschriftliche Sicherung erweitert werden durch Übungen zur systematischen Wortschatzerweiterung:
Übungen zur Ableitung von Formen,
Übungen mit zusammengesetzten Formen, Zusammensetzen neuer Wortbilder,
Übungen mit Flexionsformen,
Übungen mit Wortverwandten („Wortfamilien", Bedeutung des Wortstammes),
Übungen zur Übertragung auf analoge Schreibweisen,
Übungen zur Kräftigung der Transferkraft.

9.5.1 Zu Bildern entsprechende Wortbilder finden und zuordnen; zu Gegenständen Begriffe finden

Bilder von Merkwörtern (z. B. Katalog-Bilder auf Pappe geklebt) an die Tafel heften. Die entsprechenden Namenwörter aus einem Angebot von Wortkästchen dazuordnen (heften).
Gib den Bildern Namen!

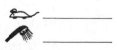

Anschließend: Die Kinder schreiben die Wörter auf ein Arbeitsblatt, bzw. ordnen die Wörter den Bildern zu. Wörter sind vorgegeben. Schreibe zu jedem Bild das richtige Wort!

Brause Maus Haus Pause

Verben

Was man mit diesen Körperteilen tun kann:

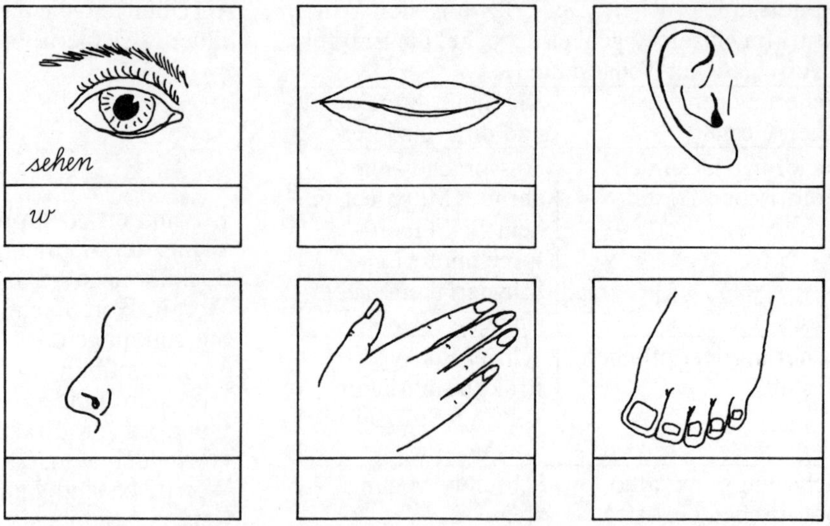

sehen
w

weinen · lachen · hören · riechen · horchen · greifen · laufen · sprechen · gehen · anfassen · niesen · ~~sehen~~ ·

Nomen

Gurke

Gurke
Apfel
Ziege
Hose
Eimer
Sonne
Igel
Lampe

G						

Suche aus dem Wortstreifen (oder Wörterbuch) zu jedem Bild das passende Namenwort! Die Anfangsbuchstaben ergeben ein neues Wort.

- Lies die Wörter neben jedem Bild!
- Kreuze das zum Bild passende Wort an und übermale es!
- Schreibe das richtige Wort unter das Bild!

○ Baum
⊗ **Apfel**
○ Wind

○ Flasche
○ Wasser
○ Glas

○ Saft
○ Flasche
○ Korken

Apfel

 ○Kopf ○Fuß ○Hand

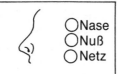 ○Nase ○Nuß ○Netz

 ○Zahn ○Gesicht ○Mund

Nomen

- Setze die Wörter mit den Buchstaben des Lesekastens, der Leseuhr oder drucke sie mit dem Stempelkasten!
- Versuche jedes Wort aus dem Gedächtnis zu schreiben (anschauen – zudecken; schreiben – vergleichen)!

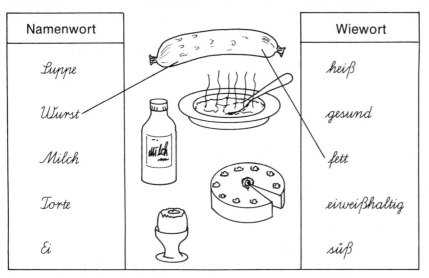

Namenwort	Wiewort
Suppe	heiß
Wurst	gesund
Milch	fett
Torte	eiweißhaltig
Ei	süß

Nomen Adjektiv

- Verbinde jedes Bild mit dem passenden Namen- und Wiewort!
- Schreibe, wie die Nahrungsmittel sind! So: Die Wurst ist fett.

So sind die Waren verpackt

	im Glas	Honig, Marmelade
	in Dosen	
	im Beutel	
	im Netz	
	in der Flasche	
	in der Schachtel	

Nomen

Honig · Milch · Fisch · Pralinen · Suppe · Salz · Zucker · Bohnen · Keks · Essig · Marmelade · Gurken · Kaffee · Apfelsaft · Limonade · Haferflocken · Käse · Fleisch · Wurst · Joghurt · Quark · Rollmops ·

- Ordne die Wörter richtig in die Tabelle ein!
- Schreibe Sätze! So:

Honig, Marmelade und Rollmöpse werden in Gläsern verpackt.

pf

Betrachte das Bild! Sprich darüber!
Gib den numerierten Dingen den richtigen Namen! Schreibe die Namenwörter zu den richtigen Nummern!

① _____
② _____
③ _____
④ _____
⑤ _____
⑥ _____
⑦ _____

Zopf · Topf · Kopftuch · Apfel Zapfsäule · Wipfel · Gipfel · Zipfelmütze

Lerne die pf-Wörter und schreibe sie aus dem Gedächtnis auf!
Übe die Tuwörter (Verben):

hüpfen · zapfen · klopfen rupfen · tupfen

Nomen („Katze")

Das sind Körperteile der Katze:

Kopf, Körper, Bein, Auge Maul, Bart, Schwanz, Pfote, Ohr

Schreibe ihre Namen in das passende Kästchen!
Bilde zusammengesetzte Katzenwörter! So: *Katzenkopf, Katzenkörper, ...*

(Die Übung läßt sich auch in gleicher Weise mit Verben oder Adjektiven durchführen.)

Zusatzaufgabe: Ordne jedem Nomen das passende Verb zu (Tuwort)!
So:

Ohr – lauschen

lauschen · tasten · schleichen · drehen · fressen · springen · wackeln · sehen · ausruhen

Verb („Katze")

Verkehrssicher muß es sein!

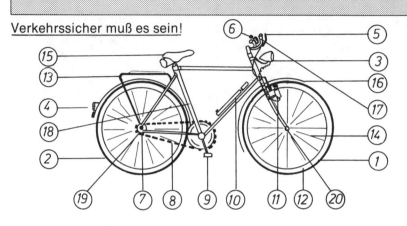

• Ordne die Namenwörter den richtigen Nummern zu!

① Vorderrad	⑪
② Hinterrad	⑫
③	⑬
④	⑭
⑤	⑮
⑥	⑯
⑦	⑰
⑧	⑱
⑨	⑲
⑩	⑳

Zahnrad · ~~Vorderrad~~ · ~~Hinterrad~~ · Reifen · Speiche · Sattel · Pedal · Schutzblech · Lenkstange · Rahmen · Nabe · Gepäckträger · Rückstrahler · Handbremse · Rücktritt · Kette · Schutzblech · Glocke · Beleuchtung · Luftpumpe · Dynamo

• Schreibe auf, welche Teile zu einem verkehrssicheren Fahrrad gehören!
• Schreibe Sätze! Beschreibe, wozu die verkehrssicheren Teile dienen!

Nomen: (Fahrrad)

147

9.5.2 Wörter ihren Oberbegriffen zuordnen

Nomen: (Obst) (Gemüse)

Äpfel, Ananas, Bohnen, Birnen, Blumenkohl, Aprikosen, Apfelsinen, Weißkohl, Rotkohl, Blumenkohl, Erbsen, Möhren, Lauch, Pflaumen, Sellerie, Trauben, Erdbeeren, Spargel, Kirschen, Wirsing, Zwiebeln, Petersilie, Heidelbeeren, Himbeeren

• Ordne die Namenwörter in die Tabelle ein!

Obst	Gemüse

Nomen: (Nahrung)

Nahrungsmittel enthalten verschiedene Nährstoffe

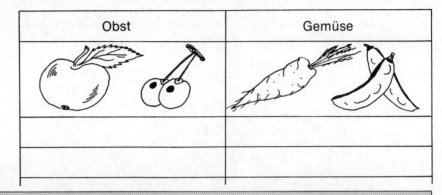

□ Butter ○ Eier △ Brot △ Kartoffeln □○ Milch
□ Margarine □ Schmalz ○ Quark △ Zucker △ Honig
□○ Käse ○ Kalbfleisch △○ Reis ○△ Haferflocken
Hühnerfleisch○ □ Speiseöl □ Speck ○△ Erbsen
□ Nüsse ○△ Bohnen ○ Linsen □ Schweinefleisch
Marmelade△ Fisch○ Brötchen△ Nudeln△

fetthaltig	eiweißhaltig	stärkehaltig/ zuckerhaltig
Butter	Eier	

• Ordne richtig ein!

9.5.3 Zuordnung Wort – Wort

Nomen

Zuordnung Wort – Wort aus einem Wortangebot:

Frau ~~Straße~~
Mann Ampel Kreuzung Schild Rad Bus

Sonne Straße	Maus	Frau	Ampel	Blume	Rad	Schule	Kreuzung

• Ordne Wörter mit gleichen Anfangsbuchstaben einander zu!
• Merke dir jeweils ein Wörterpaar, schreibe es aus dem Gedächtnis auf und vergleiche!

Der Kaufmann ist ein Spaßvogel

Er bietet an:
- süßer Pfeffer
- scharfe Eier
- bitterer Honig
- würziger Grieß
- ranzige Gurken
- saurer Käse
- kühle Nudeln
- langes Bier

kühles
lange
~~scharfer~~
frische
würziger
feiner
saure
süßer

Wie muß es heißen?
scharfer Pfeffer

Adjektiv (Nahrung)

Schreibe zu den Waren die richtigen Wiewörter, damit das Warenangebot stimmt!
Schreibe: Der Pfeffer ist scharf.
Es ist scharfer Pfeffer.

Verkehrte Tierwelt

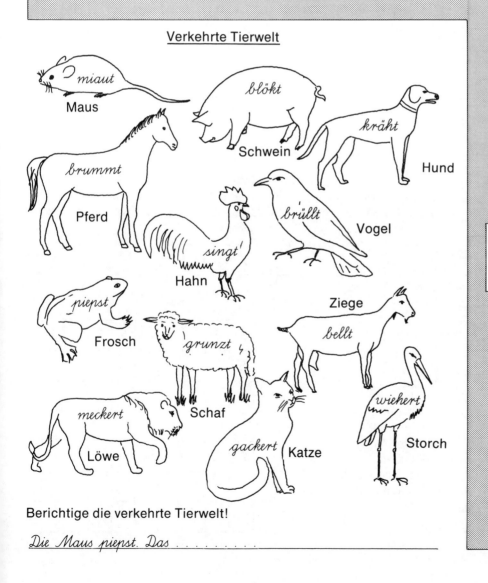

- Maus – miaut
- Pferd – brummt
- Schwein – blökt
- Hund – kräht
- Hahn – singt
- Vogel – brüllt
- Frosch – piepst
- Schaf – grunzt
- Ziege – bellt
- Löwe – meckert
- Katze – gackert
- Storch – wiehert

Verben 3. Person Tiere

Berichtige die verkehrte Tierwelt!
Die Maus piepst. Das . . . .

Verben

Bauhandwerker bei der Arbeit

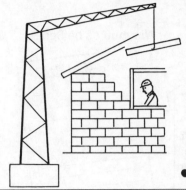

legt Wasserleitung · tapeziert · mauert · setzt Scheiben ein · legt Fußbodenteppich · baut den Dachstuhl · deckt das Dach · stellt das Baugerüst auf · verputzt die Wände · legt die Stromleitung · setzt Türen und Fenster ein · baut die Heizung ein

● Vervollständige die Tabelle!

Verben (Handwerk) Nomen

Handwerker	was er tut
Der Maurer	mauert
Der Dachdecker	deckt das Dach
Der Glaser	
Der Elektriker	
Der Installateur	
Der Verputzer	
Der Bodenleger	
Der Zimmermann	
Der Schreiner	
Der Tapezierer	
Der Gerüstbauer	
Der Heizungstechniker	

(Die Tabelle kann auch die Tätigkeiten geben, so daß die Nomen geübt werden können / Wörterbuch / Wörterliste benutzen!)
● Schreibe Sätze in der Reihenfolge, in der die Handwerker am Bau arbeiten müssen.

(Rätsel) Nomen

1. Metall
2. Land der Juden
3. Großer Fluß
4. Hülsenfrüchte
5. Nähgerät
6. Naher Verwandter
7. Raubvogel
8. Männliches Pferd
9. Begleiter des Herbstes

	1	2	3	4	5	6	7	8	9
	E								
	I								
	S								
	E								
	N								

Lösungswörter			
Hengst Nebel	Israel Eisen	Nadel Adler	Strom Bruder

- Löse das Rätsel! Die Buchstaben der ersten Querreihe nennen ein beliebtes Spielzeug

9.5.4 Aus einem gegebenen Wortschatz Wörter nach ihrer Gestalt wiedererkennen

- Zeichne zu jedem Wort ein Strichbild!

  Vater   Haus   Jäger   Bad

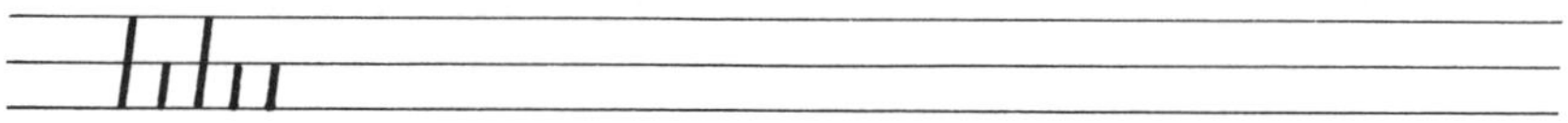

Nomen

- Kannst du an den Strichbildern die Wörter wiedererkennen?

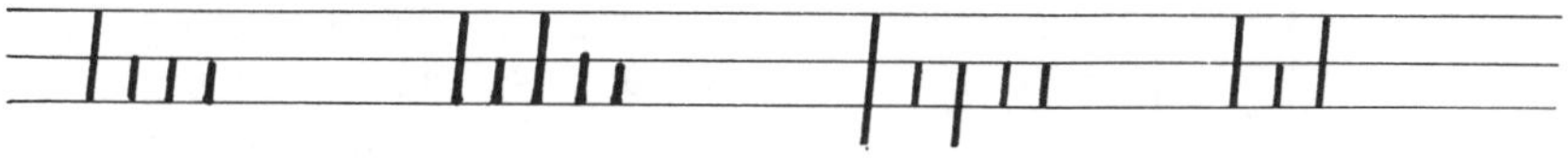

  Haus   ?   ?   ?

- Erkennst du die Wörter an ihrer Gestalt wieder?

  Wortschatz: Regen, Sturm, Wind, Hagel, Orkan, Schnee, Wolke, Himmel

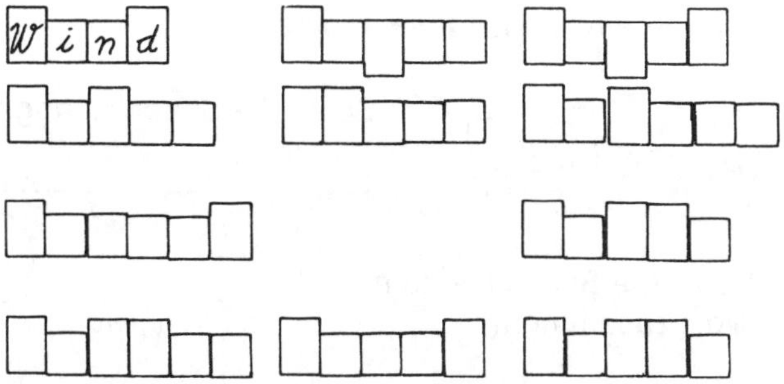

Nomen (Wetter)

a) Zeichne um die Wörter einen Buchstabenzaun!

  Vater   Bild   Haus   Himmel
  Fenster   Tür   Dach   Zaun

b) Erkennst du an den Buchstabenzäunen die Wörter wieder?

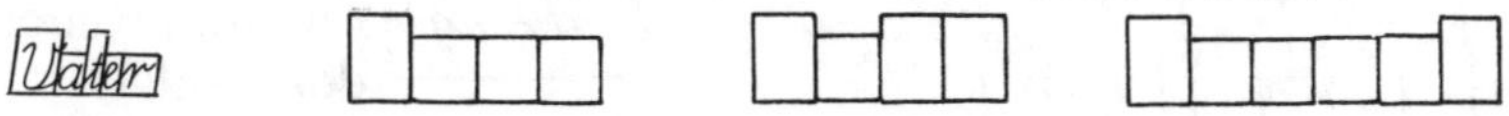

  Vater

Nomen

c) Skizziere selbst Buchstabenzäune zu den Wörtern eines Sachtextes/Rechtschreibthemas und lege sie Partnern zum Ausfüllen vor!
d) Zeichne ein Kreuzworträtsel zu den Wörtern!

Rätsel

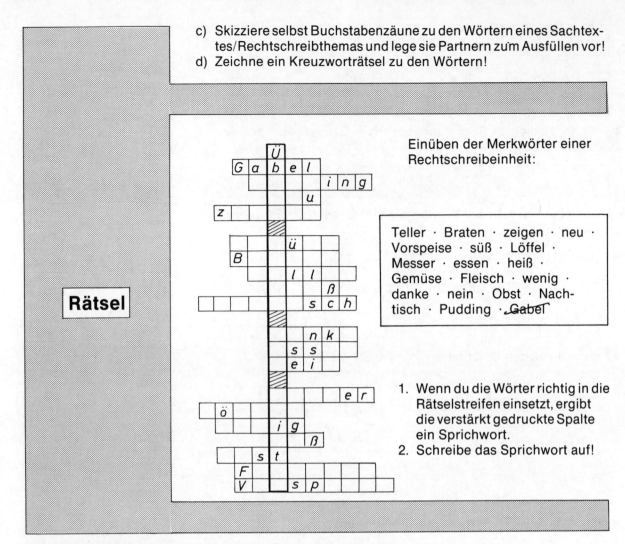

Einüben der Merkwörter einer Rechtschreibeinheit:

Teller · Braten · zeigen · neu · Vorspeise · süß · Löffel · Messer · essen · heiß · Gemüse · Fleisch · wenig · danke · nein · Obst · Nachtisch · Pudding · ~~Gabel~~

1. Wenn du die Wörter richtig in die Rätselstreifen einsetzt, ergibt die verstärkt gedruckte Spalte ein Sprichwort.
2. Schreibe das Sprichwort auf!

9.5.5 Möglichkeiten der Einübung eines einzelnen Wortes

Frühling

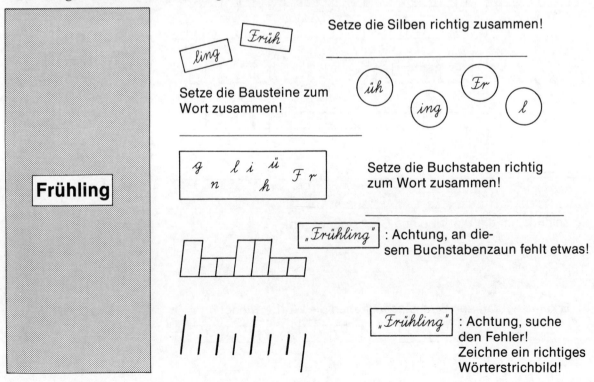

Setze die Silben richtig zusammen!

Setze die Bausteine zum Wort zusammen!

Setze die Buchstaben richtig zum Wort zusammen!

„Frühling": Achtung, an diesem Buchstabenzaun fehlt etwas!

„Frühling": Achtung, suche den Fehler! Zeichne ein richtiges Wörterstrichbild!

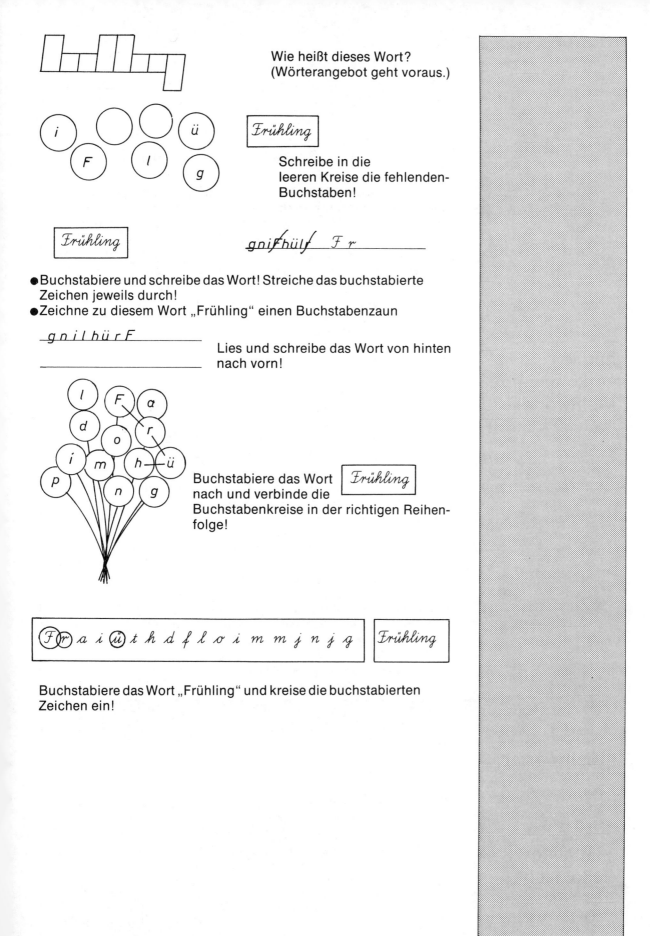

9.5.6 Training von Häufigkeitswörtern

Die sichere Beherrschung der Häufigkeitswörter unserer Sprache erleichtert dem Schüler wesentlich den Lese- und Rechtschreibprozeß. Permanentes Training wie auch gezielte Wiederholung sind deshalb erforderlich, bis Geläufigkeit erreicht wurde.

häufig vorkommende Kleinwörter

260 häufig wiederkehrende Kleinwörter

ab aber alle allein als am an anders auch auf aus außen
bald bei beim beide besser bin bis bist bitte breit bunt
da dabei daher damit danach danke dann darauf darum das
daß davon davor dazu dein dem den denn der des deshalb
dich dick die diese dieser doch dort drei durch du
ein eine einem einen eines er erst es etwas euer
falsch fast fertig fest fern fort frei frisch froh früh fünf
gab ganz gar „gar nicht" geben gefährlich gegen gehen geht
gelb genau gern gestern gib ging gleich groß gut
haben halb hart hast hat hatte heiß her herab heran herauf
heraus herein heute hier hoch höher hin hinauf hinaus
hinten hinter
ich ihm ihn ihr im immer in innen ist
ja jeder jemand jetzt
kalt kam kann kannst kaputt kein kennen klar kommen
kommt konnte krank kurz
lang laß laut leicht leer leise lieb links los
machen macht mal man manchmal mehr mein mich mir mit
Mitte morgen muß müssen
nach nachts nah näher naß nein nie niemals neu nicht nichts
nie niemals niemand noch nun nur
ob oben oder offen ohne
quer
ran raus recht rechts rein richtig rückwärts rund
sagen sagt sauber schief schlecht schön schon sehr seid
sein seit selbst sich sieben sind solch soll süß
tausend teilen tragen trocken trotzdem tun
über übrig um und uns unser unten unter
viel voll vom von vor voran voraus vorbei vorher
wahr war was wegen welch wem wen wenig wer werden
wieder will wir wird wo wohl wurde
zehn zu zum zuletzt zur zwanzig zwei

Kleinwörter

tachisto-skopisches Lesen

Kleinwörter tachistoskopisch lesen

Overheadfolie, auf der Kleinwörter geschrieben sind, wird abgedeckt mit einem undurchsichtigen Deckblatt, welches ein Sichtfenster hat. Das Sichtfenster wird über die Wörter geschoben. So werden diese sichtbar und können gelesen werden. Kurz sichtbar machen! Temposteigerung!

In den Wörtern dieses Wörtersackes sind die folgenden Kleinwörter versteckt. Suche sie und kreise sie ein!

wir · die · die · der · ein · eine · ist · ich · auf · aus · in · er · es · und · her · vor · ab · an · nur · viel · leicht · hin hinüber · her · vor

Kleinwörter

Lesen von Kleinwörtern auf Wortkarten

Kleinwörter auf Wortkarten zu sammeln ist eine lohnende Mühe, weil diese häufig vorkommenden Wörter so immer verfügbar sind für Lese- und Schreibübungen.

Kleinwörter werden auf großformatige Wortkarten geschrieben (Kartei):
- Hochhalten – lesen
- Nur kurz hochhalten – lesen
- Temposteigerung

Oftmaliges Schreiben von Kleinwörtern nach Diktat:

- Partnerdiktat: Diktiere deinem Partner 10 Kleinwörter!
- Selbstdiktat: Schreibe fünf Kleinwörter auf, die als ersten Buchstaben ein „a" haben!
  (an, ab, am, auf, aus ...)
  - Schreibe Kleinwörtr auf, die am Anfang ein „v" haben!
  (vom, von, vor, vorn, vorüber)

9.5.7 Arbeit mit Reimwörtern

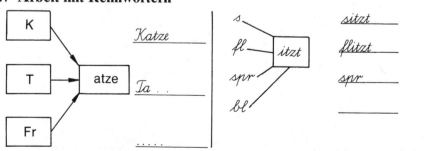

Verbinde den Anlaut mit dem Wortrest!

atz

itz

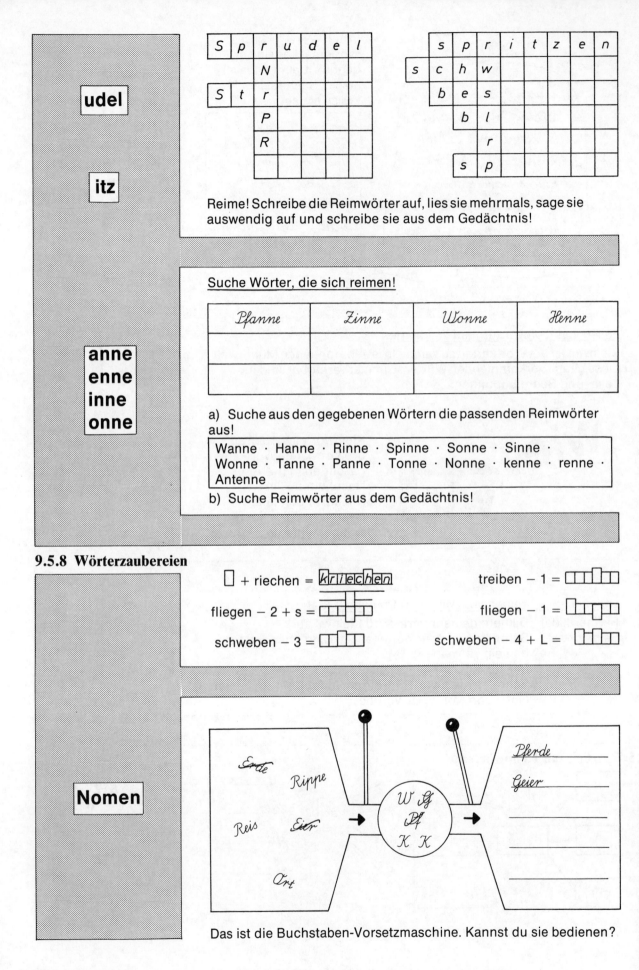

M~~o~~nd	)	Mond	Zunge	🔧
H~~a~~se	🐰	Hase	Hund	🐾
Tonne	🌲		Burg	⛰
Schule	🥣		Rabe	🥕
B(ie)ne	🦵		Stahl	🪑
Tor	🚪		Wild	🌳

Nomen

Tausche einen Selbstlaut aus, und du zauberst ein neues Wort!

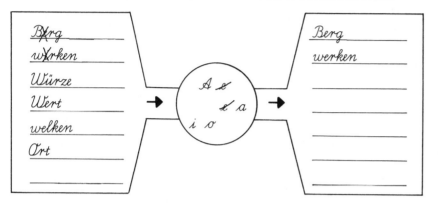

Vokal

Das ist die Selbstlaut-Wechsel-Maschine. Bediene sie!

Weitere Möglichkeiten für die Selbstlaut-Wechsel-Maschine:

Dackel–Deckel, fest–fast, Fabel–Fibel, Sippe–Suppe, Satz–Sitz, Spatz–Spitz, Tür–Tor, wanken–winken, senken–sinken, waschen–wischen, Zange–Zunge, Wild–Wald, Kutte–Kette, hockt–hackt, Hecke–Hacke, duckt–deckt, Beine–Biene, Rübe–Rabe, rasten–rosten, Wind–Wand, schelten–schalten, Rost–Rast

Wort minus Buchstabe = neues Wort

kriechen – k = riechen	striegeln – st =
siedeln – l =	fliegen – ☐ =
schließen – ß =	siegeln – ☐ =
wiegeln – ☐ =	nieseln – ☐ =

Verben

Andere Beispiele, bei denen durch Streichung eines Buchstaben ein neues Wort entsteht:

braten · frostig · gerben · lose · mahlen · schmal · schnicken · stehlen · steigern · schneiden · wachsen · wenn · denn · brauchen · waschen · riechen · vertreiben

ie

Zusammengesetzte Nomen aa

Zusammengesetzte Nomen bilden

Empfang—(s)—Saal—warten, turnen, Klasse, Speise, Fest, (s)Ausstellung, Tanz

Wartesaal
Tanzsaal
Festsaal

Laß den „Saal" von Wort zu Wort weiterwandern!

Silben (Monate)

Verzauberte Silben: Zaubere sie an den richtigen Platz!

~~F~~evember ~~J~~april A~~p~~zember N~~o~~gust Se~~p~~li ~~O~~k~~h~~ni Ju~~f~~ember
A~~u~~tober De~~b~~ruar Ju~~n~~~~x~~ar

Januar,

Zusammengesetzte Nomen ee

Zaubere immer die Rückseite hervor!

Brom, Johannis, Stachel, Preisel, Holunder, Erd, Wein, Heidel, Him — Beeren! Beeren! Beeren!

Himbeeren, Brombeeren

Zusammengesetzte Nomen

Zaubere, indem du den ersten Teil des Wortes ersetzt!

Tankstelle	*Haltestelle*	*Wartesaal*		*Gehsteig*	
Parkuhr		*Eisenbahn*		*Haltesignal*	
Schnellzug		*Güterwagen*			

Bahnhofs · Speise · Güter · ~~Halte~~ · Straßen · Bahn · Personen · Abfahrts

Andere geeignete Beispiele:

*Fahrradständer (Blumen-), Flugplatz (Bahnhofs-),
Ölheizung (Kohlen-), Fabrikqualm (Lokomotiven-),
Turnstab (Magnet-), Eintrittskarte (Fahr-),*

Zaubere immer neue Vorsilben aus dem Hut!

ansetzen, absetzen _____

_____

_____

Zusammengesetzte Verben

Zaubere neue Wörter! Die Zauberregel lautet: Immer nur ein Buchstabe darf verändert werden!

sausen:	saugen – sagen – wagen – tagen – tragen – fragen
Reben:	Raben – laben – leben – weben – eben – oben – toben
Tritte:	R — M — B — b....r – Bu...... – F....
toben:	
saugen:	
gratulieren:	
beben:	

9.5.9 Wortbildung durch Zusammensetzen

Bilde zusammengesetzte Nomen!

Lampenschirm _____ _____

_____ _____ _____

| Lampe | Fahrrad | Haus | Hose | Sonne | Tasche |
| Brille | Knopf | Schlüssel | Klingel | Schirm | Messer |

Zusammengesetzte Nomen

Mehrere Dinge mit dem gleichen Grundwort: Setze zusammen!

Rücken   *Flügel*   *Kopf*

Messerrücken _____ _____
Nasenrücken _____ _____
Buch........ _____ _____

Zusammengesetzte Nomen

Zusammengesetzte Nomen

Feder- / Wasser- / Hand- / Fuß- / Tennis- / Faust- / Gummi- / Leder- — -ball- / -ball — -spiel / -tor / -spieler / -platz / -netz / -regel / -preis / -pumpe

Federball   Federballspiel

Mal wachsen zwei, mal können sich auch drei Wörter zusammensetzen!

Zusammengesetzte Nomen

Suche richtig aus und setze zusammen! Aus drei Wörtern entsteht immer ein zusammengesetztes Namenwort.

1. Schnee / Geburt / Fahrzeug / Eisen / Feuer / Baum / Stadt / Bahn / Eisen

2. Christ / Schaffner / Wehr / Ball / Tag / Kissen / Bahn / Bügel / Bau

3. Schnur / Luft / Kugel / Straßen / Meister / Brücke / Schlacht / Feier / Geräte

Schneeballschlacht,

Zusammengesetzte Nomen

Fluß Rad Hand Schlüssel Arm Zahn Besen Bein
Bart Uhr Band Arm Turm Fuß Tisch Ball

Zwei Bilder ergeben immer ein zusammengesetztes Namenwort!

1 Flußarm   2 Tischbein   3 _____   4 _____

5 _____   6 _____   7 _____   8 _____

160

Wörterketten
Schließe die Kettenglieder zusammen!

Puppen — Stube   die Puppenstube

Garten — Tor   das _____

Blumen — Kasten   _____

Küche — Herd   _____

Treppe — Geländer _____

Zusammengesetzte Nomen

Welches Wort bestimmt jeweils das Geschlechtswort?

Bücher, Segel, Pudel, Brand, Angst, Korb, Geburtstag, Regen, Märchen, Spitze, Guß, Paket, Weihnachten, Eisenbahn

Setze jeweils ein Wort und ein Bild zu einem zusammengesetzten Nomen zusammen! Benutze das Wörterbuch!
Beispiel: ① Bücherschrank; ② Segelschiff; ③ ....

Zusammengesetzte Nomen

aus, auf, ein, über, unter, her-

aus, auf, ein, über, unter, hin-

1. Lies die Wörter und setze sie zusammen!
2. Schreibe sie auf!

herüber, her   hinüber

_____   _____

Zerlege die Wörter wieder! her – über, her –

Zusammengesetzte Präpositionen

Adjektiv mit typischen Endsilben

Setze Wortstamm und Endung zu Wiewörtern zusammen!

	– sam	– bar	– haft	– lich	– ig	– los
wunder		O				
riesen			O			
gefähr				O		
freud						O
lieb						
leb						
schreck						
furcht						
grau						
höf						
freund						

Markiere in der Tabelle, wie du Wiewörter (Adjektive) zusammensetzen kannst!
Schreibe die Adjektive auf!

wunderbar, riesenhaft, gefährlich, freudlos,

Zusammengesetzte Verben

Setze Vorsilbe und Verb (Tuwort) zusammen!

Vorsilbe	Tuwort	Zusammengesetztes Verb
an	arbeiten	_überarbeiten, davonrasen,_
aus	blicken	_angeben_
bei	drängeln	
~~davon~~	fahren	
her	fallen	
hin	geben	
nach	gehen	
~~über~~ +	holen	
unter	jagen	
ver	kommen	
vor	legen	Achtung! Bei manchen Personenformen
voraus	schauen	trennen sich Verb und Vorsilbe wieder!
hinterher	sausen	
hinüber	~~rasen~~	_davonrasen, es rast davon_
hinunter		

162

Ordne die gegebenen Wörter nach Lautverbindungen!

Walze · Wanze · Wurzel · Warze · Holz · Kanzel · Harz · Schwanz · Kranz · Gewürz · Bolzen · Salz · Sturz · Würze · Kürze

	die Wanze	die Walze

... nz
... lz
... rz

Lies die Schreibweise der Wörter aus der Tabelle ab! Fülle die Lücken!

x	chs	cks	ks	gs
Hexe	das Gewächs	Klecks	Keks	flugs
Nixe	das Wachs	Knicks	links	längs
Axt	die Achse	Knacks	Koks	
Boxer	die Achsel			
Mixer	die Deichsel			

die Achsel, die Achse, die Axt, die Dei...el, der Bo..er, flu..., das Gewä..., die He..e, der Ke.., der Kle..., der Kna..., der Kni..., lin.., der Mi..er, die Ni..e, län..., das Wa...

x-Laute

Achtung, zwei Mitlaute folgen aufeinander!

forsten, fordern, führen — auf — fallen, fädeln, frischen

bringen, bröckeln, biegen, brechen — ab — bauen, blasen, blättern, blitzen

1. Setze die Verben mit der Vorsilbe zusammen! _aufforsten, auf._
2. Bilde aus den Verben Nomen! _auffordern – die Aufforderung_
3. Trenne! _auf – for – dern_

zwei gleiche Mitlaute aufeinander

9.5.10 Wörter an markanten Wortteilen erkennen

Wörterrätsel:
Die Wörter sind bekannt oder werden als Vorlage gegeben. Die Übungen dienen der Reflexion und der Festigung.

... on ... = Montag   ... am ... = _____
... itt ... = _____   ... onne ... = _____
... rei ... = _____   ... onnt ... = _____
... ien ... = _____

Wörter-Vorlage: Montag · Dienstag · Mittwoch · Donnerstag · Freitag · Samstag · Sonntag

ng

Erkennst du die Wörter an ihren Geheimzeichen wieder?

1. anhängen
2. einfangen
3. verlangen
4. anfangen
5. Bohnenstangen
6. Zangen
7. verlängern
8. bringen

Detektiv Scharfblick

Schreibe in die Detektivmütze die richtige Wortnummer!

-ieren

Wörter an ihren Teilen wiedererkennen

radieren · frieren · marschieren · gratulieren · blamieren · schmieren

frieren

Setze die Wortteile zum Wort zusammen!

164

Auf „versteckte" Mitlaute achten!

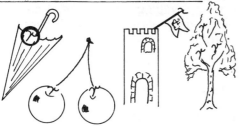

1. Kreise die sieben versteckten r rot ein!
2. Schreibe die Namen der Dinge auf!

| Schi... | Ki... | Tu... | Bi... |

das versteckte r

3. Wenn du die folgenden Wörter sprichst, mußt du dir Mühe geben, um das „versteckte" r deutlich hören zu lassen!

Schornstein [ ][ ][r][ ][ ][ ]   Gurke [ ][r][ ][ ]
marschieren [ ][ ][ ][ ][ ][ ][ ]   Turm [ ][ ]
Wurm [ ][ ][ ]   Schirm [ ][ ][ ][ ]   fern [ ][ ][ ]
Kern [ ][ ][ ]   Lärm [ ][ ][ ][ ]   fertig [ ][ ][ ][ ][ ]
lernen [ ][ ][ ][ ][ ]   gern [ ][ ][ ]   Farn [ ][ ][ ][ ]

Schreibe in jedem Wortstreifen das versteckt klingende r in das richtige Buchstabenkästchen!

4. Welches Wort ist das?
Versuche die Wörter aus Aufgabe 3 wiederzuerkennen!

$r_3 K_1$	Kern	$r_3 n_4 n_6$	
$r_3 g_1$	gern	$r_3 k_4$	
r_5	Schirm	$r_3 f_1 g_6$	
$r_3 ä_2$		$r_3 r_9$	
$r_3 n_4 n_6$		$r_3 m_4$	
$r_3 t_4$		$r_3 u_2$	
$r_3 F_1$		$r_3 f_1$	

9.5.11 Wörter mit Mitlauthäufungen üben

die Wurzel, die Kurbel, die Schindel, der Purzel, der Schwindel, das Bündel, die Klingel, der Pinsel, die Rassel

Mitlaut häufungen

Schreibe diese Wörter mit -el auf! Übermale das -el farbig!

...eln

Das ist eine |e l n|-Laterne. Hänge an jeden Wagen eine als Schlußlicht an! Schreibe das gefundene Wort jeweils auf die Linie! Übermale das -eln farbig!

wurz**eln**	wurzeln
rass**eln**	rasseln
schwind	
bünd	
kurb	
kritz	
pins	
kling	
kupp	
prass	
purz	

...eln

Suche zu jedem Nomen das passende Verb!

die Wurzel – wurzeln, die Kurbel – kurbeln

Bring diesen Buchstabensalat in Ordnung!

angeln _____

...eln

Tuwörter (Verben) mit *eln* als Endung

~~angeln~~ · ~~bummeln~~ · fummeln · ~~hangeln~~ · fesseln · bündeln · kegeln · kitzeln · kritzeln · kugeln · kurbeln · prasseln · purzeln · pinseln · murmeln · quasseln · rasseln · segeln · wedeln · wackeln · wurzeln · gründeln · winseln

Reime! So: *angeln – hangeln; bummeln –*
Achtung, vier Verben, die du nicht reimen kannst, bleiben übrig!

Doppelmitlaute

Achtung, Doppelmitlaute!

„Setze endlich deine Kappe ab und ni**mm** deine Schulmappe vom Stuhl, Hans! Wir wo**ll**en e**ss**en!" sagte Mutter. Hans half beim Decken des Tisches. Er stellte Teller hin, legte Löffel, Gabeln und Messer dazu und schleppte die Suppenschüssel herbei. Um die Tischplatte zu schützen, legte er einen Pappendeckel unter. Als alle Platz genommen hatten, wünschten sie sich: „Guten Appetit!"

Erkennst du an den folgenden Wortteilen die Wörter wieder?
Suche das Wort und markiere die Erkennungslinie im Text!

nimm	**wollen**	*essen*	....*ellt*....
....*elle*....	....*esser*....	...*öff*....	....*lepp*....
.....*atte*....	...*Appe*....	...*üsse*....	

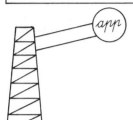

Schreibe alle Wörter mit der Signal-Gruppe *app* heraus!

Kappe, Schulmappe,

Ordne die
Rätselwörter in die passenden Rätselzeilen ein!

welken · stärken · parken · wirken · merken
werken · lenken · sinken · melken · harken

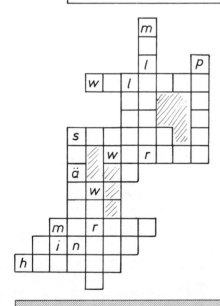

nk
rk
lk

.5.12 Markierung von Wortteilen erleichtert das Erfassen von Wortbildern

Silbenbögen erleichtern die Aufnahme von Wortbildern

Multiplikation   Signallampe

Fensterladen   Straßenbahnwagen

Silben-bögen

Silben

Decke die Silben nacheinander auf! Schreibe!

Mul_____	Fen_____
Multi_____	Fenster_____
Multipli_____	_____
Multiplika_____	_____
Multiplikati_____	_____
Multiplikation_____	_____

Vorsilben Endsilben

Herausstellen von End- und Vorsilben, Wortstämmen und Signalgruppen

Verbesserung   *Verschlimmerung*

Vorstellung   *Aufstellung*

Silben

Prüfe, welcher Wortanfang zum Wortende paßt!

spa –
tre –
wa –
ho –
be –
schä –
frä –
schwö –

...ren	...len	...gen	...ten
sparen			treten

...ieren

Vorgegebene Wörter in Teile zerlegen und wieder zusammensetzen!

marschieren	marsch ier en	marschieren
spazieren	ier spaz en	spazier....
gefrieren	en ge fr ier	
beschmieren	be en schm ier	

9.5.13 Wortbilder nach ihrer Klang- und Formkonstanz identifizieren

Lernziel: Der Schüler soll üben, Wortbilder gründlich anzuschauen, zu durchschauen; er soll lernen, Wortbilder vergleichend zu kontrollieren, vergleichend zu erfassen, Unterschiede oder Gleichheiten festzustellen und schließlich Wortbilder an ihren markanten Teilen zu identifizieren. Sein Wahrnehmungsvermögen soll gestärkt werden durch solche Übungen, die letzten Endes zur Erfassung der Strukturen der Wortbilder führen sollen.

Wiedererkennen von Wortbildern
1. Lies die Wörterstreifen!
2. Male alle Felder, in denen sich das erste Wort wiederholt, gelb aus!

brennen	*bronnen*	*brennen*	*brenen*	*bernen*	*brennen*
knattern	*knottern*	*knettern*	*knattarn*	*knattern*	*knattern*
Batterie	*Batterie*	*Baterei*	*Batterie*	*Battrie*	*Batterie*

3. Schreibe die übermalten Wörter auf!

identifizieren

(nn)
(tt)

Ein Wortbild wird gezeigt (Tafelanschrift, Wortkarte, *Overhead*). Dann werden nacheinander andere Wörter und an beliebiger Stelle unter diesen das zuerst gezeigte Wort ein- oder mehrmals sichtbar gemacht (Wörterfenster/tachistoskopisches Lesen). Wird das Wort sichtbar, müssen die Schüler ein vereinbartes Zeichen geben.

Schlüssel

Schlüssel   Schlossel   Schlessel   Schlessül   Schlüssel
↑   ↑
Zeichen   Zeichen

Die gleiche Übung kann auch als akustische Übung durchgeführt werden.

(Schlü)

Kreuze das wiedererkannte Wort an!
<u>Kran</u>   Kahn   Kram   Kran   Karn
                                                       x
<u>verlieren</u>   vertieren   verfrieren   verlieren   verleiren

identifizieren

Vervollständige das vorgegebene Wort in der richtigen Zeile!
       Hälfte   *verlieren*

```
H ü _ _ _ _           v e r _ e i _ _ _
H _ _ t f             v e r _ _ i e
H _ f t               v e r _ i e
H _ _ f t             v e r _ _ _ i e
```

Kennzeichne alle gleichen Wörter mit =, alle ungleichen mit ≠!
Schreibe hinter den gleichen Wörtern das Wort noch einmal hin!

```
kritzeln  - kitzeln    ≠              Katze    - Kitze      ≠
flitzen   - flitzen    = flitzen      Fratze   - Fratze     =
blitzen   - blitze     ≠              Matratze - Matratze
glitzren  - glitzern   ≠              Matratze - Matrazte
sitzen    - sitzen     = sitzen       Glatze   - Glatze
kitzeln   - kitzeln    = kitzeln      Tatze    - Tratze
```
(Bei akustischen Übungen Zeichen verabreden!)

tz

identifizieren

identifizieren

(Telefon)

Kreuze das richtig geschriebene Wort an und schreibe es einige Male auf, schließlich auch aus dem Gedächtnis!

identifizieren

ck

Lesekarten-Memory

Geeignet für einzuübende Wörter eines Textes oder einer Übungseinheit.
Selbstherstellung: Die Schüler schreiben selbst Wortkarten. Möglichst gleiche Schrift für Wortpaare verwenden!
Spielregel: Jeder Spieler deckt jeweils zwei Karten auf. Die aufgedeckten Wörter werden vorgelesen. Gleiche Wörter werden zur Seite gelegt und zählen als Punkt. Ungleiche Wortbilder werden ebenfalls vorgelesen und wieder an ihre Plätze zurückgelegt.

9.5.14 Übungen mit Wortfamilien

brenn

Der Wörterbaum:

Schreibe Wörter mit dem Wortstamm brenn!

der Brenner
das Brennmaterial
er brennt

Übermale jeweils den Wortstamm rot!

der Brenner

Setze den Wortstamm in die Wörter ein!

bekennen	überrennen	nennen
erkennen	der R|wagen	der N|er
aus|en	los|en	bena|t
ver|en	er|t	du|st
bekannt	du|st	gena|t
Be|te	ge|t	der N|er

Merke: |Der Wortstamm behält seine wichtigsten Merkmale!|

kenn
renn
nenn

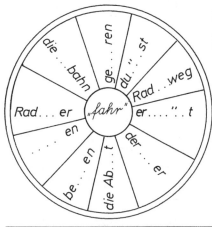

Zehn Wörter mit dem Wortstamm „fahr" stecken in diesem Rad. Schreibe sie auf!

fahren, Radfahrer,
befahren, ge...

fahr

Wortstamm-Memorys

ss–ß messen	ss–ß fressen	ss–ß essen	ss–ß verprassen
ss er rasselt	ss–ß Tasse	ss Kasse	ss–ß pressen
ss–ß der Haß	ss–ß der Riß	ss–ß du läßt	ss–ß Eßteller
ss–ß der Kuß	ss–ß Meßlatte	ss kassieren	ss–ß Täßchen
ss–ß passen	ss–ß hassen	ss–ß fassen	ss–ß lassen
ss–ß küssen	ss–ß müssen	ss–ß vermissen	ss rasseln
ss–ß Risse	ss–ß Freßnapf	ss–ß er preßt	ss er muß
ss–ß es paßt	ss–ß er verpraßt	ss–ß vermißt	ss–ß das Faß

Spielregel: Karten nebeneinander; Schrift nach unten – nicht sichtbar; die Kinder dürfen jeweils zwei Karten aufnehmen, solange diese den gleichen Wortstamm haben. Ungleiche Wortstämme wieder am gleichen Platz ablegen, wenn alle Mitspieler die Karten gesehen haben. Sieger ist, wer die meisten Karten hat.

Wortstamm

ss
ß

Das Memory-Spiel kann auch eine Zusammenstellung haben, durch die der differenziertere Wortschatz eines Textes eingeübt wird:

Wortstamm

(pump)en¹	die (Schleus)e²	der (Kahn)³	der (Ries)e⁴
das (Wasser)⁵	(qualm)en⁶	der (Schlepp)er⁷	sie (steuer)t⁸
(fahr)en⁹	der (Kies)¹⁰	(Steuer)mann⁸	es (spritz)t¹¹
(ries)ig⁴	die (Pump)e¹	ge(lad)en¹²	die (Fahr)t⁹
der (Qualm)⁶	die (Kähn)e³	durchge(schleust)²	er (schlepp)t⁷
die (Lad)ung¹²	(Kies)elsteine¹⁰	ein Ge(wässer)⁵	die (Spritz)e¹¹

Selbstanfertigung durch Schüler:
Den Schülern werden Wortkarten gegeben, auf denen die Wortstämme markiert sind. Dazu schreiben die Kinder die jeweiligen Parallelkarten. Anwendung: Partnerspiel.

Wörter mit gleichem Wortstamm finden und markieren

Wortstamm

Espackteeinmaleinpackereinpäckchenerhatteprimagepacktalser diepackungendlicheingepackthattefielihmeindaßeretwas vergessenhatteihneinzupackennunpackteerdasPäckchenwieder ausundpackteeswiedereinundhattenungenugvompacken.

Schreibe in Schreibschrift. Achte auf die Großschreibung und die Satzzeichen! Übermale schließlich den Wortstamm „pack" jeweils rot!

9.5.15 Training von Wortfeldern

Wortfeld „gehen"

Wortfeld „gehen"

*spazieren eilen laufen springen stolzieren rennen
schleichen springen hinken kriechen flüchten
marschieren steigen hetzen sausen flitzen schlendern
krabbeln bummeln rasen humpeln fliehen schreiten*

Ordne die Verben des Wortfeldes „gehen" in die Tabelle ein!

langsam	*normal*	*schnell*

Wortfeld „sprechen"

sagen	du sagtest	die Erzählung
meinen	du meintest	
erzählen	du erzähltest	
schreien		
flüstern		
plaudern		
schwatzen		
berichten		
befehlen		
fragen		

Wortfeld „sprechen"

9.5.16 Ordnen von Wörtern zu sinnvollen Sätzen

pflückt die vom Pflücker
Der Pfirsiche Baum

Schreibe mit den durcheinandergeratenen Wörtern einen Satz!

Der Pflücker _____

ordnen

(pf)

Stocki
Blumenpflücken verhindern Verbotsschild
Vase pflücken viele Veronika
Vor Villa blühen violett Veilchen

Das ist Stocki, der Stichwort-Computer. Kannst du dir denken, welche Sätze er damit meint? Schreibe sie auf!

Vor der Villa blühen violette Veilchen.
Veronika will viele Veilchen

Stichwörter

ordnen

(ch)

In diesem Text sind Wörter durcheinandergeraten. Ordne!

Wer nicht fühlen will, muß hören
Obgleich abgeraten hatte Gärtner der, richtete Peter es so ein, daß er auf Pfirsichbaum den doch konnte klettern. Der Gärtner vor den Bienen zahlreichen ihn hatte Gespräch in einem gewarnt. Aber stieg Peter unfurchtsam frech und hinauf. Der Pfirsich erste ausgezeichnet schmeckte. Aber hatte er gegriffen den zweiten kaum, da es geschah: Er fürchterlich schmerzenden Stich einen Zeigefinger im spürte.

Wer nicht hören will, muß ....

9.5.17 Schlangensätze in ihre Wörter zerlegen

ff

Pfefferkartoffelstoffelstoffkaffeekunststoffwaffenschiff

Suche, welche sieben Dinge dieses Riesenwörterschiff geladen hat!

1. *Pfeffer*   2. *Kartoffel*   3. _____   4. _____
5. _____   6. _____   7. _____

ll

Die gefräßige Riesenglaswörterschlange
Schau nach und schreibe auf, was alles sie verschlungen hat!

Pulloverfellhüllenporzellantellerfußballfüllerpillenforellen

Pullover, Fell, Hüllen,

Por ......

mm

Auf der Grundlage eines gegebenen Wortschatzes die Wortbilder wiedererkennen:

bekommen · bestimmen · ankommen · versammeln · verschlimmern · wegschwimmen · anstimmen · zusammenfallen

Diese Wörterschlange hat sich gehäutet. Kannst du die Wortfetzen wieder richtig zusammensetzen?

versam melnan menverschlim schwimmen stim menankom menweg mermankom bestim sammen fal len menbekom menzu bestim men

bestimmen, wegschwimmen

174

9.5.18 Fehlende Buchstaben oder Signalgruppen einsetzen

Fehlende Buchstaben nach vorliegenden Wortbildern einsetzen

> Wald · Bild · Schild · Held · Geld · Gold · Feld · bald ·
> wild · Wild · Verkehrsschild · mild

Bei allen Wörtern fehlt ein Buchstabe. Schreibe die Wörter vollständig! Schreibe sie dann ab und unterstreiche jeweils die beiden letzten Buchstaben!

der Wald, das Geld, viel Gold, das Wild, bald,
Verkehrsschi d, mil , das Fe d, der Hel , das Schi d,
das Bil , wi d

der Wald, das Geld, viel . . . .

...ld

Bei allen Wörtern fehlt ein F, f oder W, w.
Vervollständige die Wörter!

den Schmerz ühlen – in der Erde ühlen, in der Luft liegen – auf der Waage iegen, auf der Straße ahren – das Geld aufbe- ahren, die elle der Tiere – die elle im Haar, der Er inder des Autos – im inter ist eihnachten

den Schmerz fühlen – in der Erde wühlen,

F–W
f–w

Der Wörterkaspar will die fehlenden Wortteile einsetzen. Aber er schafft es nicht. Hilf ihm!

Zucker	Bäcker	D e
kl ern	b	en
d en	Kl	er
Fl en	M	e
kn en	l	en
b en	D	el
p en		

ack ack ock ock eck eck ick eck
eck ick uck uck äckück ück ick

ck

9.6 Analogietraining
9.6.1 Die wichtigsten Signalgruppen und signalgruppenähnlichen Buchstabengruppierungen

ach	Dach, flach, wach, brach, Krach, Sache..
ack	backen, hacken, lacken, gackern, Fackel, Dackel, Nakken, packen, Sack, Zacke...
aff	Affe, gaffen, Giraffe, klaffen, kläffen, paffen, raffen, Waffe...
all	Ball, Fall, Galle, hallen, Halle, Qualle, Wall...
amm	Bammel, Damm, Hammel, gammeln, jammern, Kammer, Hammel, Lamm, rammen, sammeln, stammeln...
ann	Hanne, Kanne, Mann, Panne, Pfanne, Tanne, Spanne, Wanne...
anz	ganz, Kranz, Lanze, Panzer, Ranzen, Franz, Wanze, stanzen...
app	Kappe, Krappe, Klappe, Lappen, Mappe, Pappe, Rappe, tappen, zappeln, Pappel...
arm	Arm, Armee, arm, Farm, harmlos, Lärm, Darm, warm...
asch	Asche, Flasche, haschen, Lasche, Masche, naschen, rasch, Tasche, waschen...
ass	fassen, Gasse, hassen, Kasse, lassen, Masse, Klasse, nasse, quasseln, rasseln, Rasse, Tasse, Wasser, verprassen...
atz	Fratze, Glatze, kratzen, Latz, Patzer, Satz, Tatze...
att	Batterie, Blatt, Dattel, Gatter, hatte, Latte, Matte, Natter, Ratte, Sattel, Watte...
auch	Bauch, fauchen, Hauch, Jauche, Lauch, krauchen, Rauch, tauchen...
ech	frech, hecheln, Pech, Rechen, rechnen, Zeche, Blech...
eck	Decke, Hecke, keck, Fleck, kleckern, Klecks, lecken, Wecker, necken, wecken, Zecke, meckern...
ell	Delle, Elle, Fell, hell, Kelle, Pelle, Quelle, Welle, Zelle, schnell, prellen...
enk	denken, Gelenk, lenken, senken, renken...
epp	Depp, schleppen, Treppe...
ess	fressen, essen, pressen, messen, Hessen, Fessel, Sessel, Kessel, Nessel...
ett	Bett, Brett, fett, Kette, nett, retten, wetten, Zettel...
etz	Fetzen, hetzen, Ketzer, petzen, benetzen, verletzen, wetzen...
ick	dick, flicken, Gickelhahn, prickeln, pickeln, wickeln...
iff	pfiff, Riff, Schiff...
ill	Grille, Pille, Wille, Rille, Stille, Million...
imm	Gewimmel, flimmern, erklimmen, Schimmel, schlimm...
ink	blinken, Fink, hinken, Klinke, Klinker, winken, Zinken...
inn	binnen, drinnen, innen, Finne, Rinne, Sinne, Zinne, gewinnen...
ipf	Gipfel, Wipfel, Zipfel...

iss	hissen, Kissen, vermissen, wissen, geschmissen, zerrissen...
itt	Bitte, Flitter, Kitt, Gewitter, Mitte, Quitte, Ritt, Sitte, zittern...
itz	fitzen, flitzen, glitzern, Hitze, Litze, Ritze, Sitz, Schnitzer, Witz, spritzen...
och	kochen, pochen, lochen, gekrochen, gebrochen, gestochen...
ock	Bock, Dock, Gockel, Hocker, Glocke, Locke, Pocken, Socken, trocken, gehockt, stocken...
oll	Boller, Knolle, Wolle, toll, schmollen, Zoll...
opf	Hopfen, Klopf, klopfen, Topf, Tropfen, Zopf...
uch	Buch, Fluch, Geruch, Gesuch, suchen, Tuch...
uck	Buckel, ducken, gucken, rucken, mucken, zucken...
ück	bücken, drücken, Glück, glücken, Kücken, Krücken, Lükken, Mücke...
ung	Berichtigung, Dung, jung, Junge, gedrungen, geschwungen, (aus)gewrungen, Schwung, geschwungen, Zunge...
upf	rupfen, schnupfen, tupfen, zupfen...
upp	Gruppe, Kuppe, Puppe, Schuppe, Schnuppe...
utter	Butter, Futter, Kutter, Mutter...
eiß	Beißen, dreißig, heißen, heiß, Fleiß, Geiß, reißen, schweißen, Schweiß...
schm	schmal, schmeißen, schmieren, schmerzen, schmollen, schmecken...
schr	schräg, Schreck, schreiben, schreien, schrill, Schrift...
schw	Schwabe, Schweiz, Schweden, schweben, schwer, Schwiele, schwören, Schwur, schwül, schwierig...
schl	schlafen, schlagen, Schlamm, schlampern, schlank, schlapp, schlug, schleudern, schlimm...
spr	Sprache, sprechen, gesprochen, Spruch, Spreu, spreizen...
str	stramm, Strauch, Straße, Striegel, Strom, strömen, Strumpf...

9.6.2 Mit Signalgruppen Wörter bilden

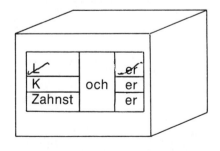

In diesem Päckchen sind drei Gegenstände verpackt. Rate und schreibe ihre Namen auf!

1. Locher

2. _____

3. _____

och

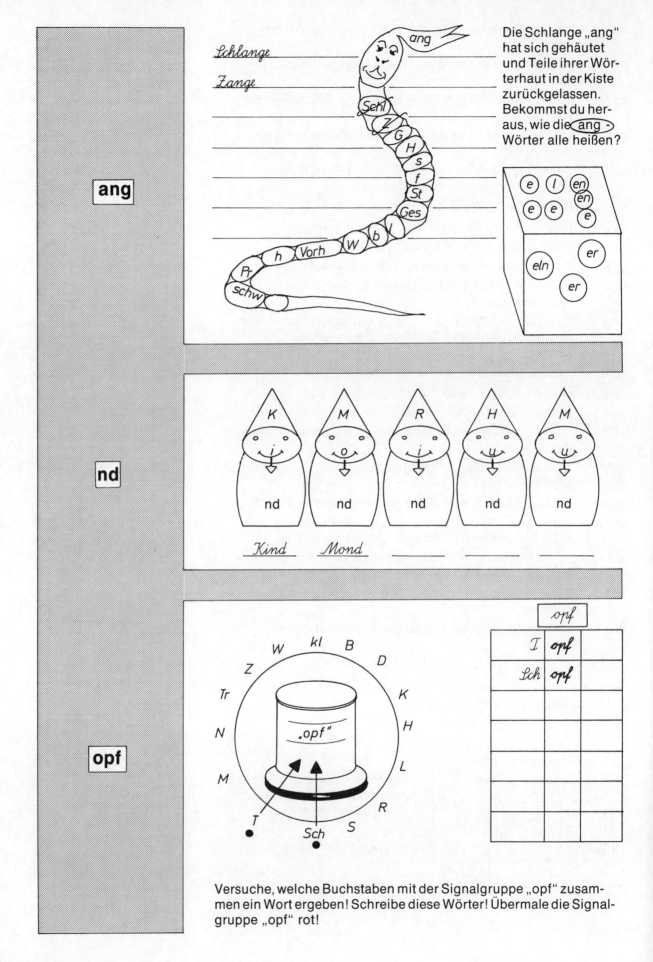

Schnecke, Becken, Decke

eck

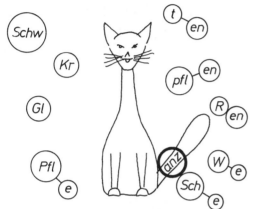

Hier findest du eine Reihe von *anz* -Wörtern, wenn du richtig zusammensetzt:

Schw(anz)

Kr(anz)

Gl

Kreise die anz-Gruppe jeweils ein!

anz

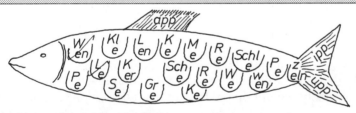

Der Zipp-zupp-zapp-Fisch:
Von seinen Schuppen kannst du viele Wörter ablesen, wenn du jeweils die richtige Flossengruppe dazwischensetzt!

app	ipp	upp
Wappen	Lippe	

app
ipp
upp

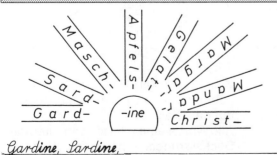

Der ine-Wegweiser sagt dir, was für Wörter du mit der *ine*-Gruppe bilden kannst. Schreibe und lerne sie! Übermale am Schluß die ine-Gruppe farbig!

Gardine, Sardine,

ine

179

ind

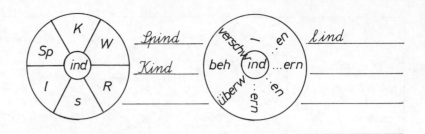

Bilde aus den (ind)-Rädern Wörter! Schreibe sie auf!

itz

s	c	h	w	itz		t
			b	l	itz	t
			f	l	=	t
	e	r	h		=	t
			r		=	t
			s		=	t
	s	p	r		=	t
			k		=	e	l	n
s	c	h	l		=	e	n
			w		=	
			s		=	
			K		=	
			B	l	=	

schwitzt	1.	Blitz
blitzt	2.	blitzt
	3.	
	4.	
	5.	
	6.	
	7.	
	8.	
	9.	
	10.	
	11.	
	12.	
	13.	

1. Setze in der linken Spalte jeweils die Buchstabengruppe *itz* ein!
2. In der Mitte sollst du die Wörter in Schreibschrift schreiben.
3. Schließlich mußt du die Wörter nach dem Alphabet ordnen!

ack
eck
ock
uck

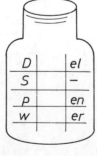
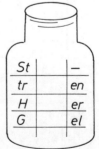
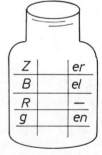

1. Welcher Deckel paßt zu welchem Glas? „Schreibe" den Deckel-Namen oben auf das Glas!
2. Alle Wörter eines Glases enthalten die Deckelgruppe. Schreibe die Wörter!

upf

Schnupfen · Kupfer · Tupfer · ~~Tropfer~~ · tupfen · zupfen ·
geschnupft · verkupfert · getupft · gezupft · gerufen ·
verzupft · hochlupfen · verschnupft · ausgezupft · ausgezurrt

In jeder Reihe hat sich eine unpassende Buchstabengruppe eingeschlichen. Streiche sie und schreibe alle Wörter mit gleicher Buchstabengruppe auf!

Schnupfen, ~~Kupfer~~, ~~Tupfer~~, ~~tupfen~~

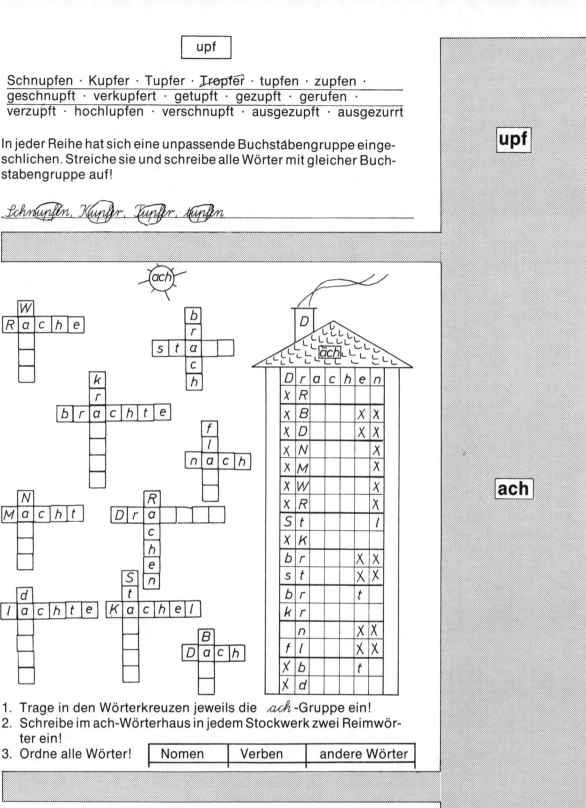

1. Trage in den Wörterkreuzen jeweils die *ach*-Gruppe ein!
2. Schreibe im ach-Wörterhaus in jedem Stockwerk zwei Reimwörter ein!
3. Ordne alle Wörter! | Nomen | Verben | andere Wörter |

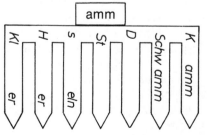

Das ist ein Wörterkamm mit „amm-Zinken".
1. Vervollständige die Wörter in den einzelnen Zinken!
2. Schreibe die Wörter ins Heft und kreise die amm-gruppe jeweils ein!

ann

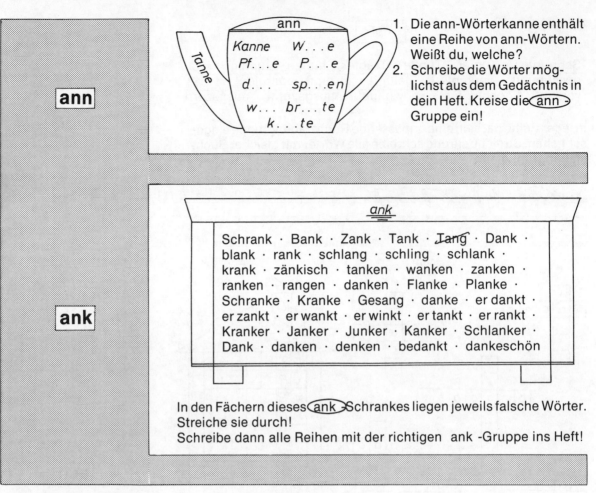

1. Die ann-Wörterkanne enthält eine Reihe von ann-Wörtern. Weißt du, welche?
2. Schreibe die Wörter möglichst aus dem Gedächtnis in dein Heft. Kreise die ann Gruppe ein!

ank

ank

Schrank · Bank · Zank · Tank · ~~Tang~~ · Dank ·
blank · rank · schlang · schling · schlank ·
krank · zänkisch · tanken · wanken · zanken ·
ranken · rangen · danken · Flanke · Planke ·
Schranke · Kranke · Gesang · danke · er dankt ·
er zankt · er wankt · er winkt · er tankt · er rankt ·
Kranker · Janker · Junker · Kanker · Schlanker ·
Dank · danken · denken · bedankt · dankeschön

In den Fächern dieses ank -Schrankes liegen jeweils falsche Wörter. Streiche sie durch!
Schreibe dann alle Reihen mit der richtigen ank -Gruppe ins Heft!

9.6.3 Übungen mit Signalgruppen als Mitlauthäufungen am Wortanfang

spr

str

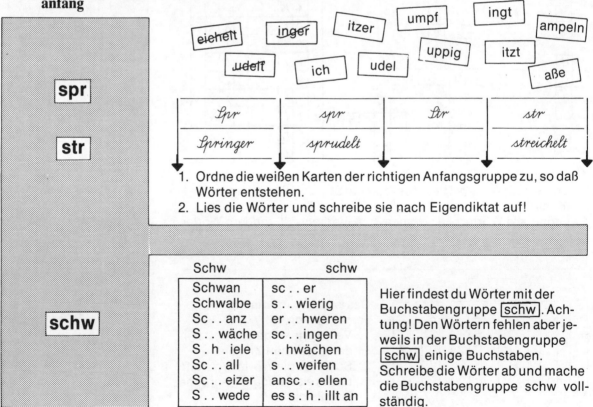

1. Ordne die weißen Karten der richtigen Anfangsgruppe zu, so daß Wörter entstehen.
2. Lies die Wörter und schreibe sie nach Eigendiktat auf!

schw

Schw	schw
Schwan	sc..er
Schwalbe	s..wierig
Sc..anz	er..hweren
S..wäche	sc..ingen
S.h.iele	..hwächen
Sc..all	s..weifen
Sc..eizer	ansc..ellen
S..wede	es s.h.illt an

Hier findest du Wörter mit der Buchstabengruppe schw . Achtung! Den Wörtern fehlen aber jeweils in der Buchstabengruppe schw einige Buchstaben. Schreibe die Wörter ab und mache die Buchstabengruppe schw vollständig.

182

9.6.4 Wörter nach Signalgruppen ordnen

Schlange · Schrank · schmecken · Schlinge · Schlauch · Schreck · Schranke · Schmaus · Geschmack · schmollen · schmausen · Schrei · Schreibschrift · schleichen · schrill · schlapp · schreiben · beschriften · schmieren · Geschwür

Ordne diese Wörter! Übermale die Signalgruppe!

schl	schm	schr
*Schl*ange		*Schr*ank

schl
schm
schw

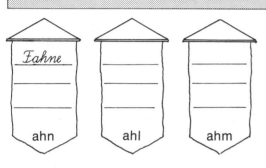

Fahne · Sahne · Zahn · Wahl · Strahl · Rahm · Prahlhans · Hahn · Kahn · Mahl · zahm · Zahl · Bahn · prahlen · nahm

Ordne diese Wörter in die richtige Wörterfahne ein!

ahl
ahm
ahn

Mit Hilfe dieser Sortiermaschine kannst du die Wörter im Trichter sortieren:

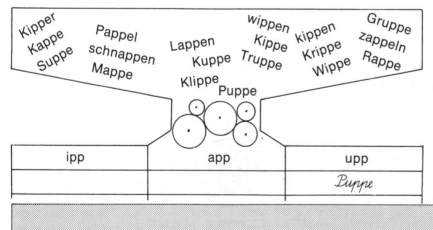

ipp	app	upp
		Puppe

app
ipp
upp

9.6.5 Signalgruppen wiedererkennen

Endlich blinkte das Schild der Dorfschenke vor ihnen. Kein Gedanke war mehr an Wanderrekord. Sie hinkten und wankten der Tür entgegen. Blasen quälten sie. „Diese engen neuen Schuhe!" schimpfte Uli. Vater drückte die Türklinke herunter. Sie merkten gar nicht, wie der Wirt ihnen zuwinkte. Nur Vater schwenkte seinen Hut zur Begrüßung. Ihre Schritte lenkten sie sofort zum Kachelofen. Wärmen, das war der Gedanke eines jeden. Sie sanken auf die Eckbank. „Vier heiße Suppen, Herr Wirt, und etwas Heißes zum Trinken, bitte!" rief Vater.

Suche alle Wörter mit den angegebenen Buchstabengruppen heraus und übermale die Buchstabengruppen!

ank enk ink

ank	enk	ink
	Dorfschenke	blinkte

p□en · S□ · schw□en · schw□en · Bl□ ·
Pl□ · gep□t · schm□ig · s□en · s□en · er ist
ganz verd□t · kr□eln · pl□en · K□e · N□ ·
w□en · bl□en · Sch□ · Sch□ · S□ ·
Schm□ · k□eln · verp□en · h□en · ben□en

1. Hier hast du Wörter mit den Signalgruppen atz, etz, itz und utz. Lies die Wörter mit den richtig eingesetzten Buchstabengruppen und schreibe sie auf!

   putzen, Sitz, schwatzen, schwitzen

2. Ordne die Wörter nach Buchstabengruppen!

atz etz itz utz

atz	etz	itz	utz
schwatzen		Sitz	putzen
		schwitzen	

3. Übermale die Signalgruppen und lies dabei jedes Wort laut!

9.6.6 Zu Signalgruppen Wörter finden

atsch etsch ietsch utsch

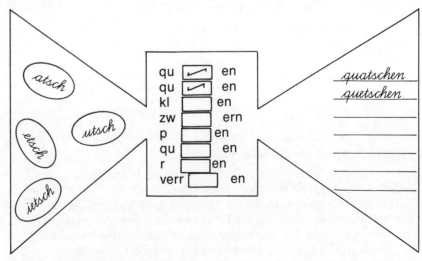

Laß die Signalgruppen richtig durch die „atsch-etsch-utsch-ietsch-Maschine" laufen, dann erhältst du acht Wörter (Verben).

Mache aus den Signalgruppen Wörter! Die Lückenwörter in der Kiste helfen dir.

B	a	l	l
F	a	l	l
W	a	l	l
K	n	a	l	l
		a	l	l
		a	l	l

	a	l	l
	a	l	l
	a	l	l
	a	l	l
	a	l	l

	i	l	l
	i	l	l
	i	l	l
	i	l	l
	i	l	l

	e	l	l
	e	l	l
	e	l	l
	e	l	l
	e	l	l

all
ell
ill

St Pr
W B Kn

F..e H..e
Qu..e
Kr..e G..e

W..e Gr..e
St..e P..e
Pup..e

St..e Z..e
P..e gr...
schn...

1. Setze die fehlenden Buchstaben in die Lückenkästchen ein!
2. Schreibe die Wörter und kreise die Signalgruppen ein!

Ball Fall Wall Knall

Kennst du Wörter mit diesen Signalgruppen? Schreibe sie auf!

● itt   *splittern, zittern, geschnitten, ritten*

● inn   *drinnen*

● üss

itt
inn
üss

9.6.7 Reimwörter: Akustische Gruppierungsübungen

Ein Bild wird vorgegeben. Die Schüler suchen dazu andere Bilder, deren Nomen sich auf den Namen des vorgegebenen Bildes reimen.

Die Bilder werden unter- oder nebeneinander gelegt. Die Nomen werden gesprochen:
Hahn
Kahn
Bahn
Zahn

ahn

Der Lehrer zeigt ein Bild: Die Schüler sagen den Namen des Gegenstandes. Nun nennt oder zeigt der Lehrer die Anfangsbuchstaben anderer Nomen, die Reimbildungen ergeben.

isch / all

Tische	Ball	St
F	F	Sch
W	W	
Z	Kn	

9.6.8 Reimwörter: Visuell-graphomotorische Übungen

Ergänze die Signalgruppen! Schreibe dann die Reimwörter auf!

ess / ell / epp / üpp

üss	Sch...el	R...el	Schl...el
ess	S...el	N...el	K...el
ell	K...er	T...er	schn...er
epp	Tr...e	Schl...e	

Das Bild sagt dir, welche Reimwörter-Gruppe du darunter schreiben sollst!

upp / app / all

Suppe · Wappen · Wall · Kuppe · Kappen · Fall · Puppe · Stall · Knall · Mappen · Lappen · Truppe · Gruppe · Rappen · Pappen

Suppe _____ _____ _____

Die gleiche Übung kann auch ohne Bildvorgaben durchgeführt werden.

ang

Schlange · sprangen · Zange · fangen · klangen · Spange · sie sang · drangen · er sprang · lang · Hang · Fang · bang · Wange · Tang · es klang · Zangen · Wangen

Schlange   sprangen   lang
Zange
Sp

setzen · kratzen · schwatzen · putzen · schützen · petzen · wetzen · platzen · spritzen · stützen · hetzen · nutzen · sitzen · flitzen · ritzen

Ordne die tz-Wörter in die Tabelle ein!

atz	etz	itz	ütz	utz
kratzen	setzen			

atz etz itz ütz utz

T / W	anne

T / Kol	onne

K / G	önner

Tanne
Wanne

Tonne
Kolonne

k / g	önnen

bek / erk	enne

n / ben	ennen

sp / gew	innen

Sp / R	inne

s / br	ummen

Bilde Reimwörterpaare und schreibe sie auf!

ann enn inn onn umm

Reimwörter – Rätsel mit ann-, inn- und onn-Wörtern

	K	a	n	n	e		Gefäß für Getränk
	W						Behälter zum Baden
	T						Nadelbaum
	R	i					Führung für laufendes Wasser
S	P						Tier, das ein Fangnetz baut
	Z						Spalt am oberen Mauerrand einer Burgmauer
	W	o					gutes Gefühl
	T						großer Behälter
	S						Riesiger Wärme- und Lichtspender
K	o	l					Gruppe, die in Ordnung marschiert

ann inn onn

9.6.9 Übungen mit Diminutiv- und Flexionsformen

„Mit -chen und -lein machst du alle Dinge klein."

-chen

-lein

Hütchen, Hütlein | Kistchen, Kistlein
Jäckchen, Jack | Bär,
Hos | Pupp
Mutz | Topf
Strumpf | Krug
Schuh | Haus

-chen

-lein

	ganz kleine Gegenstände	
	-chen	-lein
die Bank	das Bänkchen	das Bänklein
der Tisch	das Tischchen	das Tischlein
das Bett	das B	das B
das Fenster		
der Stuhl		
der Löffel		
das Messer		

Nomen Tierkinder

Bei den Tieren haben die Kleinen manchmal andere Namen. Weißt du Bescheid?

Hund	Welpe
Kuh	
Pferd	
Schwein	

Ferkel Welpe Kalb Fohlen

Schaf	
Ziege	
Wildschwein	
Reh	

Schaf Kitz Frischling Zicklein

Flexions- endungen

Akustische und visuell-graphomotorische Übungen der Flexionsformen
Thema: Beim Spielen

Grundform	zuerst (ich) e	dann (du) st	dann (er) t
spielen	ich spiele	du spielst	er spielt
raten	ich rate	du rätst	er
würfeln	ich	du	
rechnen			
aufschreiben			
gewinnen			

Bei allen Übungen geht es darum, dem Schüler den Zusammenhang zwischen Personalpronomen und Flexionsendung bewußt zu machen.

Transfer-Erkenntnis	Alle ich-Formen haben .....e	Alle du-Formen haben .....st	Alle er/sie/es-Formen haben .....t

Es bieten sich schriftliche und mündliche Ratespiele an:

? spiele	ich spiel ?	Er sagte: „Ich würfel...
? spielst	du spiel ?	jetzt und du rät...
? spielt	sie spielt ?	die Zahl."

Flexionsendungen

Die Flexionsendungen in Lückentexten einsetzen

Familie Fern freu*t* sich auf den Urlaub, Mutter sag*t*: „Ich ruh*e* mich nur aus. Du, Vater, angel☐ so oft du kann☐. Klaus spiel☐ Tennis und Uschi geh☐ in ihren Malkurs. Da mach☐ jeder das, was ihm Freude bereite ☐."

Schreibe den Text ab und setze die Beugungsendungen ein!

Zusammenhang zwischen Flexionsendung und Personalpronomen (Fürwort)

Aus den Flexionsendungen auf das Personalpronomen schließen:

ich geh*e* über die Brücke. ☐ schau*e* übers Geländer. Unten fährt ein Schiff. Ein Matrose steht darauf. ☐ ruf*t* herauf: „☐ spuck*st* hoffentlich nicht herunter!" ☐ ruf*e* zurück: „Mir tut dein Schiffchen leid. ☐ geh*t* ja unter, wenn ☐ spuck*e*!"

9.6.10 Wortstamm-Übungen

Der Erkenntnis, daß sich der Wortstamm in Wörtern einer Wortfamilie erhält und sozusagen übertragen werden kann, unterliegt ein Analogiedenken, welches Transferkraft für andere Wortfamilien beinhaltet.

fahr

Merke: Wörter einer Wortfamilie haben den gleichen Wortstamm

dank
schenk
trink

Ordne die verschiedenen Wortfamilien und prüfe nach, ob bei jeder Wortfamilie der Wortstamm erhalten bleibt!
Unterstreiche oder übermale den Wortstamm dank rot, schenk blau und trink grün!

danken · trinken · schenken · ich schenke · ich trinke · ich danke · er trinkt · sie schenkt · es dankt · du dankst · du trinkst · gedankt · Trinkbecher · getrunken · Schenkung · Geschenk · dankeschön · Dankesbrief · Trinker · Dank · Tränke · Getränk · geschenkt · ihr trinkt

danken		trinken	schenken
		ich trinke	ich schenke

fisch
back

Wortfamilien-Training:

Fisch		Gebäck	
	fisch en		back en
der F	. . er	du bä	. . st
ich	. . . e	ich	. . . e
du	. . . st	er	. . . t
ge	. . . t	der B	. . . ofen
der F	. . .	der B	. . . er
der F	. . teich	das Ge	. . . .

Trage den Wortstamm jeweils rot ein!

9.7 Regeltraining
9.7.1 Groß- und Kleinschreibung
9.7.1.1 Nomen finden und erkennen

Wörter, die Menschen, Tieren, Pflanzen und Dingen Namen geben, heißen Namenwörter (= Nomen). Sie werden groß geschrieben!

Kanne

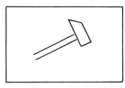  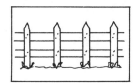

Kanne · Fahrrad · Zaun · Hammer · Blume · Schere

Schreibe zu jedem Ding das passende Namenwort! Kreise den großen Anfangsbuchstaben jeweils ein! Merke: „Namenwörter schreibe ich groß."

Nomen zu Gegenständen finden

Gib jedem Menschen seinen Berufsnamen!

F örster
B äcker
_ ärtner
_ aurer
_ ahrer
_ ellner

F f G g
M m K k
B b F f

Merke: „Namenwörter schreibe ich groß."

Nomen für Menschen finden

 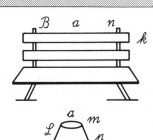 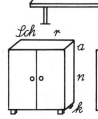

Namenwörter schreibe ich groß

Gib jedem Ding seinen Namen. Kreise den großen Anfangsbuchstaben jeweils ein!

Nomen zu Dingen finden

Nomen zu Tieren finden

Bei diesen Namenwörtern der Tiere sind die Buchstaben durcheinandergeraten. Bringe alles in Ordnung! Denke daran: „Namenwörter schreibe ich groß!"

Nomen zu Pflanzen finden

Gib den Pflanzen Namen! Die Buchstaben auf jedem Bild helfen dir. Es sind aber nur kleine Buchstaben.
Achtung, denke daran: „Namenwörter schreibe ich groß!"

Nomen erkennen M, m

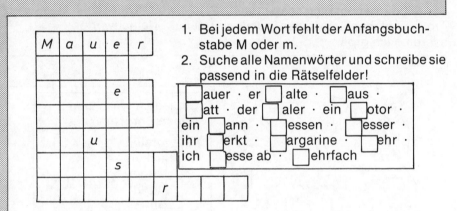

1. Bei jedem Wort fehlt der Anfangsbuchstabe M oder m.
2. Suche alle Namenwörter und schreibe sie passend in die Rätselfelder!

☐auer · er☐alte · ☐aus ·
☐att · der ☐aler · ein ☐otor ·
ein ☐ann · ☐essen · ☐esser ·
ihr ☐erkt · ☐argarine · ☐ehr ·
ich ☐esse ab · ☐ehrfach

Nomen erkennen (Flugplatz)

Hier hat der Fehlergeist Streiche gemacht und einige Anfangsbuchstaben herausgenommen:

es fliegt · Flugzeug · landen · ilot ·
Flugplatz · ubschrauber · rollen ·
Landepiste · starten · luggäste · Halle ·
ankwagen · enzintank · Gepäck ·
offer · ragen

Setze in jede Lücke den richtigen Anfangsbuchstaben ein!
Beachte: „Namenwörter schreibe ich groß!"

192

Nomen erkennen

Kreise in den Sprichwörtern alle Nomen ein!

Suche die Regel, die für Namenwörter gilt!

Namenwörter sind kurze Wörter. Namenwörter sind Namen von Menschen. Namenwörter sind Namen von Tieren. Namenwörter haben immer viele Buchstaben. Namenwörter sind Namen von Pflanzen. Namenwörter haben kurze Beine. Namenwörter werden klein geschrieben. Namenwörter schreibe ich immer groß!

Streiche alle falschen Sätze durch! Schreibe die richtigen Sätze auf! Überschrift: Namenwörter (Nomen). Lerne die Regel!

Regel bewußt machen

Wörterstern N/n: adel, ähen, ebel, iesen, ase, ageln, abel, agel

Wörterstern B/b: ank, irne, au, anane, rot, lume, remsen, leiben, ach, oot

Wörterstern H/h: und, eben, ahn, ase, aus, alten, uhn, ahn

1 Nadel	1	1
2	2	2
3	3	3
4	4	4
5	5	5
	6	6

Suche aus den Wörtersternen alle Namenwörter heraus!

Nomen erkennen

Nomen erkennen

Auch das noch!
Heute geht wohl alles schief? Aus dem füller lief die Tinte aus. Vom Bleistift brach die Spitze ab. Eben stolperte ich und verstauchte den großen zehen am linken fuß. Jetzt schneide ich mich auch noch mit dem taschenmesser in den zeigefinger. Wie wird das wohl heute noch weitergehen. Hoffentlich verliere ich nicht noch meinen Kopf!

In diesem Text hat der Fehlergeist Namenwörter klein geschrieben. Streiche die falschen Anfangsbuchstaben und schreibe den Text richtig mit großgeschriebenen Namenwörtern!

9.7.1.2 Zu Nomen gehören Geschlechtswörter (Artikel)

Nomen den Artikeln zuordnen

Wasser Seife Zahnpasta Waschlappen
Föhn Handbürste Handtuch Hautkrem
Kamm Zahnbürstchen
Finger Zahn Hals

Morgenwäsche

der	die	das
	die Seife	das Wasser

Nomen nach Geschlecht ordnen

Die Schülerin bastelt. Der Drache soll fertig werden. Sie mißt die Leiste. Außen herum spannt sie eine Schnur. Dann klebt sie das Papier fest. Sie malt das linke und das rechte Auge. Sie bindet das rechte Ohr fest. Der Mund wird leuchtend rot gemalt, die Nase zitronengelb. Nachdem sie den Schwanz festgebunden hat, ist die Arbeit getan.

der	die	das
der Drache	die Schülerin	

Suche aus dem Text alle Namenwörter heraus und ordne sie in der Tabelle dem richtigen Geschlechtswort zu!

Suppe, Kartoffel, Vorspeise, Gemüse, Teller, Gabel, Löffel, Messer, Schüssel, Braten, Fleisch, Pudding, Obst

Bestimme für jedes Namenwort das Geschlechtswort!

der	die	das
	die Suppe	
	die Kartoffel	

Nomen den richtigen Artikel zuordnen

Setze bestimmte und unbestimmte Geschlechtswörter vor die Nomen!

Geschlecht	bestimmte	unbestimmte
m	der Finger	ein Finger
w	die Angst	eine Angst
s	das Gefängnis	ein
	Junge	
	Hunger	
	Klingel	
	Längenmaß	
	Rasierklinge	

Artikel

ng

9.7.1.3 Wörter mit der Endung -ung, -heit, -keit oder -nis sind Nomen

-ung

Achtung, Wörter mit der Endung -ung müssen groß geschrieben werden, weil sie Namenwörter sind!

Schreibe alle Namenwörter mit der Endung -ung auf, die du im Wörtersack findest!

die Kühl**ung**
die Verzeih**ung**
die Beweg**ung**

bewegen Kühlung
verengen Verengung
Erklärung berichtigen
Bewegung Erkältung
Haltung erklären erkälten
verbessern Verzeihung halten
Verteidigung verzeihen
Berichtigung Verbesserung

Nomen

-ung

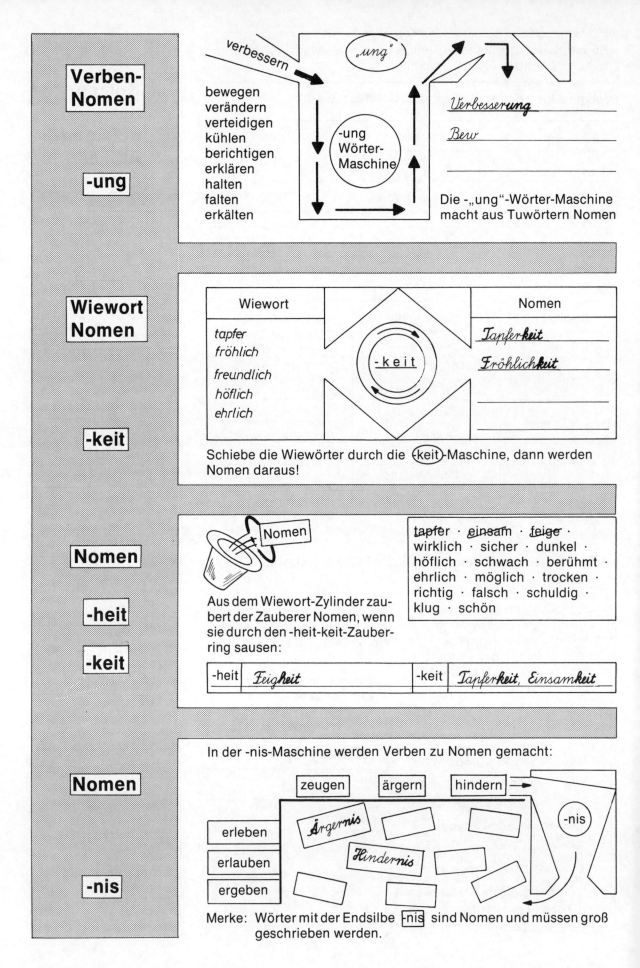

Das ist der Zaubervogel „Keit-ung-heit-nis". Er zaubert aus Verben und Adjektiven Nomen. Weißt du wie er's macht?

berichtigen, schlau-, ärgerlich, säuber-, finster-, erlauben, gesund, dumm, verschmutzen, verteidigen, verhalten, heiter-

-heit, -nis, -keit, -ung

Berichtigung
Schlauheit
_____
_____

Nomen
-ung
-heit
-keit
-nis

Übermale den großen Anfangsbuchstaben und unterstreiche die Endsilbe!

Wir machen uns eine Regel bewußt:

- Manche Wörter beginnen mit der Endsilbe -ung, -heit, -keit oder -nis.
- Manche Wörter enden mit der Endsilbe -ung, -heit, -keit oder -nis.
- Wörter mit der Endung -ung, -keit oder -nis sind Nomen (Namenwörter).
- Wörter, die am Ende die Endsilbe -ung, -heit, -keit oder -nis haben, sind Tuwörter (Verben).
- Sie müssen groß geschrieben werden!

Du findest hier 5 Sätze. Lies sie aufmerksam! Schreibe die drei richtigen Sätze auf, dann erhältst du eine wichtige Regel für die Rechtschreibung!

Regel: *Manche*........

Regel
-ung
-heit
-keit
-nis

9.7.1.4 Großschreibung von zusammengesetzten Nomen

Das Grundwort bestimmt ihr Geschlechtswort.

Ein Schrank für Kleider _____ *der Kleiderschrank*
Ein Schrank für Bücher _____ *der Bücher*......
Ein Schrank für Geschirr _____ *der*
Ein Schrank für Wäsche _____

Schreibe die zusammengesetzten Namenwörter auf!

Zusammengesetzte Nomen

nk

Bilde mit dem Grundwort „Bank" zusammengesetzte Nomen!

die Sitzbank
die Gar........
_____
_____

Sitz, Garten, Ecke, Holz, Eisen, Kamin, Ofen, Park → die Bank

nk

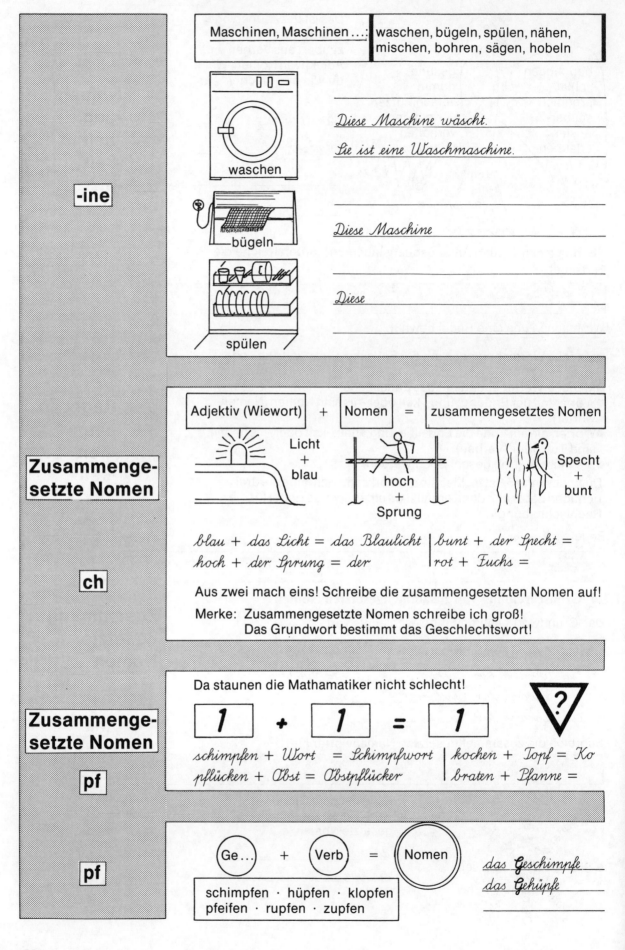

9.7.1.5 Tuwörter (Verben) sagen, was Menschen, Tiere, Pflanzen und Dinge tun. Tuwörter schreibe ich klein!

Laß sie etwas tun! Ordne die Tuwörter passend zu!

verreisen · lösen · rasen · sausen · absichern · hinweisen · sitzen · verlangsamen · rasieren · lesen (liest) · ansehen (sieht an) · besiegen · sagen

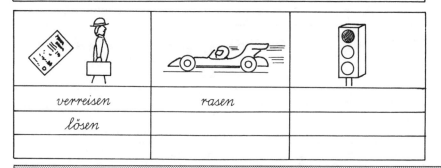

verreisen	rasen	
lösen		

s im Silbenanlaut

Suche zu jedem Nomen das passende Tuwort (Verb)! Laß die „Dinge" etwas tun! Merke: Tuwörter schreibe ich klein!

1	Sportler
2	Waage
3	Vogel
4	Patient
5	Wohnung
6	Verbotsschild
7	Kind
8	Wasser
9	Schlüssel

→

	liegen
1	siegen
	fließen
2	wiegen
	mieten
	verbieten
	fliegen
	schließen
	spielen

Der Sportler siegt. Er siegt.
Die Waage wiegt. Sie wiegt.
Der Vogel _____

ie

3. Person Singular

Verben kann man verschiedenen Personen-Fürwörtern zuordnen

Sprech-Verben: ich, du, er, sie, es, wir, ihr, sie — sagen, rufen, schreien, flüstern, reden, stottern, sprechen, meinen

flüstern
ich flüstere
du flüsterst
er flüstert

Wortfeld „sprechen"

Merke: Wenn du vor ein Wort ein Personen-Fürwort setzen kannst, so ist dieses Wort ein Verb. Du schreibst es klein!

äh

2. Person Singular

Verben in der 2. Person Einzahl einüben

Mutter verteilt Aufträge an die gesamte Familie!

| du | .....st |

an Ingrid	abzählen	für jeden drei Kartoffeln ab!
an Klaus	auswählen	gute Musik!
an Vater	mähen	das Gras im Garten!
an Eva	annähen	den Knopf an die Jacke!
an Anja	erzählen	Kurtchen eine Geschichte!

Schreibe so: *Ingrid, du zählst für jeden drei Kartoffeln ab.*

Klaus, du _____

---

eh

Personalformen des Verbs und deren Kleinschreibung erkennen

Suche aus dem Text alle Verben heraus! Schreibe ihre Personen-Form und die Grundform auf! Achtung: Verben schreibe ich klein!

KARL STEHT VOR DEM REZEPTBUCH. IRGENDEIN REZEPT WILL ER NEHMEN. MUTTER GEHT ZU IHM UND HILFT. ABER KARL WEHRT AB: „DAS LEHNE ICH AB!"
SCHLIESSLICH IST ES IHM UNANGENEHM, ALS ER NICHTS FINDET UND MUTTER BITTET: „DU KANNST MIR DOCH ETWAS EMPFEHLEN!" MUTTER LÄCHELT: „SCHAU, ES FEHLT DIR JA DOCH ERFAHRUNG. ICH VERSTEHE DOCH WIE DAS IST? WENN MAN RATLOS VOR SO EINEM BUCH STEHT!"

Personenform	Grundform
er steht	stehen
er will nehmen	nehmen
sie geht	g....

Verb Personalformen Flexionsendung

uh üh oh öh

Zusammenhang von Personalpronomen und Flexionsendung erkennen

Bei diesen Personenformen der Verben fehlt jeweils die Endung. Schreibe sie dazu!

du bohrst, er wohnt, sie berührt, ich führe ihn, sie fühlt, wir ruhen aus, ihr rüh...., er sprüh...., du müh.... dich, er kühl.... sich ab, ich beruhig...., es blüh...., er gewöhn.... sich

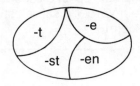

9.7.1.6 Aus Vorsilben und Verben werden zusammengesetzte Verben; auch sie werden klein geschrieben!

be

- grüßen
- fragen
- schreiben
- stellen
- dauern

- danken
- sorgen
- kommen
- halten
- zahlen

Gast — Kellner

1. Bilde zusammengesetzte Verben mit der Vorsilbe (be-)!
2. Schreibe Sätze oder eine zusammenhängende Geschichte mit diesen zusammengesetzten Verben!

Der Kellner begrüßt den Gast. Der Gast . . . . . .

---

brechen, geben gehen legen machen nehmen räumen schneiden

auf-	aus-
aufgeben; er gibt auf	ausbrechen — er bricht aus
aufbrechen; er bricht auf	ausgeben — er gibt aus

Merke: Bei manchen zusammengesetzten Verben trennen sich Vorsilbe und Verb wieder, wenn ich sie in einer Personen-Form (mit persönlichen Fürwörtern) schreibe!

Schreibe Sätze! So:

aufbrechen: Wir brechen zur Wanderung auf. aufgeben: Wir geben das Gepäck auf.

---

ab-
fahren
hängen
legen
binden
bestellen
fragen
sehen

an-
kommen
fahren
hängen
fragen
binden
stellen
sehen

Setze die Verben mit den Vorsilben zusammen und bilde Sätze!

abfahren: Der Zug fährt ab.

---

frieren reißen laden sehen prägen schließen führen
→ ein
einfrieren

fahren finden greifen leben holen schrecken sparen
→ er
erfahren

Laß die Verben alle durch den Vorsilben-Trichter rutschen!

Vorsilbe

be-

auf-

aus-

ab-

an-

ein-

er-

201

zer-

Der Vulkan „zer-" bricht aus:

1. *zerfließen*
   zerplatzen
   zer . . . .

2. Wende die zusammengesetzten Verben an!

   Die Lava zerfließt.

(Vulkan mit: rupfen, reißen, brechen, platzen, legen, schmettern, stören, laufen, fließen)

---

vor-

vor- drängen · halten · sagen · sprechen · lassen · legen

Bilde zusammengesetzte Verben und wende sie in der ihr-Personenform an!

verdrängen – ihr drängt vor; vorhalten – ihr . . . . .

---

ver-

(ver-Rad: größern, lieren, einigen, stellen, laufen, wehren, kleinern, sprechen)

1. Drehe das „ver"-Rad und schreibe die zusammengesetzten Verben auf!

   vereinigen, verstellen, verlaufen,
   ver . . . . .

2. Wende die „ver"-Verben in Sätzen an!

   Die zerstrittenen Leute vereinigen sich.

---

ent-

ent- ent- ent- ent- ent- ent- ent- ent- ent-

laufen
springen
fliehen
fernen
lassen
kommen
schwinden

entlaufen, es entläuft.
entspringen,
es entspringt

1. Laß die Vorsilbe (ent-) jeweils mit einem Tuwort zusammenwachsen!
2. Schreibe die Grundform und die es-Form jedes Tuwortes auf!

9.7.1.7 Wiewörter (Adjektiv) werden klein geschrieben!

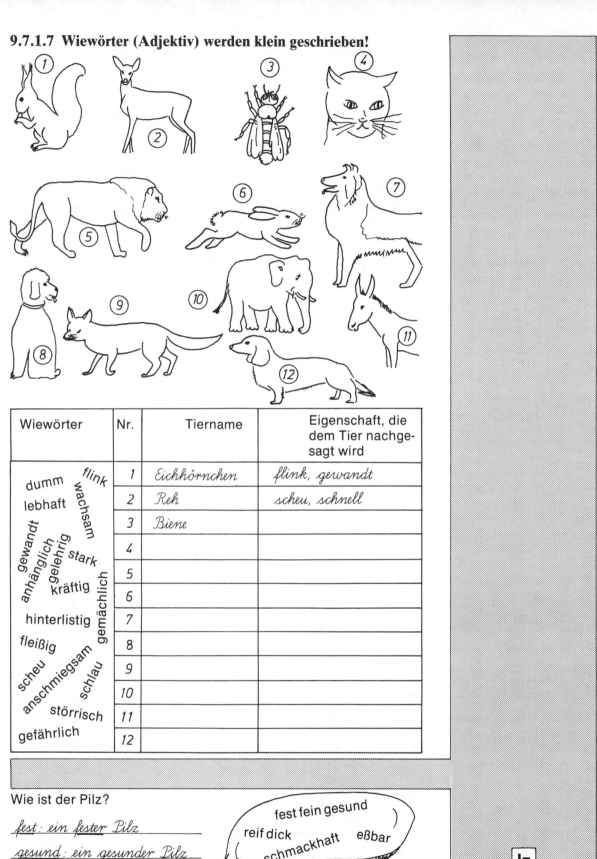

Wiewörter	Nr.	Tiername	Eigenschaft, die dem Tier nachgesagt wird
dumm, flink, lebhaft, wachsam, gewandt, anhänglich, gelehrig, stark, kräftig, gemächlich, hinterlistig, fleißig, scheu, anschmiegsam, schlau, störrisch, gefährlich	1	Eichhörnchen	flink, gewandt
	2	Reh	scheu, schnell
	3	Biene	
	4		
	5		
	6		
	7		
	8		
	9		
	10		
	11		
	12		

Wie ist der Pilz?

fest: ein fester Pilz
gesund: ein gesunder Pilz
_____

Pilz: fest fein gesund reif dick schmackhaft eßbar

Unterstreiche jeweils das Wiewort!
Merke: Wiewörter (Adjektive) sagen, wie die Dinge sind.
Wiewörter schreibe ich klein!

-ig

-lich

-isch

-sam

-bar

-los

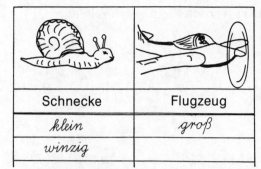

Schnecke	Flugzeug
klein	groß
winzig	

klein · winzig · groß · riesig · trocken · laut · langsam · leise · schnell · laut · ruhig

1. Ordne die Wiewörter den Nomen zu!

2. Schreibe dann so: Die Schnecke ist winzig. Sie ist eine winzige Schnecke.

---

herrlich · durstig · hungrig · elektrisch · englisch · russisch · eilig · mündlich · vergeblich · fürchterlich · neugierig · flüssig · praktisch · französisch · pünktlich · spanisch · schriftlich · türkisch

Ordne die Adjektive (Wiewörter) richtig in die Tabelle ein!

-lich	-ig	-isch
herrlich	durstig	

Merke: Wörter mit der Endung -lich, -ig, -isch sind Adjektive. Sie werden klein geschrieben!

---

achtlos furchtlos sichtbar erfolglos furchtbar sparsam furchtsam aufmerksam fruchtbar ehrsam appetitlos arbeitslos mühelos enthaltsam tatenlos erregbar grausam langsam

-sam	sparsam
-los	achtlos, furchtlos,
-bar	sichtbar

1. Ordne die Adjektive nach ihren Endsilben!
2. Merke: Wörter mit der Endung -sam, -los oder -bar sind Adjektive (Wiewörter). Sie werden klein geschrieben!

oder ?

Die Adjektiv-Silben „-lich" und „-ig" können verwechselt werden, weil beide oft wie „-ich" gesprochen werden. Damit sie nicht verwechselt werden, merke ich mir folgende Regel:

> Höre ich in der Adjektiv-Silbe ein Ⓘ, dann schreibe ich „-lich", höre ich kein „I", dann schreibe ich „-ig"!

herr**lich**	ein herr**lich**es Wetter
schreck**lich**	eine schreck**lich**e Angst
fleiß**ig**	die fleiß**ig**en Bienen
weiner...	das weiner... Gesicht
spaß...	der spaß... Clown
gemüt...	eine gemüt... Sitzecke
riss...	die riss... Haut
ries...	ein ries... Flugzeug

1. Setze -ig oder -lich richtig ein!
2. Übermale in allen „-lich" das „I" rot! Kreise die Silbe -ig oder -lich jeweils ein!

Achtung: Das Geschlechtswort gehört immer zum Nomen. Das Adjektiv schiebt sich nur dazwischen!

ein — undichtes → Boot
das — feuchte → Moos
ein ... riesiger ..... Zoo
das .... Haar
ein .... Paar
die .... Waage
das .... Beet
der .... Tee
ein .... See
der .... Schnee
ein .... Meer

undicht feucht riesig
dünnes
herrlich wunderschön
          blond
genau fischreich
bitter still unkrautfrei

1. Schiebe jeweils ein passendes Adjektiv zwischen Geschlechtswort und Nomen!
2. Male die Verbindung Geschlechtswort–Nomen rot ein!

-ig

-lich

Adjektiv

aa oo ee

Adjektiv

Die .... Marktfrau preist ihre Waren an: „Bei mir bekommen sie nur .... Ware. Kaufen sie, meine .... Herrschaften, der Vorrat reicht nicht mehr lange! Nehmen sie .... Trauben für Mutti, für den Herrn Papa .... Birnen, für das Baby .... Bananen. Und Opa braucht täglich eine .... Pampelmuse. Und übersehen sie nicht mein bestes Angebot, meine Damen und Herren, meine .... , ... Orangen. Wer nicht bei mir kauft, ärgert sich bestimmt!!"

| einwandfrei · kernlos · dick · verehrt · fleißig · ordentlich · fleischig · saftig · fest · zuckersüß · vitaminreich · spottbillig |

Schreibe den Text und setze passende Adjektive vor die Nomen!

9.7.1.8 Zusammengesetzte Adjektive werden auch klein geschrieben!

Kinder	+	leicht	*kinderleicht*
Fabrik	+	neu	*fabrikneu*
Schnee	+	weiß	
Stand	+	fest	
Wald	+	reich	
Wasser	+	dicht	
Butter	+	weich	
Zucker	+	süß	
Himmel	+	blau	
Essig	+	sauer	

Merke: Zusammengesetzte Adjektive werden auch klein geschrieben!

1. Verbinde Nomen und Adjektive jeweils zu einem zusammengesetzten Adjektiv!
2. Suche Nomen, zu denen die zusammengesetzten Adjektive passen!

die kinderleichte Aufgabe, das fabrikneue Fahrrad

Zerlege diese zusammengesetzten Adjektive! Schreibe so:
bettelarm: *arm wie ein Bettler = bettelarm*
spindeldürr: *dürr wie eine Spindel =*
nudeldick: *dick wie ...*
glutheiß: _____
eiskalt: _____
neugierig: _____
windschief: _____

9.7.1.9 Aus Nomen werden Verben

-ieren

Der Wörtertrichter verwandelt Nomen zu Verben!

Marsch Spaziergang
Diktat Studium
Operation Kontrolle
Buchstabe Probe Musik

musizieren studieren

Suche zu jedem Nomen das verwandte Verb!

Angst · Anstrengung · Empfang · Gefängnis · Zwang · Drang · Drängelei · Hang · Menge · Sprung · Hunger · Fang · Klingel · Ringkampf	zwingen · ringen · klingeln · hungern · fangen · springen · vermengen · hängen · drängeln · drängen · fangen · empfangen · anstrengen · ängstigen

Nomen	Verb
die Angst	ängstigen
die Anstrengung	

-ng

Unterstreiche jeweils die gleichen Wortteile!

Nomen	Verb
die <u>Angst</u>	<u>ängst</u>igen
die <u>Anstreng</u>ung	<u>anstreng</u>en

.7.1.10 Aus Verben werden Nomen, aus Tätigkeiten werden Personen

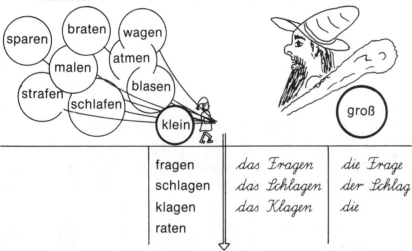

fragen	das Fragen	die Frage
schlagen	das Schlagen	der Schlag
klagen	das Klagen	die
raten		

gedehntes a

Merke: Paßt ein Geschlechtswort vor das Verb, dann wird es zum Nomen!

Personen werden nach ihren Tätigkeiten benannt

Tätigkeit (Verb)	🏃	👧
spielen	ein Spieler	eine Spielerin
mieten	ein Mieter	eine
siegen		
verlieren · zielen · verdienen · gießen · bieten · frieren		

ie

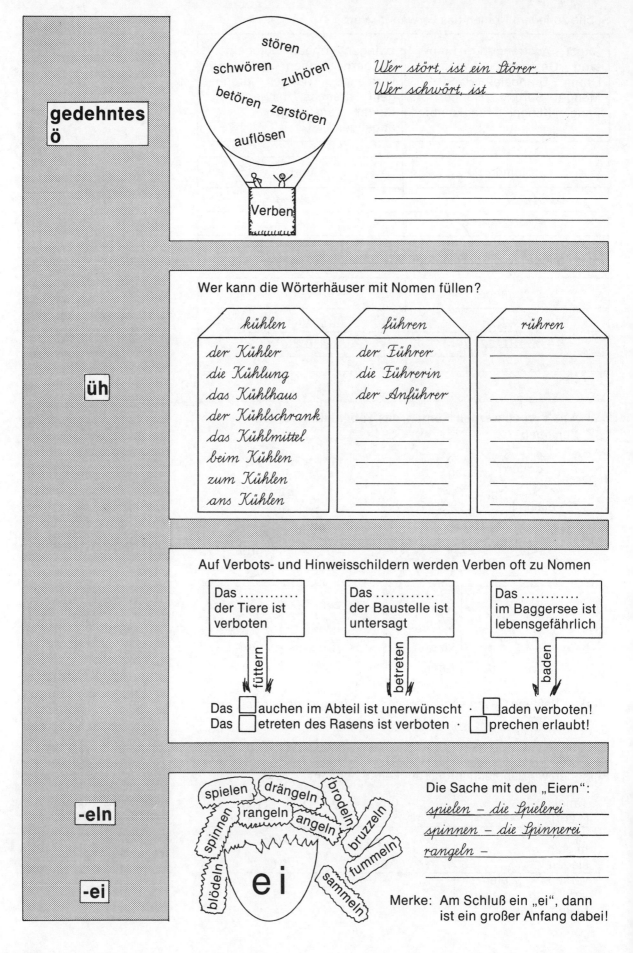

9.7.1.11 Unterscheidung der Wortarten und der Groß- und Kleinschreibung

Vom Hund im Wasser
Es lief ein hund durch einen tiefen bach und hatte ein stück fleisch im maule. Als er den schatten des fleisches im wasser sah, glaubte er, das wäre auch fleisch und schnappte gierig danach. Als er aber das maul auftat, entfiel ihm der brocken, und die wellen führten ihn weg. So verlor er beides, das futter und den schatten.

Bringe die Groß- und Kleinschreibung in Ordnung. Schreibe die Fabel!

Suche aus dem Text die Wortarten heraus und trage sie in die Tabelle ein!

Nomen	Adjektiv	Verb
ein Hund das Wasser		es lief (laufen)

ie – ei

ZÄHNE · ÄHNLICH · ERZÄHLEN · NÄHEN · GEFÄHRLICH · NÄHE · DRÄHTE · NAH · WÄHLEN · ERZÄHLUNG · HÄHNE · ALLMÄHLICH · ERNÄHREN · MÄHEN · JÄHRLICH · NÄHZEUG · WÄHLER · ZÄH

Schreibe diese Wörter in Schreibschrift! Unterscheide Groß- und Kleinschreibung!

äh

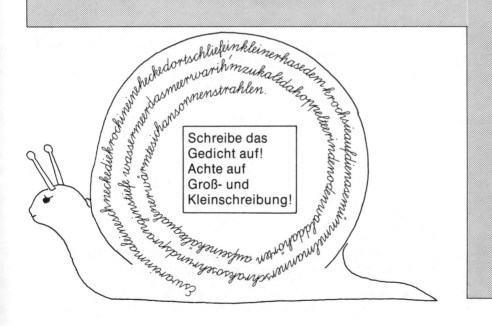

Schreibe das Gedicht auf! Achte auf Groß- und Kleinschreibung!

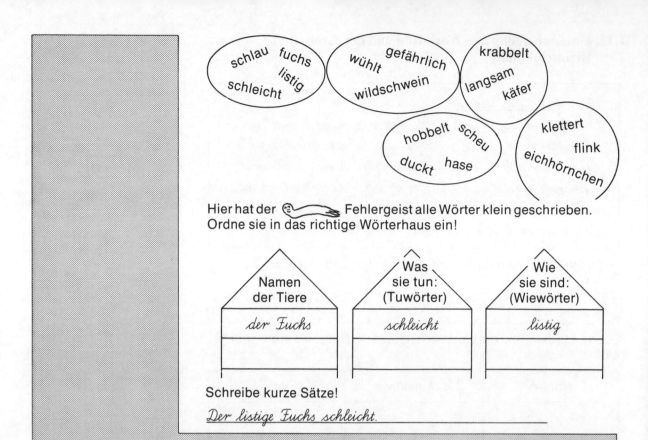

oh
öh

9.7.2 Ableitungen
9.7.2.1 Aus Selbstlauten (Vokale) werden Umlaute

a – ä

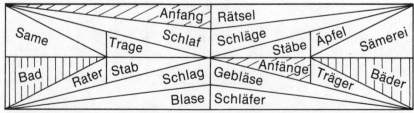

Jeweils zwei Wörter gehören zusammen! Male die Felder der zusammengehörenden Wörter in gleicher Farbe aus! Schreibe!

ein Anfang – viele Anfänge   ein Apfel – viele

Nach ihren Tätigkeiten bekommen die Leute ihren Namen:

Tätigkeit	Namen der Leute
backen	ein Bäcker
anfangen	ein Anfänger
waschen	eine Wä....

schlagen   tragen   quälen   blasen   einfädeln   nageln

a–ä

a Einzahl ⟹ **ä** Mehrzahl

Acker Hahn Rad
Dach Fach Garten
Gans Nagel Band
Glas Band Kahn Stadt Wald

Bänder Kähne Städte
Nägel Gläser Wälder
Fächer Räder Gänse
Dächer Hähne Gärten Äcker

ein Hahn	viele Hähne
ein Acker	viele Äcker

a–ä

Suche das verwandte Nomen! Übermale a und ä!

färben · zählen · schälen · quälen · glänzen · wählen · klären

Verb	Nomen		Verb	Nomen
färben	Farbe			
zählen				

lang glatt flach stark kalt warm ➔ Härte

Wiewort	Namenwort
schwach	Schwäche
hart	

a–ä

Aus dem	wird	➔ ein
Männlein	wird	ein Mann
Häslein	wird	
Näslein	wird	
Bächlein	wird	
Schwälbchen	wird	
Blättchen	wird	
Hähnchen	wird	

Merke: ä kommt von a!

a–ä

211

●	●●●●	●●●●●●●●●●
einfach	mehr	am meisten/besten
lang	*länger*	*am längsten*
kalt	*kälter*	*am kältesten*
schwach	*schwä*	
nah		
scharf		
warm		

a → ä

a – ä

Da stehen einem vor Schreck die Haare zu Berge!!

Obstgelächter Trompetenwäsche
Katzenträger Kofferfänger
Holzwächter
Torfäller
Freudenbläser
Rattenhändler

Bring den Mischmasch in Ordnung!

Obsthändler	*handeln*
Holzfäller	*fallen*

ä ↔ a

Und nun wende die Regel an: <u>ä kommt immer von a</u>
Setze ä oder e richtig ein! Unterstreiche ä–a!

Parkbänke	von	*Bank*
Strohdächer	von	*Dach*
Kupferdr☐hte	von	

<u>Übe weiter mit:</u> Trinkgl○ser, Bärenkr○fte, Winterm○ntel, Eisenn○gel, Obsts○fte, Kleiderschr○nke, Großst○dte, Gewichth○ber, Rechtschreibf○hler, Luftgebl○se, Verr○ter, Riesenschr○ck, Wasserschn○cke

Stecke alle o-Wörter in den Selbstlaut-Umlaut-Zauberzylinder und zaubere sie als ö-Wörter wieder heraus!

Loch · Topf · Ton · Hof · Strom · Not · hohl · groß · Bogen

o	ö	ö
Loch	Löcher	durchlöchern
Topf	Töpfe	tö...

o–ö

äu kommt von au

Baum · Maus · Haus · Kauz · Laus · Zaun · Raum · Strauß · Haut

Baum – Bäume Maus – Mäuse

Haus – Häuser

au–äu

äu oder eu?

äu

Überprüfe dich! Denke beim Einsetzen von äu oder eu immer an die Regel: „äu kommt von au"! Kontrolle: 9 äu und 5 eu! Laß dir vom Lehrer eine Wörterliste geben!

Drüben vor den morschen Z__nen, wo Kr__ter und Str__cher dicht wachsen, l__ft öfters ein Feldm__schen herum. Die L__te werfen dorthin auch oft altes Gerümpel. Und jetzt beobachtet Peter mit seinem Fr__nd, wie dort ein Kätzchen auf M__sejagd geht. Da spitzt das Tier die Ohren. Sie st__ert auf die alten Schl__che zu. Sie duckt sich, springt, aber die B__te ist weg. Für h__te kann sie nur von M__sefleisch tr__men.

-äu/-eu

9.7.2.2 Erkennen von auslautenden Mitlauten (Konsonanten) durch Verlängern des Wortes

Leicht wäre Rechtschreibung, wenn wir immer so schreiben könnten, wie wir sprechen. Leider ist das aber nicht so. Oft sprechen wir „t", schreiben aber „d" wie zum Beispiel bei Wald, Abend, bald, Wind, Wand. Die folgende Regel hilft dir:

Merke: Weiß ich nicht, welchen Mitlaut ich am Ende eines Wortes schreiben soll, dann verlängere ich das Wort. Beim Verlängern wird der Mitlaut deutlich.

Kor Körbe verlängern ➔ also:

Hun Hunde verlängern ➔ also: Hund

Regel

p–b?

Wende die Regel bei den folgenden Buchstaben an!

„b" oder „p"?	verlängern	also:
Kal ?	Kälber	Kalb
Lau ?	belauben	Laub
Lei ?	Leiber	Leib
Die ?	Diebe	
Gra ☐		

Übe weiter mit: Urlau☐, Kor☐, Sta☐, Stau☐, Bu☐, Sie☐, lie☐, pum☐ das Wasser, das Wasser ist trü☐, we☐ das Muster, gi☐ mir Geld, Lum☐
Achtung, zweimal mußt du „p" schreiben!

Auslaut b oder p?

b oder p?

Rau☐tier
Pie☐matz
Schrei☐maschine
Hu☐konzert
Pum☐station
Kle☐stoff
Mikrosko☐
Gra☐stein

rauben – Raubtier
piepen – Piepmatz

Verlängerung

Übe weiter mit: Die☐stahl, Hal☐zeit, Lau☐fall, Sta☐hochsprung, Erlau☐nis, Urlau☐sreise, Viehtrie☐, Stau☐sauger

b oder p im Auslaut?

Bei Adjektiven wenden wir auch die Verlängerungsregel an!

Adjektiv b oder p?	verlängertes Adjektiv	also →
gro ?	das grobe Tuch	grob
plum ?	ein plumper Elefant	plump

Übe weiter:
tau☐, trü☐, gel☐, mür☐, her☐, hal☐, ne☐lig
(Ohr) (Wasser) (Farbe) (Teig) (Obstsaft) (Torte) (Wetter)

| d oder t? | Verlängere das Wort! Setze d grün und t rot ein! Sprich so: „Bar ? – viele Bär t e → also Bar t"! Suche anschließend das jeweilige Reimwort! | | | | **d oder t im Auslaut?** |

Bart	Herd	Schil...	Hir..
Start	Pferd	B...	W...
Fel...	Duf...	Krau...	Kin..
G	L	H	W
Wal...	Spor...	Lei...	Mun..
b	W	N	r

kal. · wil. · blon. · har. · brei. · frem. · gesun.

schlich. · schlech · ech. · mil. · spannen · schä lich · run.

d oder t im Auslaut?

| d oder t? | Verlängere das Adjektiv, dann hörst du besser, ob d oder t geschrieben werden muß!

das kalte Wetter – kalt
ein wildes Tier – wild
das blon

Übe auf gleiche Art mit g- und k -Wörtern!

Übungsbeispiele:
Bur., Wer., Quar., Zwer., Kor., Klini., Fin., Tan., Tan., Klan., Fabri., Strei., kla.t, fra.t, ra.t, stär.t, har.t, fe.t, fun.t, mel.t, pfle.t, schlä.t, sin. t ein Lied, ein Schiff sin.t, blin.t, schen.t, wel.t, lie.t, win.t, wür.t, es ta..t, er bor.t Geld, schrä., niedri., blan., klu., schlan., stren., gewa.t

g oder k im Auslaut?

s oder ß im Auslaut?

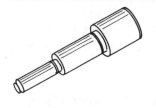

Gra☐, Gla☐, Hau☐, Krei☐, Kä☐, Lau☐, Lo☐, Mau☐, Moo☐, Prei☐, er la☐ ein Buch, lie☐ endlich das Buch, sie blie☐ den Staub weg, Flu☐, Ku☐,

Verlängere die Wörter, dann findest du den Auslaut leichter!

Gra ?   —   viele Gräser → Gras
Gla ?   —   viele Gläser → Glas

s oder ß im Auslaut?

9.7.2.3 In Wörtern einer Wortfamilie bleibt der Wortstamm erhalten

nn

Mann — Männchen
Kanne — Kännchen
Wanne — Wännchen

Übe so weiter mit: Pfanne, Sonne, Tonne, Tanne, Gewinn, Hanne

ie

Verkleinere mit -chen oder -lein!

Viertel · Zwiebel · Wiesel · Stiel · Biene · Tier · Spiegel · Papier · Lied · Brief

	-chen	-lein
Viertel	Viertelchen	—
Biene	Bienchen	Bienlein

mm

Einzahl und Mehrzahl haben den gleichen Wortstamm!

Flamme — Kamm — Hammer
Flammen — Kämme — Hämmer

Rahme jeweils den Wortstamm ein! Übe an folgenden Beispielen!

nn

Wanne – Wannen – Wännchen; Tanne – Tannen – Tännchen; Henne – Hennen – Hennchen; Pfennig – Pfennige; Gewinn – Gewinne; Sinn – Sinne; Rennen – Renner – Rennwagen

o–ö

Bilde Einzahl und Mehrzahl mit dem gleichen Wortstamm!

o → ö   o → ö

Dorf	Dörfer
Gott	Götter
Holz	Hölz

Storch	Storch...
Strom	Strom...
Tochter	Tochter...

Unterstreiche jeweils den gleichbleibenden Wortstamm!

ck

(back)
ge(back)en (back)en (Bäck)er (Bäck)er/in Ge(bäck) (Bäck)erei (bäck)t

Schreibe die Wörter der Wortfamilie (back) und unterstreiche oder übermale den gleichbleibenden Wortstamm!

Wortstamm	Verb Grundform	er-Form	du-Form
schiel	*schielen*	er *schielt*	du *schielst*
ziel	*zielen*	er	
fall			
prall			
knall			
falt			
halt			

Bilde diese Verbformen! Unterscheide jeweils den Wortstamm! (Du hilfst dir, wenn du den Wortstamm immer zuerst hinschreibst oder kontrollierst, ob er vollständig erhalten geblieben ist!)

l–ll

Suche Nomen mit dem gleichen Wortstamm zusammen!

Haus u: ~~Bruch~~ Strumpf ~~Frucht~~ Sprung Flug Grund Bruder Sturz Spruch Wunsch

Haus ü: Brüder Strümpfe Flüge Sprüche Stürze Früchte Brüche Wünsche Gründe

Bruch – Brüche;   *Frucht – Früchte;*

Unterscheide jeweils den gleichbleibenden Wortstamm!

u–ü

Haus au: ~~Kraut~~ Haut Raum Traum Maus Laus Maul Strauch Bauch Zaun Kauz Haupt

Haus äu: Kräuter

Fülle das leere Wörterhaus mit den Mehrzahlwörtern! Schreibe dann und unterstreiche den gleichbleibenden Wortstamm oder rahme ihn ein!

Kraut – Kräuter;

au–äu

Mache aus diesen Adjektiven Nomen und rahme jeweils den gleichbleibenden Wortstamm ein!

(kalt, warm, stark, gefährlich, blank, ängstlich, zart)

Adjektiv	Nomen
kalt	*Kälte*
gefährlich	*Gefahr*
warm	

a–ä

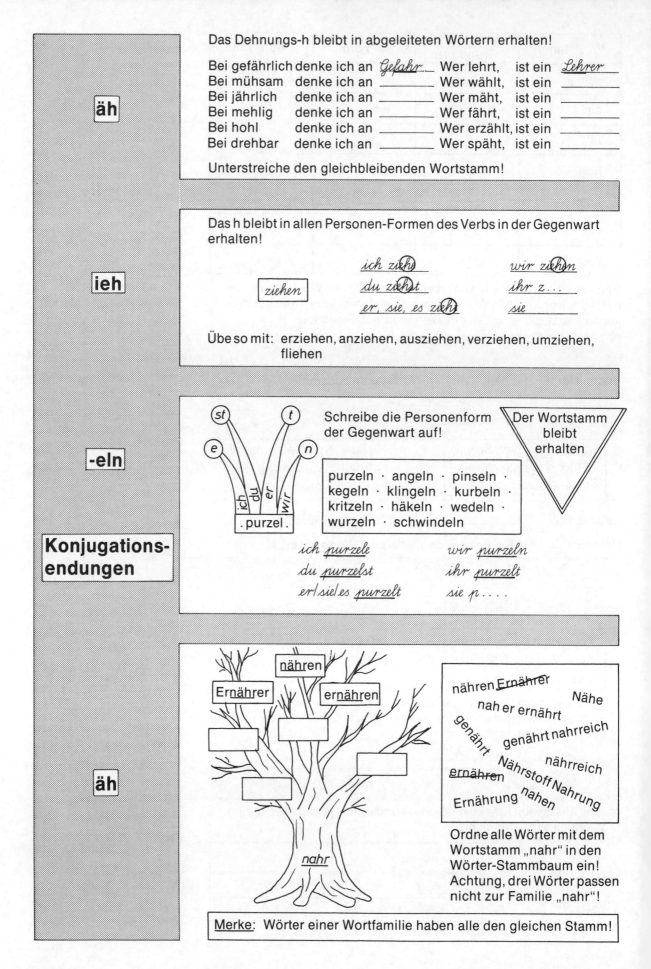

Nomen verändern sich zu Adjektiven. Dabei bleibt der Wortstamm erhalten! Unterstreiche ihn jeweils!

Ein Ding mit vier Ecken ist viereckig.
Ein Schuh, der durch Dreck läuft, wird dreckig.
Ein Kind mit Locken ist lockig.
Eine Sache, die keinen Zweck hat, ist . . . . .
Kleidung ohne Schmuck ist . . . . .

ck

Bilde selbst solche Sätze! Unterstreiche jeweils den gleichbleibenden Wortstamm!

Essen ohne Geschmack – geschmacklos; Geschichte · Lücken – lückenhaft; Erlebnis · Schrecken – schrecklich; Gesicht · ohne Ausdruck – ausdruckslos; Rock · wie Glocke – glockig

Ein Essen ohne Geschmack ist geschmacklos.

-los
-lich
-ig
-haft

Aus dem Wortstamm kann man eine große Wörterfamilie bilden!

Familie „geh"	
ich	geh e
du	geh st
er	geh t
be	geh bar
ver	en
Geh	weg

Familie „dreh"	
ich	dreh e
du	dreh st
ihr	t
ver	en
	bar
	ung

eh

Bau solche Wortstammstreifen und fülle sie aus! Übe mit:
wehr · steh · fehl · mehr · ehr

[ich] sag te | [wir] sag ten
[du] sag test | [ihr] sag tet
[er] sag te | [sie] sag ten

Konjugations-endungen
langes a

So einfach ist das! Immer den gleichbleibenden Wortstamm einsetzen!
Übe weiter mit: wagen · klagen · fragen · plagen

ah
eh
uh
üh

Merke: Der Wortstamm bleibt in den Personen-Formen des Verbs erhalten!

wehen	:	Der Wind weht.
sehen	:	Kommt und seht.
gehen	:	Der Vater g....
nähen	:	Der Schneider .....
mähen	:	Die Mähmaschine .....
krähen	:	Der Hahn .....
blühen	:	Die Rose .....
sprühen	:	Das Wasser .....
ruhen	:	Das Baby .....
glühen	:	Die Abendsonne .....
ziehen	:	Das Pferd .....

Schreibe in jedem Satz die Personenform des Verbs! Rahme dann den Wortstamm ein! Stelle fest, ob er immer erhalten bleibt!

ah
oh

Hier siehst du die Häuser der Wortfamilien (fahr) und (bohr). Fülle die einzelnen Stockwerke!

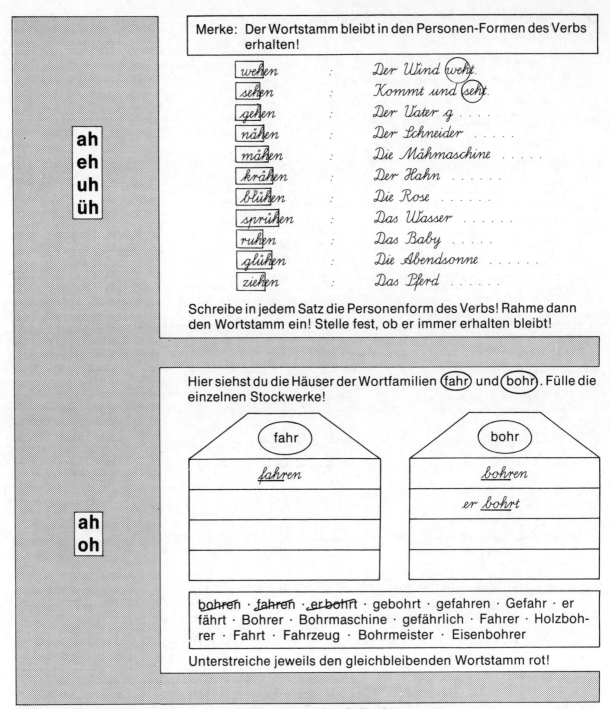

bohren · fahren · er bohrt · gebohrt · gefahren · Gefahr · er fährt · Bohrer · Bohrmaschine · gefährlich · Fahrer · Holzbohrer · Fahrt · Fahrzeug · Bohrmeister · Eisenbohrer

Unterstreiche jeweils den gleichbleibenden Wortstamm rot!

9.7.3 Doppelung von Mitlauten nach kurzklingenden Selbstlauten

9.7.3.1 Differenzierung kurz oder lang klingender Vokale

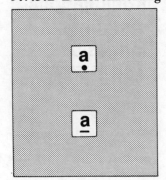

Den Schülern wird eine Anzahl von Wörtern angeboten, aus denen sie lang- bzw. kurzgesprochene Vokale heraushören und im Schriftbild markieren sollen.

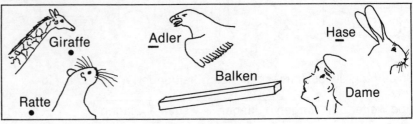

Höre und stelle fest, ob das ⓐ jeweils kurz oder lang klingt!
Kennzeichne: kurzklingendes a mit Punkt = ȧ
　　　　　　　langklingendes a mit Strich = a̱

| A̶f̶f̶e̶ · S̶c̶h̶a̶f̶ · W̶a̶s̶s̶e̶r̶ · M̶a̶d̶e̶ · Stallhase · Klapperschlange · Fasan · Hahn · Bussard · Star · Wal · Truthahn · Kragenbär · Bahn · kann · Kran · Kanne · Kahn · lahm · Lamm |

Ȧffe, Scha̱f, Ẇasser, Ma̱de _____

Ordne die Wörter nach kurz- und langklingendem u!

| B̶e̶s̶u̶c̶h̶ · B̶u̶t̶t̶e̶r̶ · B̶l̶u̶m̶e̶ · B̶l̶u̶t̶ · Bruder · Brummer · Brunnen · du · Flug · Fuß · Fluß · Hut · Hütte · Minute · muß · Russe · Ruf · rupfen · Puppe · Bube · Grube · Gruppe · Mut · Mutter |

langes u̱	kurzes u̇
Besu̱ch, Blu̱me,	*Bu̇tter*
Blu̱t	

Sprich die Wörter laut und höre gut auf das u̱ oder u̇!

ȧ　　a̱

Auf die Minute genau ertönt die Sirene der Fabrik. Die Arbeiter flitzen heraus. Jeder von ihnen will eilig nach Hause. Aber an der Bushaltestelle sitzen viele und warten. Sie verlieren kostbare Zeit. Schlimm ist das. Denn zu Hause gibt es so viel zu erledigen.

Kennzeichne im Text alle langklingenden i (i̱) und alle kurzen i (i̇)! Ordne in die Tabelle!

　　kurz　　　　　　lang
　　（i̇）　　　　　　（i̱）

Mi̇nute, Si̇rene　　*di̱e*
Fabri̇k　　　　　　_____

i̇　　i̱

0.7.3.2 Wörter, die nach kurz klingendem Selbstlaut einen Doppelmitlaut haben

Endlich saß er auf der Ku̇ppe.
Da aß er endlich seine Nu̱dels.

Wo klingt das u kurz? Wo klingt es lang? Lies laut – höre – kennzeichne u̇ u̱!

u̇　　u̱

221

e

Suche Reimwörter mit kurzen e-Vokalen!

ė
Bre**tt**
B
F
n

ė
re**nn**en
br
fl
k

ė
De**ll**e
F
Z
P

schmettern — klettern
sperren — zerren
stellen — b
Zelle — W
hemmen — st
Hessen — m

Überprüfe, ob nach dem kurz klingenden e jeweils ein Doppelmitlaut folgt! Male ihn rot aus!

Tier mit langem Hals
Vorratsraum
Weißes Pferd
Er folgt dem Blitz
Milcherzeugnis
Elefantennase
Stufen
Ansprache für Männer
Ruheunterlage
Kleidungsstück
Laub der Bäume
Ort der Qualen

Lös dieses Rätsel! Hier sind die Lösungswörter:

Blätter, Keller, Hölle, Giraffe, Pullover, Kissen, Treppen, Rüssel, Donner, Butter, Herren, Schimmel

Alle Lösungswörter haben zwei Dinge gemeinsam. Findest du sie heraus?

(Kurzklingenden Selbstlaut – danach einen Doppelmitlaut)

---

kurzer Vokal vor Doppelmitlaut

Hier hat Fuschi, der Fehlergeist Unsinn gemacht. Schreibe richtig!

unsinnig	richtig
Zigarettenpuffer	Zigarettenstummel
Kartoffelstummel	Kartoffelpuffer
Wellenkanne	
Wassersittich	
Suppenpappe	
Wellkelle	

Kennzeichne alle kurzen Vokale, nach denen ein Doppelmitlaut folgt, mit einem Punkt und übermale den Doppelmitlaut!

9.7.3.3 Silbentrennung bei Doppelmitlauten; Doppelmitlaute durch Silbenzusammensetzung wieder entstehen lassen

> Griffe · hoffen · Kaffee · Koffer · Löffel · offen · Pfeffer · schaffen · Schiffe · Stoffe · treffen · Waffe · Waffel

Trenne diese Wörter mit Doppelmitlauten!

Grif-fe, hof-fen, Kaf-fee, _____

ff

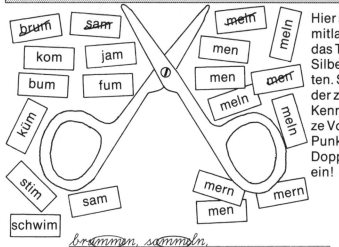

Hier sind Doppelmitlaute durch das Trennen der Silben zerschnitten. Setze sie wieder zusammen! Kennzeichne kurze Vokale mit Punkt! Kreise Doppelmitlaute ein!

brummen, sammeln, _____

mm

Finde die richtige Trennungsregel und schreibe sie in den Rahmen!
1. Doppelmitlaute kommen beide zur ersten Silbe!
2. Doppelmitlaute gehören immer zur folgenden Silbe!
3. Doppelmitlaute bleiben zusammen!
4. Wörter mit Dopelmitlauten können gar nicht getrennt werden!
5. Doppelmitlaute werden getrennt!

Regel

9.7.3.4 ck-Wörter

Ordne diese ck-Wörter ihren „Bausteinen" zu!

Dackel · Decke · dick · Zucker · Glocke · Flocke · Stöcke · backen · blik-ken · necken · bücken · Buckel · wackeln · lek-ker · knicken · lockern · Ruck

ck

ack	eck	ick	ock	uck

ck

Reimwörter: -eck -eck -eck -eck -eck -ick -ick ...

d_ecken_	bl_icken_	bücken
l	fl	dr
n	kn	pfl
st	sch	gl
schm	t	r

Setze unter den kurzen Selbstlaut vor dem ck einen Punkt und kreise das ck ein!

Kartoffels..., Schn...enhaus, Str...nadel, Faltenr..., G...loch, Autobahnbr...e, Fl...en

Setze hier die fehlenden ck-Bausteine ein!

ck
k–k

Und so wird ck getrennt: Jacke → Ja k-ke
Übe die Trennung von ck!

spucken Brücke Nacken Wecker

spuk-ken, Wek-ker

9.7.3.5 In Fremdwörtern gibt es kein ck, sondern immer nur k!

k

Fabrik   Sekretärin   Direktor
Doktor   Rektor   Diktat
Faktor • Faktor = Produkt

1. Schreibe in alle diese Fremdwörter das k ein! Umfahre es rot!
2. Schreibe diese Fremdwörter mit k auf!   Fabrik, Sekretärin,
3. Mache daraus das vollständige Wort!

rik: Fabrik	Fak:
Sek: Sekretärin	duk:
rek: Direk...	Dik:
Dok:	Rek:

k

4. So ein Unsinn! Bring die Wörter in Ordnung!

| Dokrik | Fabtor | Rektat | Diktor | Fakdukt |
| Protor | | | | |

Doktor, Fabrik

9.7.3.6 Nach l, n, r, das merke ja, steht nie (tz) und nie (ck)

Wörter: blinken, zanken, ankern, verdu..., sti..., lenken, tanken, hinken, funken, sin..., einschränken, verschränken

Schreibe all diese Wörter auf! Umkreise bei jedem das (nk)!

einschrä(nk)en
verschrä(nk)en
bli(nk)en

nk

Suche jeweils Wörter zusammen, die zu einer Wörterfamilie gehören!

Schra~~nk~~e · an~~K~~ern · ~~winklig~~ · Blinker · Gestank · verschränken · schlank · dankbar · zanken · blinken · Dunkelheit · Gezänke · lenken · Dank · dunkel · Zank · gelenkig · ~~Winkel~~ · tanken · An~~K~~er · Gelenk · Tankstelle · verdunkeln · zankhaft · ~~ein-schränken~~ · Tank · stinkig · lenkbar · im Dunkeln

Schranke →   *ankern* →   *winklig*
verschränken →   *Anker* →   *Winkel*
einschränken →

nk

(nk)		(nk)	
Schrank	*Lenker*	A	H
Gelenk	*Fink*	B	K
Anker	*Bank*	C	L
Gestank	*Dank*	D	Sch
Schenkel	*Klinke*	E	Sch
Enkel	*Henkel*	F	Sch
Winkel	*Schinken*	F	Sch
Senkel	*Blinker*	G	S
Schranke	*Funken*	G	W

Im linken Schrank sind die Wörter durcheinandergeraten. Ordne sie rechts nach dem Alphabet geordnet ein!

nk

Wörterstern: Nel.e, Wol.e, Wol.e, Bal.en, Pun.t, Gur.e, Par., Lo.e, Lü.e, Bä.er, Buchfin., Ban.

k ck k k
k k ck ck
k k k k

Setze in allen Wörtern des Wörtersternes k oder ck richtig ein!
Überprüfe jeweils mit Hilfe der Regel: „Vor l, n, r, das merke ja, steht nie tz und nie ck!"

k
ck

lk nk rk

Nach l, n, r, das merke ja, steht nie tz und nie ck!

1. Wende die Regel bei den folgenden Lückenwörtern an! Achtung, 4 Wörter sind dabei, die ck haben müssen!

> hinken, wanken, wirken, stark, im Dun . eln, Wol . e, Bal . en, E . e, eine schi . e Dame, Türklin . e, ein verwel . tes Blatt, Kal . stein, ein scharfer Bli . , Har . e, Stär . e, Fle .

2. Ordne die Wörter!

lk	nk	rk	ck
	hinken	wirken	
	wanken	stark	

3. Welche der folgenden Regeln treffen für die Wörter der Tabelle zu?

a)	Nach kurzgesprochenem Selbstlaut folgt häufig ein Dehnungs-h!
b)	Nach l, n, r, das merke ja, steht nie tz und nie ck!
c)	Nach kurzgesprochenem Selbstlaut folgt häufig ein Doppelmitlaut!

lz nz rz

Kranz, Schürze, Salz, Pflanze, Wur . el, Pil . , Hol . , Wal . e, Her . , Schmer . , Tan . , Wan . e, kür . en, wür . en, wal . en

Der Rechtschreib-Schutzmann hält das (tz) auf und sagt den Kindern:

> Ich sage allen Rechtschreib-Kindern, nach l, n, r ist kein tz zu finden!

Fülle die Lückenwörter aus und ordne die Wörter in die Tabelle!

(lz)	(nz)	(rz)
	Kranz	Schürze

Überprüfe, ob du die Regel „Nach l, n, r, das merke ja, steht nie tz und nie ck!" beherrschst.

▨ Hier fehlt k oder ck.
⊘ Hier mußt du z oder tz einsetzen!

Der verwöhnte Löwe

Im Zoo von Wüstenklotz,
da lebt der Löwe Brutzenschlotz.
Auf seinen Tatzen, startz und klotzig,
sitzt er im Käfig stolz und trotzig.
Die Augen gelb wie Honigbrot,
die Zunge leuchtet feuerrot.
Sie hängt ihm gänzlich aus dem Maul,
als wollt er ständig letzen.

Der Wärter kommt und bringt ihm Futter.
Der Löwe gähnt und läßt sich netzen.
„Ach nein, schon wieder Brot mit Butter!
Heut' hätt ich gern gebrat'ne Wanzen
und Schenzelfleisch vom Krokodil –
den feinsten, zarten Schinzen.
In einer Stunde möcht ich's haben,
will mich daran so richtig laben.
Bis dahin hab' du vielen Dank,
ich leg mich auf die Gartenbank.

Schreibe das Gedicht ohne Lücken ab!
(Kontroll-Liste dem Schüler anbieten.)

9.7.3.7 tz -Wörter

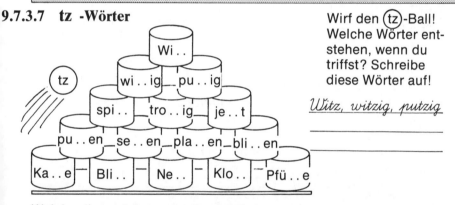

Wirf den (tz)-Ball! Welche Wörter entstehen, wenn du triffst? Schreibe diese Wörter auf!

Witz, witzig, putzig

Welche dieser 3 Aussagen ist richtig?
Streiche die falschen durch! Lerne die richtige auswendig!

- Vor tz steht immer ein Mitlaut!
- Vor tz steht manchmal ein Mitlaut und manchmal ein Selbstlaut!
- Vor tz steht immer ein Selbstlaut, tz folgt immer auf einen Selbstlaut!

atz	etz	itz
		Witz
		witzig

otz	utz	ütz
	putzig	

Ordne die tz-Wörter der Wurfbude auf das richtige Blatt!

Überprüfe, ob bei allen die Aussage stimmt: „tz folgt immer nur auf einen Selbstlaut!"

tz

tz

🏃 Einzahl	👨‍👩‍👦 Mehrzahl	🧍 in Silben getrennt
ein Satz	viele Sätze	Sät - ze
ein Latz		

Satz, Latz, Platz, Katze, Tatze, Fratze, Matratze,
Netz, Blitz, Kitz, Sitz, Witz, Spritze, Litz, Klotz, Pfütze

tz

Das ist Putzi, die tz-Katze

Putzi hat auf ihrem Fell eine Menge tz-Wörter. In ihnen fehlt aber jeweils der Selbstlaut vor dem tz. Setze ihn ein und schreibe die Wörter!

a a a a e e e e i i i i u ü Selbstlaute

putzen, blitzen, setzen

Überprüfe, ob die Regel stimmt: „Vor tz muß ein Selbstlaut stehen!"

Schreibe die Wörter des (tz)-Rades auf!

putzen wetzen _____

_____

_____

_____

tz

Setze diese Verben in die er-, sie- und es-Person der Gegenwart! Kreise das (tz) jeweils ein!

er-Person	sie-Person	es-Person
er pu(tz)t	sie pu(tz)t	es pu(tz)t
er glo(tz)t	sie	

9.7.4 Dehnung

9.7.4.1 Ein h hinter einem Selbstlaut macht diesen Selbstlaut lang

1. Öffne den Wörtersack und ordne die Wörter in die Tabelle ein!

ahl	ahr

2. Lies die Wörter laut vor und achte darauf, ob der Vokal vor dem h kurz oder lang klingt! Setze das entsprechende Zeichen: kurz a; lang a.

ah

Merke: Ein h hinter einem Selbstlaut macht diesen Selbstlaut lang!

bezahlen wählen erzählen
fahren wählen ernähren
zählen nähen gewähren
ermahnen erfahren ahnen
mähen

1. Lies die Verben laut vor und beachte, daß das h hinter dem a dieses lang macht (Dehnungs-h)!
2. Unterstreiche jeweils das langklingende a vor dem h und sprich jedes Wort laut!
3. Schreibe: *bezahlen – ich bezahle du bezahlst – die Bezahlung*

ah

Verb	ich	du	Nomen
bezahlen	ich bezahle	du bezahlst	Bezahlung
zählen			

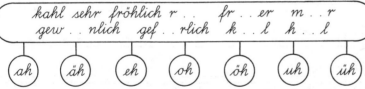

1. Setze in die Adjektive (Wiewörter) den passenden Selbstlaut mit seinem Dehnungs-h ein!

kahl, sehr, fröhlich _____

2. Setze die Wiewörter vor passende Nomen!

der kahle Berg, der fröhliche . . . _____

Dehnungs-h

Vervollständige diese Verben; setze (eh), (oh) oder (üh) ein!

f..ren, d..nen, w..nen, w..len, s..nen, bel..nen, k..len,
gew..nen, w..en, r..ren, f..len, dr..en, f..len, st..len,
gl..en, l..ren, bl..en, g..en, dr..en

Dehnungs-h

führen, dehnen

Suche zu jedem Verb zwei Wörter aus der gleichen Wortfamilie!

führen, der Führer; die Entführung
dehnen,

Dehnungs-h

Verkehrte Welt:
1. Berichtige und bilde Sätze!
2. Kreise jeweils das Dehnungs-h mit dem davorstehenden Selbstlaut ein!

Kaffeehöhle	Lehrerschule	Stadtbohne	Zwergmehl
Fuchsmühle	Stahlmeer	Weizenhuhn	?
Druckwohnung	Feuerbühne	Grundstuhl	Fahnenplatte

Kaffeemühle, Fuchshöhle

Dehnungs-h

die Sahne   der Fehler   der Sohn   der Fühler   die Mähne
die Höhle   die Gefahr   das Mehl   die Bohne   die Möhre
die Hähne   das Jahr   der Frühling   der Lehrer   die Zähne
die Kohle   der Kohl   die Wahl   die Röhre   die Bühne   der Draht
das Gewehr   die Wohnung   die Söhne   die Mühle   der Köhler
der Mohn

1. Ordne die Wörter ihren Selbstlaut-Gruppen zu!
2. Kreise das h mit dem gedehnten Selbstlaut ein!

ah	Sahne
eh	Fehler
oh	Sohn
äh	Mähne
üh	Fühler
öh	. . . . . .

Dehnungs-h

Prahlhans   Straßenkehrer   Holzbohrer
Geldzähler   Autofahrer   Rauchverzehrer
Geldverleiher   Drahtzieher   Höhlenbewohner   Frühblüher   Kindesverführer
Märchenerzähler

Hier sind die Täter. Der Detektiv ermittelt, was sie tun.

Täter	Tätigkeit
Der Prahlhans	prahlt
Der Straßenkehrer	

ziehen berühren
verzeihen wählen
fahren
hhhhh
ernähren erzählen führen

ihm	ihn
er verzeiht ihm	er zieht ihn
	er fährt ihn

Dehnungs-h

9.7.4.2 Wörter mit Doppelvokalen

Diese Wörter werden mit Doppelselbstlauten gedehnt!

Haar · Saal · Paar · Moor · Beet ·
Boot · Moos · Fee · Aal · Schnee ·
Klee · See · Beere · Meer

1. Ordne sie nach dem Alphabet!
   Aal, Beet, Boot
2. Ordne sie in die Tabelle ein!

aa	ee	oo
Haar		
Saal		

3. Versuche zu reimen! So: Haar – Paar; Aal –
4. Ordne die Wörter in die Wörterstreifen ein!

Doppelvokal

aa
ee
oo

In diesem Unsinnhaus ist alles durcheinandergeraten. Mache Ordnung!

Tanzsaal, Kopfhaar,
Vogelpaar,

Doppelvokal

aa
ee
oo

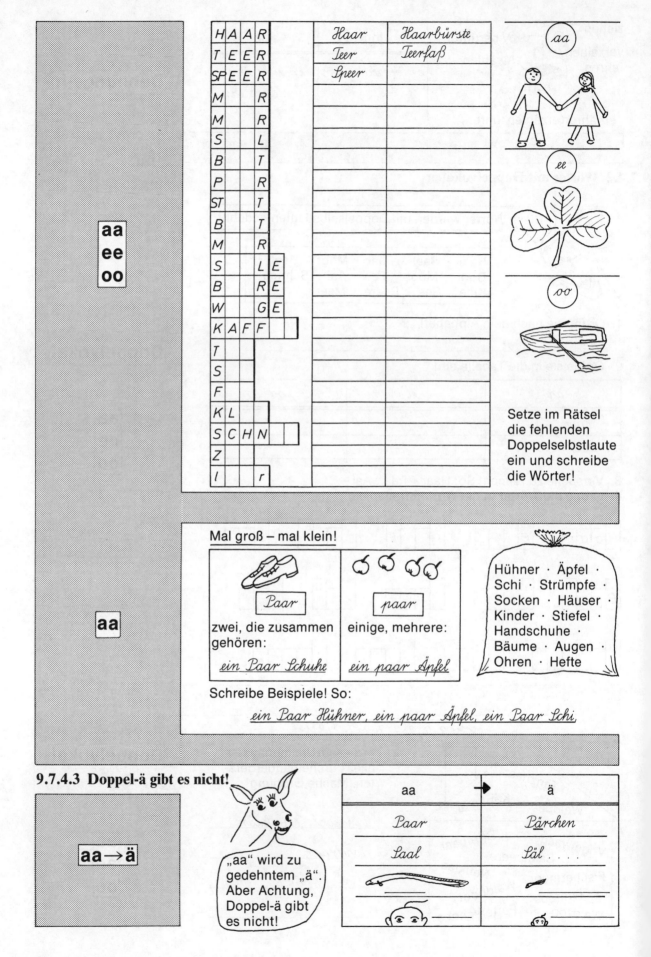

a a — Aal, Saal, Paar, Haar, Staat	ein P..r Schuhe – das P..rchen in der Hochzeitskutsche; ein großer S..l – ein winziges S..lchen für nur dreißig Zuschauer; ein riesiger A..l – ein zartes, kleines Ä..chen; Klaus hat volles H..r – auf dem Finger wächst ein dünnes H..rchen; die USA sind ein großer St..t – Luxemburg ist ein kleines St..tchen
ä — Älchen, Sälchen, Pärchen, Härchen, Städtchen	

Schreibe ab und fülle die Lücken mit aa oder ä!

ein Paar Schuhe – das Pärchen in der Hochzeitskutsche; . . . . .

9.7.4.4 Wörter mit ie

niesen	fließen	fliegen	kriechen
ich niese	es fließt	sie fliegt	ich krieche
du niest	Fließband	Flieger	du kriechst
geniest	fließend	Fliege	Kriechspur
Niespulver	er fließt	fliegend	kriechend

Schreibe diese Wortfamilien ab und kreise das gedehnte ie jeweils ein!

Lerne auswendig

Mit viel Sorgfalt – immer wieder – schreibe ie-Wörter nieder: biegen, fliegen, kriegen, schieben, sieben, niesen, schießen, schließen, siegen, nieder, niemand, nie und schief, schieben, tief und schließlich schlief.

Lerne den Vers und schreibe möglichst viele Wörter mit ie aus dem Gedächtnis auf!

Jeder von uns ist ein Wörter-Zauberer und zaubert Reimwörter aus der Tasche!

schief	–	tief
schier	–	
verdrießlich	–	
entschieden	–	
fliehen	–	
Revier	–	
nieder	–	

reimen

schließlich schlief · · · wieder hier nie verschieden

ie

Gliederwagen – Lieferpuppe·Kniebrief – Liebesgelenk
Nieselfach – Schließregen·Schmierbraten – Spießfink
Fieberhof – Friedträume·Niederschlange – Papierschlag
Spielrichter – Schiedszeug·Ziegelsuppe – Zwiebelstein
Schließsehen – Wiederfach·Spielkühltruhe – Tiefplatz

Hier hat der Fehlergeist wieder einen tollen Schaden angerichtet. Bessere ihn aus und kreise das (ie) immer ein!

Gliederpuppe – Lieferwagen; Nieselregen – Schließfach;

ie

Der Kasper spricht die Gegenwart, die (ie)-Hexe zaubert die Vergangenheit.

Verb	Gegenwart	Vergangenheit
ausfallen	es fällt aus	es fiel aus
aufblasen	er bläst auf	er blies auf
abschreiben		
bleiben		
schreien		
raten		
rufen		

v(ie)l

 fallen – er fiel

 viel Obst

f(ie)l

Ein Apfel nach dem anderen .... vom Baum. Schließlich lag .... Obst auf der Erde. Der Bauer brachte .... e Körbe. Das .... e Obst wurde aufgelesen. Auf der Fahrt zum Markt .... ein Korb vom Wagen. Das gab .... Durcheinander auf der Straße. .... e Autos mußten anhalten. Die Marktfrau baute das .... e Obst mit .... Liebe auf dem Tisch ihres Standes auf. Dann kamen .... e Kunden. Eine Kundin kaufte .... Dann riß ihr das Netz, und die schönen Früchte .... en auf die Straße.

Schreibe ab und setze (viel) oder [fiel] richtig ein!
(Kontrolltext oder Wörterliste benutzen!)

9.7.4.5 Wörter mit „ieh"

ieh

sehen / sieht

So ein Quakefrosch kann mit seinen Froschaugen ringsherum sehen. Hier steht, was er alles sieht:

Kuh auf der Weide · Vögel Fliegen · Enten·Gänse
Menschen · Fische · Mücken ·
eine Schlange und reißt aus

Er sieht eine Kuh auf der Weide. Er sieht Vögel.

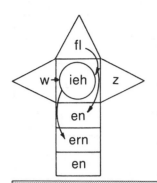

wiehern – es wiehert – es hat
　　　　gewiehert
fliehen

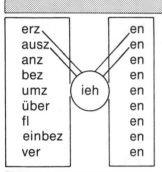

Schreibe die zusammengesetzten Wörter!
Umkreise das (ieh) jeweils!

erziehen, ihr erzieht
ausziehen, ihr zieht aus

Tillies Vater ist Feuerwehrmann. Tilli sagt, was er tut.
Schreibe, was Tilli sagt!

was er tut	Tilli sagt
befehlen	*er befiehlt; du befiehlst*
empfehlen	*er empfiehlt; du empfiehlst*
sehen	*er*
versehen	
nicht stehlen	

ieh

ieh

ieh

9.7.4.6 Das Binde-h bleibt als Dehnungs-h erhalten!

glühen　mähen　krähen　blühen　ziehen　nähen
wehen　ruhen　sprühen　stehlen　fliehen

h

Funke	*sprühen: Der Funke sprüht.*
Kohle	*glühen: Die Kohle glüht.*
Wind	*wehen: Der W*

h

Bauer	
Hahn	
Kranke	
Blume	
Näherin	
Pferd	
Dieb	
Flüchtling	

Laß alle Wörter durch den Trichter der h-Erhaltungsmaschine laufen! Unterstreiche dann das h in der Grundform des Verbs und in der 3. Person!

h

Laß durch Drehung der Schaufeln die Wörter entstehen und suche die Grundformen der Verben! Achte darauf, daß das h erhalten bleibt!

es gesch(ie)ht – gesch(eh)en
er fl(ie)ht – fl(ieh)en
er s(ieh)t

9.7.4.7 Einfacher Selbstlaut – und doch lang

i

Setze die Buchstaben zu Wörtern mit langem i zusammen!

1	Kamin	5	
2		6	
3		7	
4		8	

Lang-i-Unsinn-Gedicht

Ein Tiger ging ins Kino
und ein Biber ebenso.
Dann saßen sie am Kamin
und tranken viel Benzin.

Zum Beten suchten sie 'ne Bibel,
doch fanden sie nur eine Fibel.
Die beiden am Kamin,
sie brauchen ganz schnell Medizin.

1. Suche alle Wörter mit einfachem langgesprochenen i heraus! Schreibe sie auf und lerne sie auswendig, daß du sie aus dem Gedächtnis aufschreiben kannst!

   der Tiger, das K_____

2. Schreibe zusammengesetzte Wörter!

   der Tigerschwanz, die Kinoreklame,_____

Wörter mit langem i:
Löse diese Rätsel! Die Lösungswörter haben ein i, das lang gesprochen wird. Nimm das Wörterbuch zu Hilfe!

1	Gefährliche Wildkatze
2	Kraftstoff für Autos
3	Saftige Südfrucht
4	Zieht einen Eisenbahnzug
5	Streichinstrument
6	Getrocknete Weinbeeren
7	Pflanzenfett
8	Helfer des Menschen bei der Arbeit
9	Hasenart

Lerne diese Wörter mit langen Selbstlauten so, daß du sie aus dem Gedächtnis schreiben kannst!

Lang-u-Rätsel

1	Körperteil
2	sechster Monat
3	siebter Monat
4	Stoffart
5	fließt in Adern
6	blühende Pflanze
7	alles, was natürlich ist
8	Ackergerät
9	Erholungszeit

Lösungswörter: Blume, Urlaub, Pflug, Natur, Tuch, Juli, Blut, Minute, Juni

1. Löse das Rätsel!
2. Lerne und übe die Wörter, so daß du sie aus dem Gedächtnis schreiben kannst!

langer Selbstlaut

Setze die Buchstaben jeweils zu Wörtern mit langgesprochenen Selbstlauten zusammen!

ā	ē	ie	ō	ū	ǟ	ȫ	ǖ
m+en/e	r+n/d/e	z+n/l/e	h+l/e	bl+n/t/e	sch+l/e	fl+n/t/e	br+t/e/n

m	ma	mal	male	malen
r	re	red	rede	reden
z	zie	ziel		

Unterstreiche alle langklingenden einfachen Selbstlaute!

langer Selbstlaut

Löse dieses Rätsel! Die Lösungswörter findest du im Wortkästchen!

Blühende Pflanze
Gefäß, Behälter
Der König trägt sie
Breiter Fluß
Schulkinder
Augenwassertropfen
Musikinstrument
Hebt schwere Lasten
Schneidegerät
Schuhe sind aus

Wortkästchen:
Schēre
Flȫte
Blūme
Strō̄m
Krā̄n
Lēder
Schǟle
Schǖler
Krō̄ne
Trǟnen

9.7.5 Sonderfälle
9.7.5.1 ß – ss – s

ß

Füße – Fuß
büßen – Buße
süßen – süß
grüßen – Gruß

Untersuche, ob in diesen Wörtern mit „ß", „ü" und „u" kurze oder lange Selbstlaute sind!
Sprich: Füße – Fuß
Schreibe: Fǖße – Fūß

ß

stoßen – Stoß
fleißig – Fleiß
Klöße – Kloß
fraßen – fraß
aßen – aß
spaßen – Spaß
spießen – Spieß
stoßen – Stoß

Kennzeichne in diesen Wörtern die Selbstlaute vor dem „ß"!
Lange Selbstlaute: ā
Kurze Selbstlaute: ȧ

stoßen – der Stoß
fleißig – der Fl

ß

Fülle die Lücken „ß" aus! Schreibe ab!
Kennzeichne den langen Selbstlaut vor „ß" mit dem Dehnungsstrich!

grü◯en, der Gru◯, er grü◯t; die Fü◯e, der Fu◯; sto◯en, der Sto◯, er stö◯t; die Klö◯e, der Klo◯; sie a◯en, er a◯; sie fra◯en, er fra◯; flei◯ig, der Flei◯; der Flei◯ige; das Ma◯

grüßen, der Gruß, er grüßt, die Füße,
der F_____

Welche Regel könnte man für <u>diese</u> ß-Wörter aufstellen? Schreibe die richtige Regel ab!
1. Vor ß steht immer ein kurzgesprochener Selbstlaut.
2. Vor ß steht immer ein langgesprochener Selbstlaut.
3. ß hat immer einen Mitlaut vor sich.

Gegenwart		Vergangenheit
er reißt		*er riß*
sie gießt		*sie*

~~er reißt~~	~~er riß~~
~~sie gießt~~	sie goß
sie läßt	sie ließ
es hieß	es heißt
er floß	er fließt
sie stößt	sie stieß
er biß	er beißt
sie sprießt	sie sproß
er schoß	er schießt

Ich bilde zusammengesetzte Wörter!

Fuß, Riß, Nuß, Abschluß, Fluß, Biß, Schuß, Schloß
+
Ball, Waffe, Feier, Hund, Ufer, Turm, Wunde, Knacker

der Fuß – der Fußball

Kurzer oder langer Selbstlaut vor „ss" ?	~~Tasse~~ · ~~Tassen~~ · ~~Masse~~ · ~~Massen~~ · Klasse · Klassen · Kasse · Kassen · lassen · ich lasse · hassen · ich hasse · prassen · ich prasse · Messer · besser · der Esser · essen · messen · verbessern · Bissen · sie rissen ab · Kissen

1. Schreibe ab! *Tasse, die Tassen; die Masse,*
   die Massen,
2. Untersuche, ob die Selbstlaute vor dem „ss" kurz oder lang klingen! Kennzeichne <u>a</u>–a!
die Ta̭sse, die Ta̭ssen, die Ma̭sse

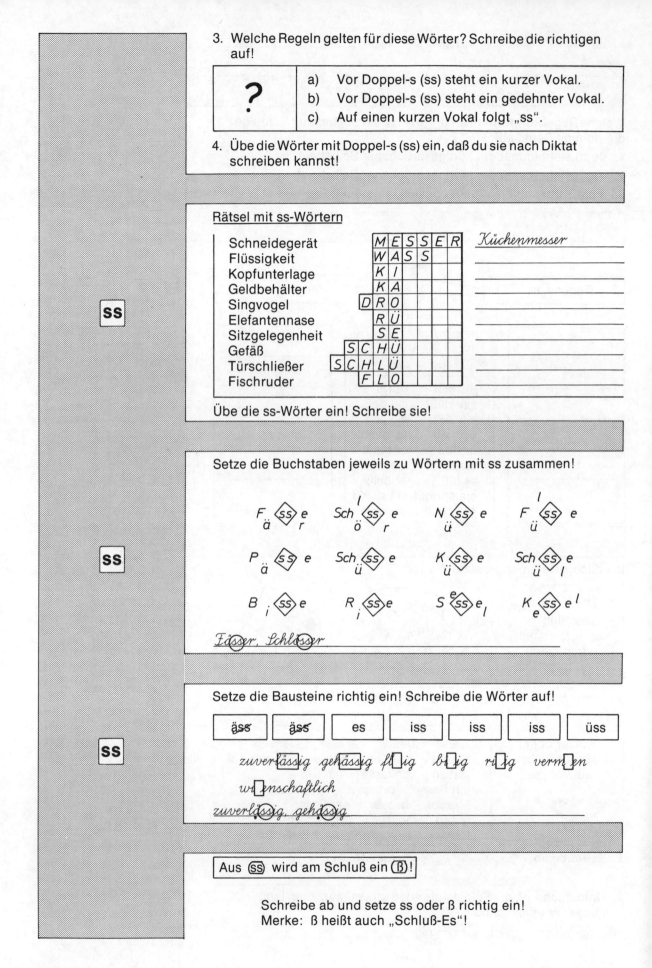

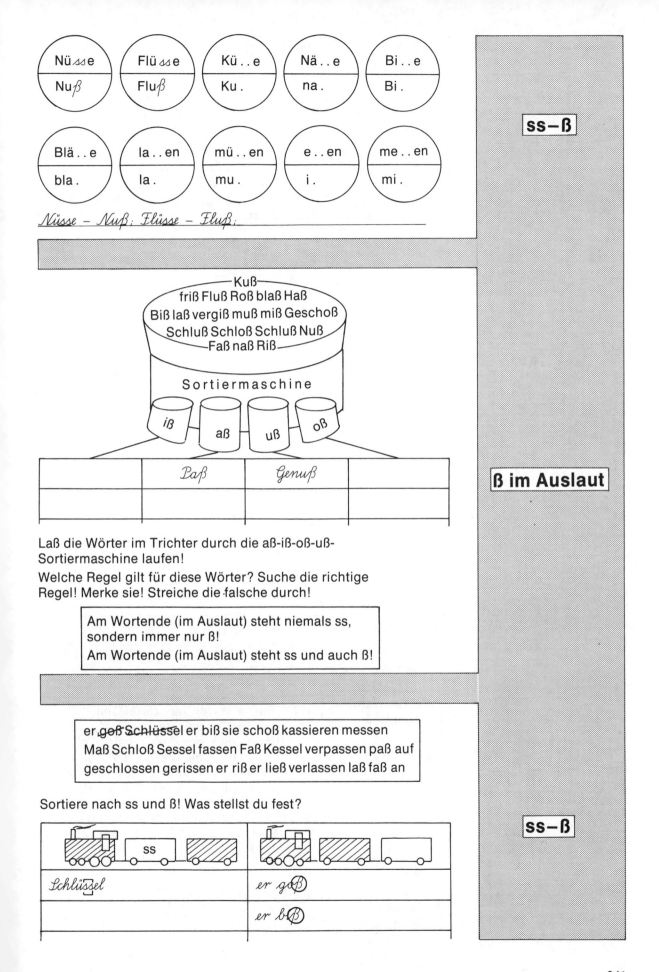

ss–ß

Aus ss wird am Schluß ein ß!	
Mehrzahl	Einzahl
viele Hundebisse	ein Hundebiß

Setze diese Wörter in die Tabelle ein und bilde die Einzahl!

Hundebisse, Weinfässer, Schreckschüsse, Haselnüsse, Türschlösser, Hautrisse, Reißverschlüsse, Gebirgsflüsse, Abschiedsküsse, Pflanzensprosse, Kolosse, Pässe

ss–ß

vergessen essen messen fressen

du-Form → Befehlsform

du vergißt — vergiß

du mi...

Punktiere das i vor dem ß!
Schreibe die Verben noch einmal so:

vergessen – du vergißt – vergiß

s–ß

leise · Reise · fleißig · Blase · Straße · Fleiß · heiß · Preis · Kreis · leis · Spaß · vergaß · groß · süß · weiß · Meise   weise (= klug)

s	ß
leise, Reise	fleißig

s ? ß

Wer die Wahl hat, hat die Qual!

sßss
ßssßß
sssß
ßsß
ßßßs

leiSe, verreiSen, zerreiSen, die ReiSe, fleiSig, der FleiS, der GreiS, der PreiS, heiSe Würstchen, EiS, die BlaSe, die StraSe, er blieS Luft hinein, spaSig, SpaS, er vergaS es, der HaS, der HaS

1. Schreibe die Wörter und setze richtig s oder ß ein! Benutze das Wörterbuch, um Fehler zu vermeiden!

   leise, verreisen, zerreißen

2. Ordne die Wörter so:

s	ß

242

9.7.5.2 Sp – sp

Es träumte einst ein ..*Specht*..,
ein fetter Wurm, der wär ihm recht.
Der kleine schicke Igel,
der schaut gern in den ....
Die sieben kleinen Katzen,
die schimpfen auf die S ....
Es schrie vor Durst der Pudel:
„Ich brauche schnell ein ...."
Der Hase fraß Salat
und glaubt, es sei ....
Der Fink, der schimpft: „Ist das ein ....,
man kommt ja damit nie ans Ziel!"
Mäuse woll'n in Erde wühlen,
Männer müssen Teller ....
Lieder müssen klingen,
Kinder wollen ....
Zur Sparkasse kommen Scharen,
um für den Urlaub zu ....
Sie öffnen weit die Türen,
schon ist ein Luftzug zu ....

Setze in die lustigen Verse die richtigen Reimwörter ein!

Specht · Spiegel · Spiel · Spinat · Sprudel · Spatzen · spülen · sparen · spüren · springen ·

Übermale alle Sp, sp rot!

sp

Wir beugen das Verb

~~spielen~~ · springen
sprechen · spritzen
spülen · spüren
sparen · spitzen
spulen · spurten

Grundform	ich-Form	du-Form
spielen	*ich spiele*	*du spielst*

sp

1. Dieses Rad kann noch nicht fahren, weil seine Speichen noch nicht vollständig eingezogen sind.
   Bring die Speichen-Wörter in Ordnung und schreibe sie auf!
2. Verbinde diese Wörter des Rades mit den Wörtern der Wörterstraße zu zusammengesetzten Nomen!

Schuh · Haar · ~~Rad~~ · Tür · Mutter · Korn · Stiefel · Rundfunk · Geld

1	*Speiche, Sp*
2	*Radspeiche,*
3	
4	
5	

sp

sp

Wir s......pinnen nicht, sondern wir s ch pinnen

Hallo, Achtung! Sprich sp am Wortanfang wie schp!

spießen Spießbraten Rad
sprühen   Braten
spritzen   Zeug
sprechen   Dose
spiegeln   Düse
spüren   Stunde
sperren   Bild
spielen   Nase
spülen   Müll
sprudeln   Maschine
spinnen   Flasche
spaßen   Vogel

sp   Sp

Der sp-Roboter klappt seine Flügel zusammen und bildet dabei jeweils ein zusammengesetztes Nomen. Schalte ihn ein!

---

sp

Wenn's am Zeilenende knapp – trenn das s vom p schnell ab!

kaspern · der Kasper
räuspern · das Räuspern
lispeln · das Gelispele
raspeln · die Raspel
knuspern · das Knusperhaus
wispeln · das Gewispel
verhaspeln · die Haspel

Schreibe die Wörter ab und trenne sie nach ihren Sprechsilben! *kas-pern, der Kas-*

9.7.5.3 **st** **St**

st

Heinrich Hoffmann
Die Geschichte vom fliegenden Robert

Stop

Schtop

Lies das Gedicht!
Schreibe alle Wörter, die st/St im Anlaut haben, auf!
Kreise das st/St ein!

Sturm, Stuben

Wenn der Regen niederbraust,
wenn der Sturm das Feld durchsaust,
bleiben Mädchen oder Buben
hübsch daheim in ihren Stuben.
Robert aber dachte: Nein!
Das muß draußen herrlich sein!
Und im Felde patschet er
mit dem Regenschirm umher.

Hui, wie pfeift der Sturm und keucht,
daß der Baum sich niederbeugt!
Seht! Den Schirm erfaßt der Wind,
und der Robert fliegt geschwind
durch die Luft so hoch, so weit.
Niemand hört ihn, wenn er schreit.
An die Wolken stößt er schon,
und der Hut fliegt auch davon.

Schirm und Robert fliegen dort
durch die Wolken immerfort.
Und der Hut fliegt weit voran,
stößt zuletzt am Himmel an.
Wo der Wind sie hingetragen,
ja, das weiß kein Mensch zu sagen.

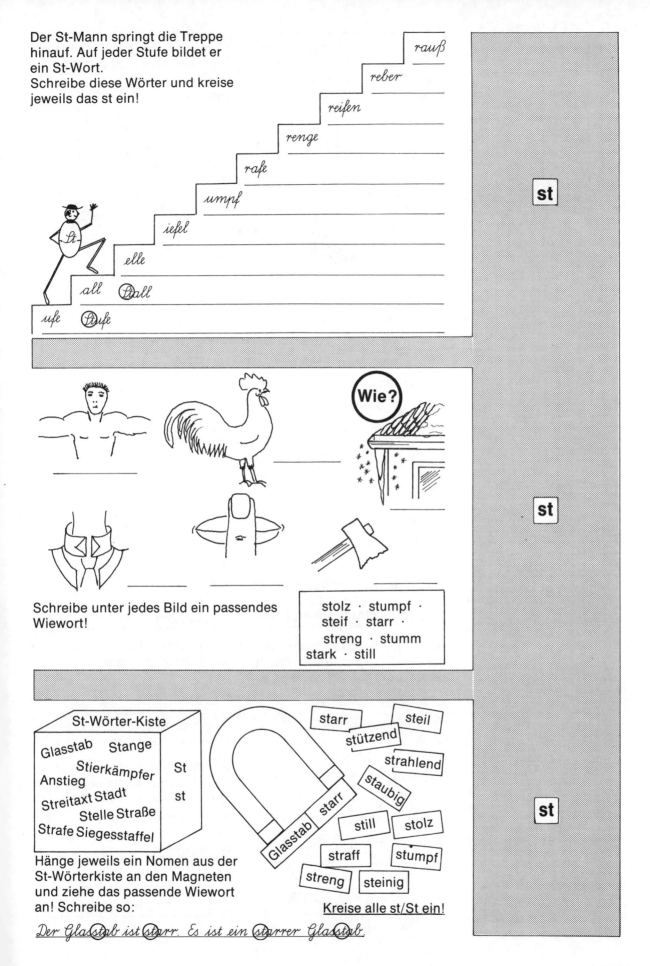

| st | stricken · stürzen · stinken · steigen · stützen · stolpern stempeln · stehlen · stopfen · strecken · streicheln |

1. Schreibe die st-Verben unter das jeweilige passende Bild!

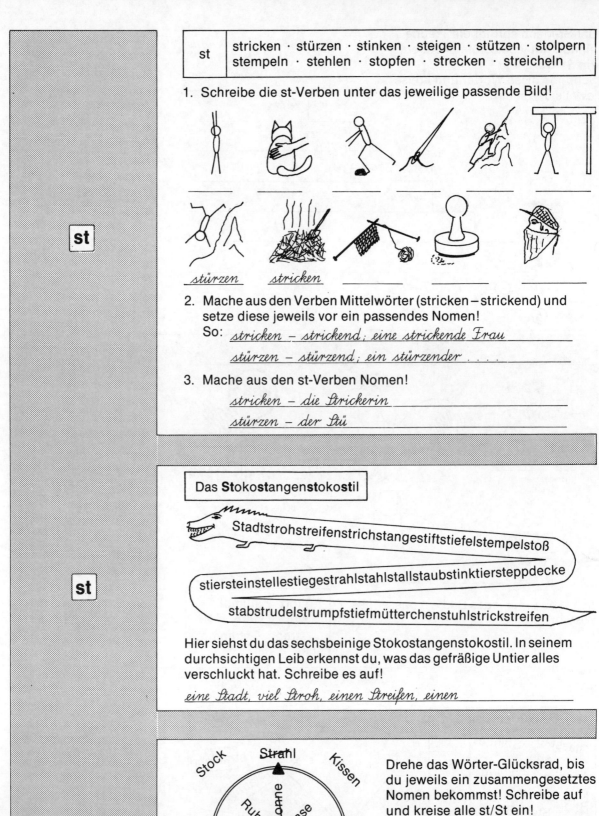

stürzen   _stricken_

2. Mache aus den Verben Mittelwörter (stricken – strickend) und setze diese jeweils vor ein passendes Nomen!
   So: _stricken – strickend; eine strickende Frau_
   stürzen – stürzend; ein stürzender ...

3. Mache aus den st-Verben Nomen!
   stricken – die Strickerin
   stürzen – der Stü

Das Stokostangenstokostil

Stadtstrohstreifenstrichstangestiftstiefelstempelstoß
stiersteinstellestiegestrahlstahlstallstaubstinktiersteppdecke
stabstrudelstrumpfstiefmütterchenstuhlstrickstreifen

Hier siehst du das sechsbeinige Stokostangenstokostil. In seinem durchsichtigen Leib erkennst du, was das gefräßige Untier alles verschluckt hat. Schreibe es auf!

eine Stadt, viel Stroh, einen Streifen, einen

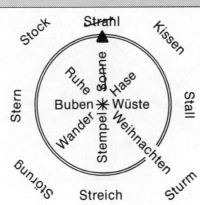

Drehe das Wörter-Glücksrad, bis du jeweils ein zusammengesetztes Nomen bekommst! Schreibe auf und kreise alle st/St ein!

Sonnen(st)rahl

Leiste · Lasten · Listen · Kisten · Kasten · Masten · Kosten · Küste · Pisten · pusten · Fäuste · fausten · husten · kosten · Pasteten · Paste

Leiste, Lei-ste; Lasten, La-sten; Listen, Li-sten

Trenne nie st –
das wär' ein Fehler, o weh!

st

9.7.5.4 v, V – ver.., viel.., voll.., vor..

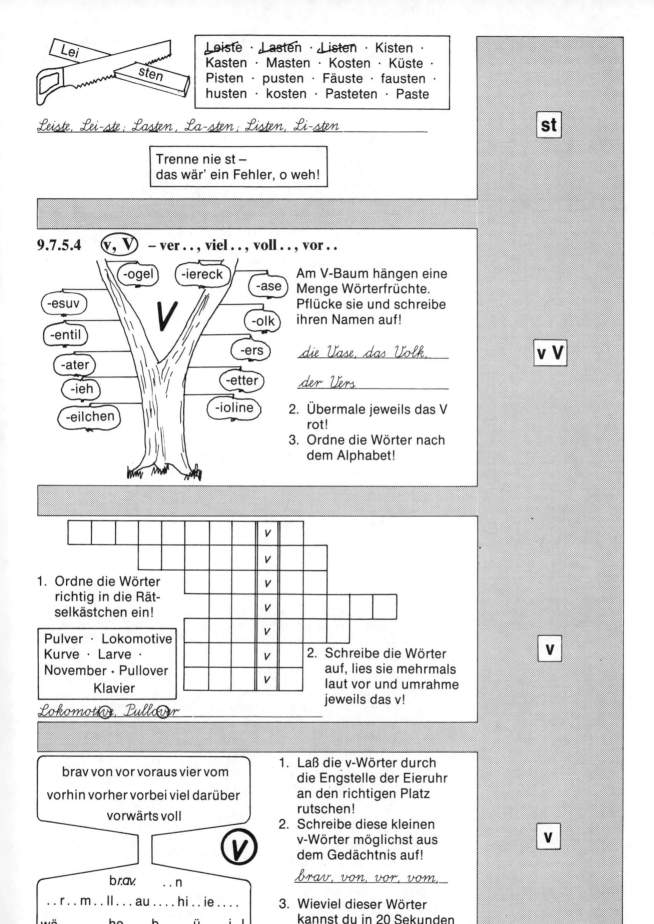

Am V-Baum hängen eine Menge Wörterfrüchte. Pflücke sie und schreibe ihren Namen auf!

die Vase, das Volk,
der Vers

2. Übermale jeweils das V rot!
3. Ordne die Wörter nach dem Alphabet!

v V

1. Ordne die Wörter richtig in die Rätselkästchen ein!

Pulver · Lokomotive
Kurve · Larve ·
November · Pullover
Klavier

Lokomotive, Pullover

2. Schreibe die Wörter auf, lies sie mehrmals laut vor und umrahme jeweils das v!

v

brav von vor voraus vier vom
vorhin vorher vorbei viel darüber
vorwärts voll

b.r.a.v. ..n
..r..m..ll...au....hi..ie....
wä... ...he....b.....ü....i.l

1. Laß die v-Wörter durch die Engstelle der Eieruhr an den richtigen Platz rutschen!
2. Schreibe diese kleinen v-Wörter möglichst aus dem Gedächtnis auf!

brav, von, vor, vom,

3. Wieviel dieser Wörter kannst du in 20 Sekunden schreiben?

v

v V	Vase Veilchen Vogel Vulkan Vers Ventil Viereck Vater Violine 1. Das ist die viel-Vorsetzmaschine. Benutze sie! *viel Vasen, viel Veilchen,* 2. Kreise das Wort „viel" jeweils ein!
v	**Unterstützung der Merkfähigkeit** Vielen Kindern helfen Merkverse als Gedächtnisstützen. Allerdings muß geübt werden, solche Merkverse auch bewußt anzuwenden. → Merke: Mit v – das merken wir schreibt man ver-, voll, vom, von, vor und auch viel und vier.
v V	Auch Kitsch-Sätze erleichtern es dem Schüler, die darin vorkommenden Wörter zu rekapitulieren: *Vetter Volker verzapfte vor der Vase mit Veilchen viele Verse über Rindvieh.*
ver- **vor-**	**Ver- oder Vor-, was paßt?** (Ver)such (Ver)setzung (Vor)trag ...stand ...name ...nunft ...ein ...sicht ...hang ...lust ...letzung ...gabe ...wundung ...trauen ...wendung ...warnung ...silbe 1. Setze die passende Vorsilbe jeweils ein! 2. Ordne die Wörter in eine Tabelle ein | Ver- | Vor- | |---|---|
ver-	**Gegenteilpaare** 1. Schreibe das Gegenteil! lang · groß · besser spät · heil · langsam verkürzen ↔ *verlängern* verkleinern ↔ _____ verschlechtern ↔ _____ verfrühen ↔ _____ verletzen ↔ _____ verschnellern ↔ _____ 2. Schreibe die Gegenteil-Verben noch einmal auf!

Hier bekommst du Wortzüge, wenn du die Einzelteile passend an die Vorsilbe „ver-" oder „vor-" anhängst!

| sprech | schreib | brenn | letz | nen | tusch | les |
| trag | en | | en | | | |

ver- *versprechen*
verbrennen

vor- *vorsprechen*

ver-
vor-

Wagen · Borsten · Zeug · Horn · Salz · Feder · Zucht · Rind · Seuche

Vieh

Bilde Zusammensetzungen mit dem Wort „Vieh"!

Viehwagen, Borstenvieh

Vieh

Borstenvieh · Federvieh · Hornvieh · Rindvieh · Zuchtvieh · Viehseuche · Viehzeug · Viehwagen · Viehtransport

Setze die Wörter am richtigen Platz ein!

Borstenvieh

Vieh

„voll"

1. Sortiere die Wörter nach Verben, Nomen und Adjektiven!
2. Umrahme jeweils die Silbe voll!

vollständig
Vollendung
vollstopfen vollschreiben vollfüllen vollbringen
vollspurig Vollblutpferd vollstrecken Vollmond
vollschlank Vollkornbrot vollkommen
volljährig Volldampf vollwertig vollmachen

Verb (Tuwort)	Nomen (Namenwort)	Adjektiv (Wiewort)
vollstopfen	*Vollblutpferd*	*vollspurig*

voll

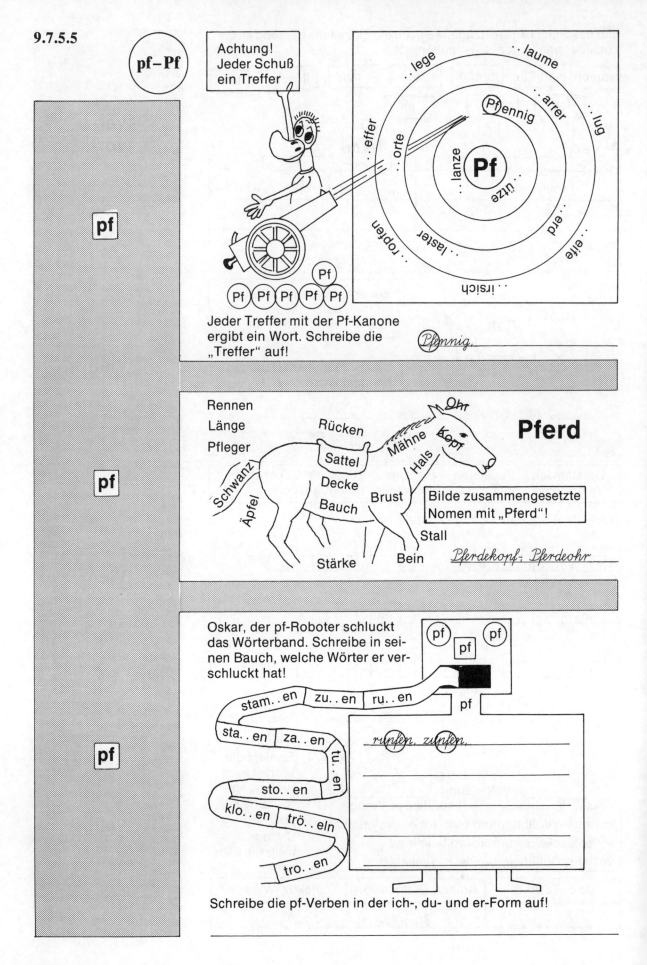

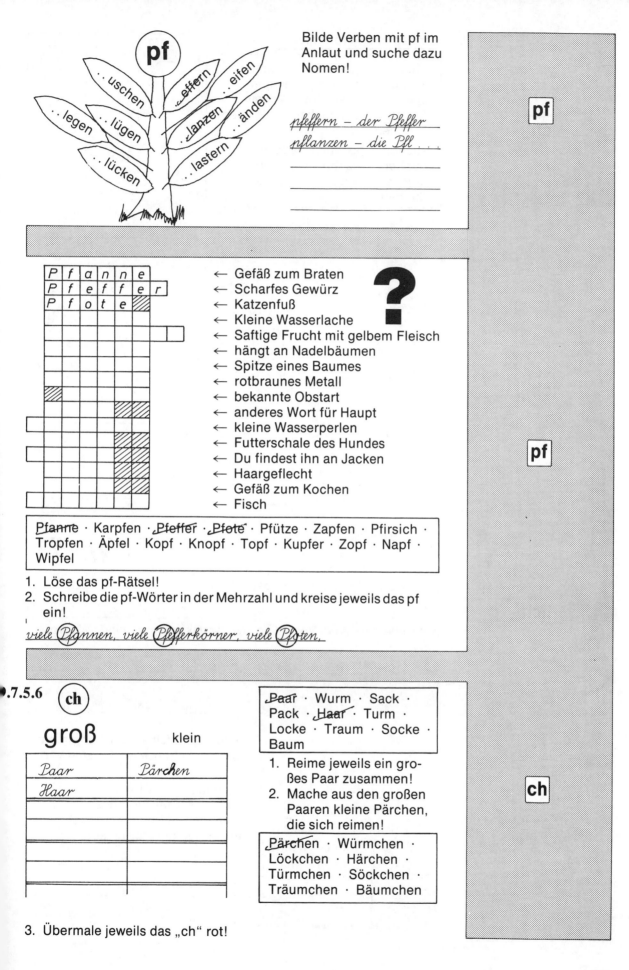

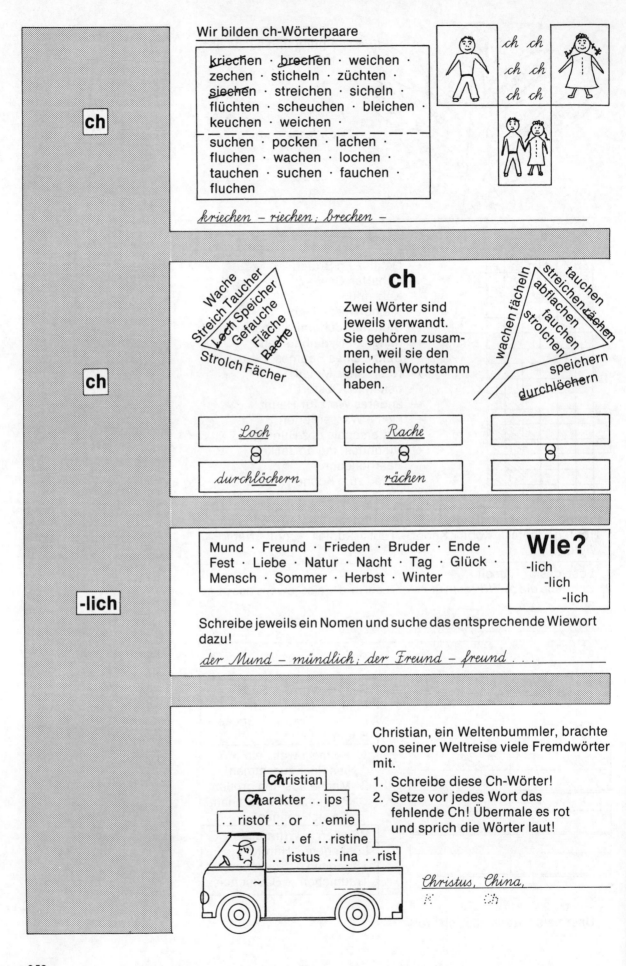

ch

Wir bilden ch-Wörterpaare

kriechen · brechen · weichen ·
zechen · sticheln · züchten ·
siechen · streichen · sicheln ·
flüchten · scheuchen · bleichen ·
keuchen · weichen ·
suchen · pocken · lachen ·
fluchen · wachen · lochen ·
tauchen · suchen · fauchen ·
fluchen

kriechen – riechen; brechen –

ch

Wache · Streich · Taucher · Loch · Speicher · Gefauche · Fläche · Rache · Strolch · Fächer

ch Zwei Wörter sind jeweils verwandt. Sie gehören zusammen, weil sie den gleichen Wortstamm haben.

tauchen · streicheln · abflachen · wachen · fächeln · fauchen · strolchen · speichern · durchlöchern

Loch — *durchlöchern*
Rache — *rächen*

-lich

Mund · Freund · Frieden · Bruder · Ende ·
Fest · Liebe · Natur · Nacht · Tag · Glück ·
Mensch · Sommer · Herbst · Winter

Wie?
-lich
-lich
-lich

Schreibe jeweils ein Nomen und suche das entsprechende Wiewort dazu!

der Mund – mündlich; der Freund – freund

Christian, ein Weltenbummler, brachte von seiner Weltreise viele Fremdwörter mit.

Christian
Charakter ..ips
..ristof ..or ..emie
..ef ..ristine
..ristus ..ina ..rist

1. Schreibe diese Ch-Wörter!
2. Setze vor jedes Wort das fehlende Ch! Übermale es rot und sprich die Wörter laut!

Christus, China,

252

9.7.5.7 Differenzierung rch – rsch

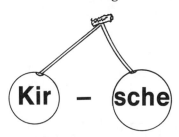

K	i	r	s	c	h	e
K	i					
		r				
				c		
					h	

Differenzierung rsch – rch

1. Fülle die Buchstabenkästchen aus, so daß jeweils das Wort „Kirsche" entsteht!
2. Bilde zusammengesetzte Wörter mit „Kirsche"!

| Kirsch(en) + | ~~Kern~~ ~~Saft~~ Baum Kuchen Blüte Torte Ernte Pflücker |

*Ki**r**schkern, Ki**r**schsaft,* _____

3. Kreise das r vor dem sch jeweils ein!

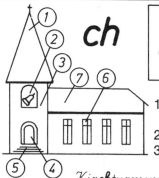

○ Kir..turmspitze · ○ Kir..englocke ·
○ Kir..turm · ○ Kir..entür ·
○ Kir..entreppe · ○ Kir..enfenster ·
○ Kir..endach

1. Setze in alle Kirchenwörter das fehlende ch ein!
2. Gib den Wörtern die richtigen Nummern!
3. Schreibe die Wörter ab! Übermale das ch!

*Kir**ch**turmspitze, Kir**ch**englocke, Ki* _____

Kirche · Kirche · Kirche · Kirche · Kirsche · Kirche ·
Kirsche · Kirsche · Kirsche · Kirsche · Kirche · Kirsche ·
Kirche · Kirche · Kirche · Kirsche · Kirche · Kirche ·
Kirsche · Kirsche · Kirsche · Kirsche · Kirche · Kirsche

Lies aufmerksam und streiche in jeder Reihe das falsche Wort durch!

9.7.5.8 x-Laute

1. Löse dieses Rätsel mit Hilfe des Wortkästchens!

X   X

Böse Frau im Märchen
Spaß, Scherz
Großes Beil
Wasserfee
Mit Fäusten stoßen
Mühsam auf den Berg klettern
Jungenname
Jungenname
Ein Mietauto
Dumme Späße

Axt · Nixe · kraxeln · boxen · Alexander · Felix · Taxe · Jux · Faxen · Hexe

x

2. Schreibe die x-Wörter ab und unterstreiche oder übermale das x!

Hexe, Jux.

3. Erkennst du die Wörter wieder? Fülle aus!

H	e	x	e
N	i	x	e
J			
T			
A		

F			
F			
h			
b	o		

chs

chs-Unsinn-Gedicht

Einst besuchte den schlauen Fu......
sein Kletter-Vetter Lu.......
Da gab es bei den Fü......
wohlschmeckendes Fleisch aus Bü.......
Da schrie der kleine Da......:
„Ich hätte lieber La......!"
Die Eidechs lachte „La, Lachs, Lachsen –
werd du erst mal erwa......."

Fuchs · Dachs ·
Luchs · Lachs ·
Füchse · Büchse ·
erwachsen

1. Du kannst das Gedicht vollenden, wenn du die chs-Wörter richtig einsetzt!
2. Schreibe das Gedicht!

Sortiere die chs-Wörter nach den Signalgruppen ach, uchs, üchs und ochs!

Fuchs · Ochse · Lachs · Luchs · Erwachsener · Dachs · Büchse · Füchse · Achse

achs	ochs	uchs	üchs

chs

wachsen	wachsen
Ich wa...... die Ski.	Er ist groß gew.......
Du wa...... die Ski.	Ich will noch w.......
Wir brauchen dazu Skiw.......	Ohne gute Ernährung w......
Die Putzfrau w...... den	man nur langsam
Fußboden des Zimmers.	das Wa...... tum
Sie alle brauchen W.......	Alle Kleinen wollen w.......

1. Setze die Wörter ein bzw. vervollständige die Wörter!

wachsen · du wachst · Skiwachs · sie wachst	gewachsen · du wächst · wachsen · Wachstum

2. Schreibe Wörter mit chs auf und übermale das chs rot!

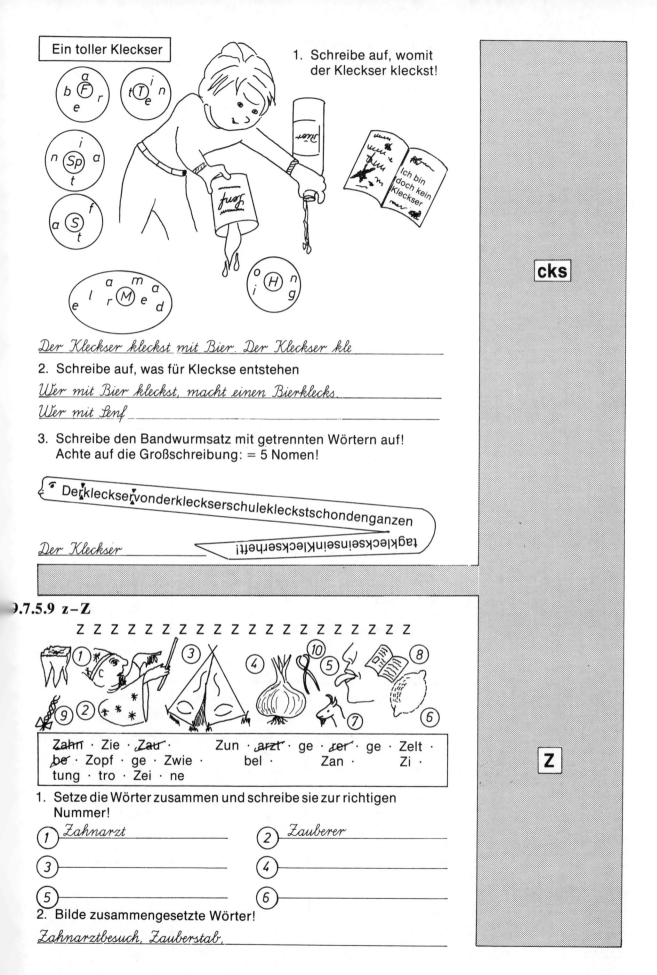

Das ist der z-Wörter-Reim-Computer. Wenn du ihn richtig bedienst, nimmt er einen oder zwei Anfangsbuchstaben der Wörter weg und setzt z dafür ein!

prahlen, prahlt	zahlen, zahlt
wählen, wählt	zählen, z
fliehen, flieht	
tanken, tankt	
bügeln, bügelt	
schielen, schielt	
fischen, fischt	
schlucken, schluckt	
gründen, gründet	

Schreibe die z/Z-Wörter richtig in die Tabelle! Achtung, sprich jedes Wort vorher und höre, ob das z/Z am Anfang als Anlaut, in der Mitte des Wortes als Inlaut oder am Schluß des Wortes als Endlaut steht!

Zoo · schwänzen · ganz · Schwanz · umkränzen · Zahl · Zange · walzen · wälzen · Kranz · stelzen · Zapfen · Zank · tanzen · Tanz · Zauber · Zaun · Ranzen · Zebra · schwarz · schwärzen · Zehe · Gewürz · würzen · Zeichnung · Sturz · stürzen · Zwiebel · Ziffer · Zitrone · Zunge · Herz · Schmerz · heizen

Z als Anlaut	z als Inlaut	z als Endlaut
Zoo	schwänzen	ganz
		Schwanz

-z-	-z-	-z-
nz	lz	rz

Herz tanzt Salz Pflanze Pelz
Holz Arzt Grenze Kerze Pilz glänzt
winzig stürzen schmerzt schmelzen

Nach l, n, r –
das merke ja,
steht nie tz
und nie ck!

1. Ordne die z-Wörter in die Tabelle ein!
2. Prüfe, ob du in den Wörtern nach l, n oder r jemals ein tz findest!

z

Achtung, aufpassen! In jeder Reihe steckt ein unpassendes Wort. Streiche es!

Walze · Salz · Pelz · Pilz · Holz · Schmerz · Sitz · Filz ·
ganz · Grenze · Kranz · kratzen · glänzen · tanzen ·
Arzt · Kerze · Schmerz · Herzen · hetzen · stürzen ·
stolz · winzig · würzig · pelzig · patzig · gänzlich

Überprüfe auch hier, ob die Regel: „Nach l, n, r ……" stimmt!

9.7.5.10 qu – Qu

der Qualm, die Qual,

Qu

Überall fehlt das Qu am Wortanfang. Setze es ein!

Kaulquappen-Quatsch

Quirlige Kaulquappen schwammen kreuz und quer
durchs Aquarium immer hin und ……..
Sie fraßen – wurden dick und länger,
im Aquarium aber wurd' es eng und …..
Und eines Tages war'n sie weg,
das war vielleicht ein ……!
Dafür schwammen und sprangen quicklebendige Vierbeiner –
manche größer, manche …….
Sie quakten und quäkten und sangen
und spielten mit Mücken Quicki-Quacki-…….

her · Schreck · enger · Fangen · kleiner · größer

1. Schreibe das Kaulquappen-Gedicht und setze die fehlenden Reimwörter ein!
2. Schreibe aus dem Gedicht alle Wörter mit qu/Qu heraus! Übe sie! Schreibe jeweils eine Zeile! Übermale qu/Qu rot!

Kaulquappen, Kaulquappen, Kaulquappen

Qu / qu

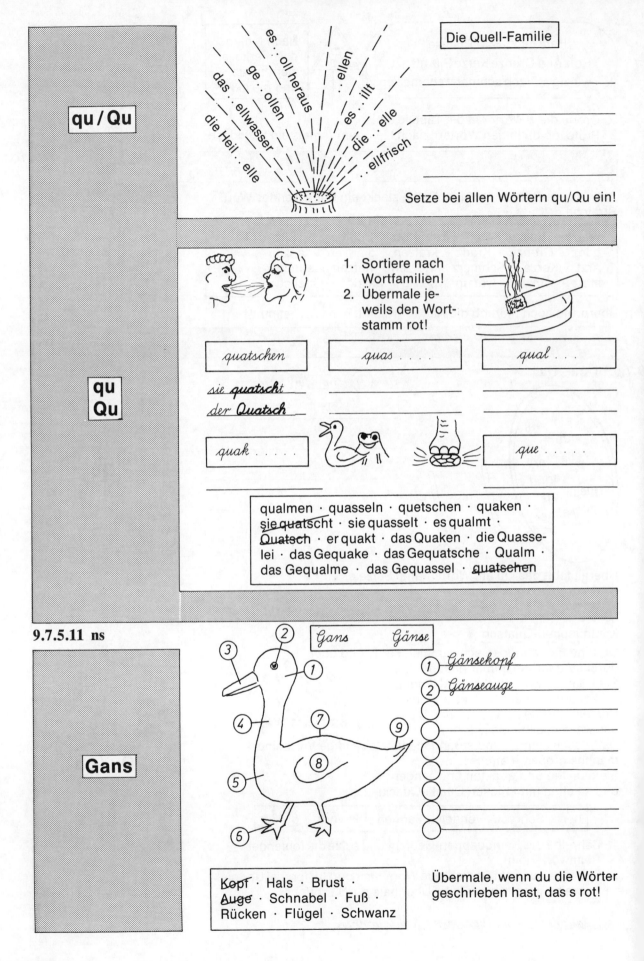

Gute Happen von der Gans

In der Bratpfanne liegen verschiedene appetitliche Gänsespeisen. Weißt du, welche?

Gänseklein, Gänsehaut, _____

Setze die Buchstaben richtig zusammen, dann erhältst du die Namen!

Gans

9.7.5.12 eu – Eu

Wer knackt die eu-Nuß?

Löse die Schale Stück für Stück ab, dann kannst du die eu-Nuß knacken!
Du mußt 12 eu-Wörter erhalten!

Beute, heute, _____

eu

Das Feuer hat in allen Wörtern das eu verzehrt.
1. Schreibe die Wörter und setze dabei jeweils eu ein!
2. Lerne die Wörter auswendig und schreibe sie aus dem Gedächtnis auf!

F(eu)er! F(eu)er! F(eu)er!

Schl..se, h..le, tr..., h..te, F..ert, Z..gnis, Ungeh..er, B..te, B..le, d..tlich, sch.., L..te, H..., N..igkeit

3. Versuche Wörter zu finden, die sich reimen: z. B. neu – Heu!

eu

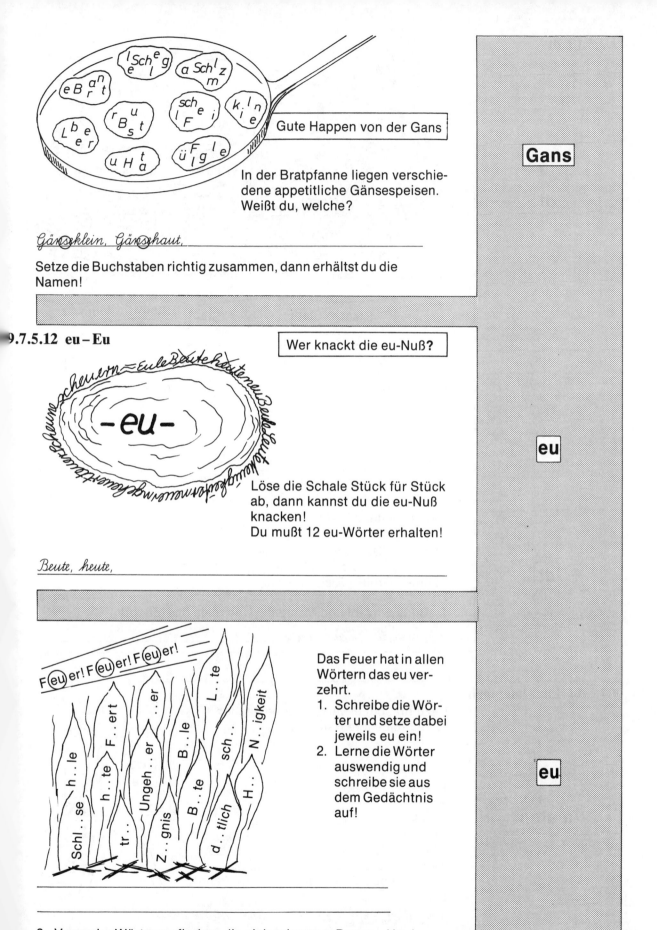

9.7.5.13 dt

dt

Stadt · Stadt · Stadt · Stadt · Stadt · Stadt

~~Tor~~ · ~~Kirche~~ · Schule · Theater · Park · Mauer · Graben · Plan

Findest du dich in dieser Stadt zurecht? Schreibe auf!

① *Stadttor*   ② *Stadtkirche*

③ _____   ④ _____

Verschiedene Städte

~~Haupt-~~ ~~Geburts-~~ Industrie- Olympia- Hafen- Messe- Film- Groß- Klein- Kreis-

dt

1. *Hauptstadt, Geburtsstadt,*
_____
_____

2. Bilde Einzahl und Mehrzahl! Übermale das dt rot!

*Hauptsta**dt** – Hauptstä**dt**e*

9.7.5.14 Ein Maler malt

malen

Dazu braucht er verschiedene Sachen.
1. Schreibe ihre Namen auf!

Pinsel   *Malpinsel*
Farben _____
Block _____
Kittel _____
Stift _____
Kasten _____

2. Schreibe auf, was er alles malen kann!

Der Maler malt ein Haus. Der Maler malt einen Baum. Der M

m~~al~~	en	m~~al~~en	
M	er		
M	erei		
Gem	de		
M	kunst		
M	kasten		
M	pinsel		
ausm	len		
m	erisch		
M	erin		
anm	en		
bem	en		

1. Setze in der linken Reihe den Baustein (Signalgruppe) al ein! Übermale ihn rot!
2. Lerne die Wörter schreiben: Anschauen – einprägen – zudecken – aus dem Gedächtnis rechts hinschreiben!

7.5.15 Mühlen – mahlen

Kaffe · Wasser · Wind · Pfeffer · Getreide · Mohn

1. Schreibe auf, was für Mühlen du kennst!

Ich kenne Kaffeemühlen. Ich kenne ....

2. „mahlen" ist verwandt mit „Mühlen". Ordne die Buchstaben beider Wörter einander zu! Achte auf das h!

   Mühlen   Mühle
   | | | | | | | | | | |
   mahlen   mahle

3. Schreibe, was die verschiedenen Mühlen mahlen!

Kaffeemühle · Mohnmühle · Pfeffermühle · Getreide

Die Kaffeemühle mahlt _____

4. Setze ein, was in diesen Wörtern fehlt!

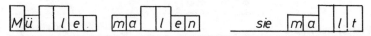

mahlen

7.5.16 **fer**tig

Glocke · Tasche · Laterne · Hähnchen · Torte · Suppe · Kartoffeln · Kuchen

Der Glockengießer ruft: „Die Glocke ist fertig!"
Der Bastler sagt: „   !" Die Köchin ruft: „ sind   !"
Der Bäcker ruft: „ und sind "   „fertig"!

fertig

fertig

Bilde zusammengesetzte Verben mit „fertig"!

| machen · stellen · bringen · kochen · an.......en · |

fertigmachen – er macht fertig, du machst fertig
fertigstellen – er stellt ..... du f_____

Übermale das f jeweils rot!

9.7.5.17 fallen, fiel

fallen – fiel

über	in	vom	auf
Stein	Grube	Tisch	Nase
Ranzen	Busch	Zaun	Rücken
Balken	Wasser	Stuhl	Knie

Schreibe Sätze! Übermale das f rot!

Er fiel über den Stein. Er fiel über den Ranzen. Er fiel

Differenzierung mehr – Meer

Differenzierungsübungen sollten grundsätzlich nach abgeschlossenem Lernprozeß der Einzelbeispiele durchgeführt werden (sonst Vergessensquote bzw. Verwechslungsquote erhöht – „Ranschburgsche Hemmung").

mehr   Setze in den folgenden Sätzen die fehlenden Wörter „Meer" oder „mehr" ein! Schreibe ab, setze ein!   *Meer*

Flüsse und Ströme münden ins .... Peter wollte am liebsten noch .... Eis essen. Er blickte von der Insel aus über's .... Die Fischer fuhren vom Hafen aus hinaus auf's .... Sie warfen ihre Netze zum Fischfang ins .... Wale gibt es nur im .... Der Fischer wollte immer .... fangen. In der Dunkelheit konnte er nichts sehen. Der Bankräuber wollte noch .... Geld. Morgens konnte man über dem .... und .... die Sonne sehen.

Kontrolliere: 6mal [Meer] und 5mal [mehr]

9.7.5.18 Rätsel, Rätsel, Rätsel, Rätsel, Rätsel, Rätsel

k in Fremdwörtern

? Was gehört zusammen?

In Fremdwörtern gibt es kein „ck"

① Leiter einer Schule
② Gebäude, in dem Waren hergestellt werden
○ Anderer Name für Arzt
○ Chef einer Fabrik
○ Abmachung, sich zu helfen
○ Teil eines Theaterstückes
○ Gehilfin des Chefs
○ Arbeitsraum der Sekretärin

○ Doktor
○ Pakt
① Rektor
○ Sekretärin
② Fabrik
○ Sekretariat
○ Akt
○ Direktor

Der Leiter einer Schule heißt Rektor. Ein Gebäude, in dem Waren hergestellt werden, heißt

2. Schreibe diese Fremdwörter mit k auf! Übe sie, bis du sie beherrschst!

3. Setze die Teile zu Fremdwörtern mit k zusammen!

Dok brik rin F Freund ri ve rek tor kre ti schafts kre te ta Fa ko Rek tä te Lo tor tor pakt

1. _____   5. _____
2. _____   6. _____
3. _____   7. _____
4. _____   8. _____

9.7.5.19 Zusammengesetzte Wörter mit Häufung des gleichen Konsonanten

auf

fallen   führen   fangen   frischen   fliegen   fahren.

auffallen _____

Achtung, jedes Wort bleibt im zusammengesetzten Wort erhalten!

Auch bei den folgenden Wörtern siehst du, daß Vorsilbe und Grundwort erhalten bleiben:

mitteilen, annehmen, forttreiben, forttragen, abbrechen, abbiegen, weggeben, abblitzen, abbauen, abblenden, aussuchen, aussetzen, ausschließen, aussondern, abbilden, verraten, verrechnen, verreisen, verrücken, verrutschen, verringern, zerreißen, zerreiben, hinunterrutschen.

Schreibe diese Wörter und zerlege sie in ihre Bestandteile!

mitteilen = mit + teilen
annehmen = an + nehmen

Suche zu den Verben verwandte Nomen!

mitteilen – die Mitteilung; annehmen – die Annahme;
abbrechen – der Abbruch;

10. Vorschläge für Arbeitspläne der einzelnen Schuljahre

10.1. Grundkonzeption:

Abgesehen von der Sicherung der Buchstaben- und Lautfunktion, der Synthese- und Analysefertigkeit im ersten und auch noch in folgenden Schuljahren, steht die Begegnung mit Wortbildern und der Aufbau eines Grundwortschatzes im Vordergrund der Arbeit in der Grundschule. Dabei kommt es auf eine Vielfalt der Begegnungen und der Übungsmöglichkeiten mit dem einzelnen Wortbild an, die das Einprägen seiner Klang- und Schriftstruktur bewirken. Sinn des Übens ist es, die Wortbilder zu automatisieren und spontan abrufbar zu machen. Eine elementare Bedingung für Erfolg ist, daß dem Schüler genügend Übungszeit und gezielte Übungsmöglichkeiten zur Verfügung gestellt werden.

Solange der Schüler noch nicht schwerpunktmäßig einem oder einigen Auffassungsbereichen zugeordnet werden kann, sollte er beim Üben die Chance erhalten, in allen Funktionsbereichen arbeiten zu können, um damit einen breitgestreuten Ansatz für die verschiedenen Sinne zu bieten. Ebenso sollte – wo es notwendig ist – nicht auf gezieltes Wahrnehmungs-, und hier besonders Differenzierungstraining verzichtet werden.

Bei Darstellung von Wörtern und Sätzen gilt es, dem Schüler immer wieder vor Augen zu führen, daß Abschreiben in Kleinsteinheiten (Abschreiben einzelner Buchstaben) wenig fruchtbringend ist, sondern daß Wortbilder und Satzstücke als „Ganzes"

aufgenommen und reproduziert werden sollten. Aufschreiben des ganzen Wortes, des gesamten Satzstückes aus dem Kurzspeicher-Gedächtnis bringt den besten Erfolg im Hinblick auf Einprägung von Orthographie.

Verstärkt sollten schließlich ab 4. Schuljahr die sprachlichen und logischen Elemente ins Spiel gebracht werden, die sich mit echter Chance als Hilfe für Orthographie anbieten:

Der Schüler erwirbt die Kenntnis und erfährt den Vorteil regelhafter Beziehungen.

Die verallgemeinerungsfähigen Aspekte werden bewußt gemacht: Das bedeutet, dem Schüler muß immer wieder gezeigt werden, daß gewisse Bausteine unserer Schriftsprache übertragbar sind auf andere Wortbeispiele (Morpheme/Signalgruppen, Reimwörter, Wortstämme der Wortfamilien...). Morphemwörter hingegen müssen als selbständige Einheit gesehen und erlernt werden (z. B. Vieh).

Die Arbeitsplanvorschläge für die einzelnen Schuljahre können natürlich nicht als starres System gesehen werden. Sie führen lediglich die spezifischen Rechtschreibnotwendigkeiten für Übungen an, die in den betreffenden Schuljahren be- und erarbeitet werden sollen. Dabei soll und kann innerhalb der einzelnen Rechtschreibbereiche nicht Vollständigkeit erreicht werden. Vielmehr sind die Wortbilder nach Häufigkeits- und Gebrauchswert auszuwählen. Auf welchem methodischen Wege und in welcher Systematik der Lehrer die verschiedenen Notwendigkeiten in seine Übungseinheiten einbaut, bleibt ihm freigestellt.

10.2. 1./2. Schuljahr – Schwerpunkt 1. Schuljahr

I. Sicherung der Buchstaben- und Lautfunktion im Zusammenhang mit dem Leselernprozeß

1. Gesprochene Laute in Schrift umsetzen (Laut-/Buchstaben-Diktate).
2. Buchstaben in Laute umsetzen.
3. Erkennen bestimmter Laute und Buchstaben in Klang- und in Wortbildern.
4. Erkennen gleicher Laute und Buchstaben in Klang- und Wortbildern.
5. Differenzieren ähnlich aussehender Buchstaben bzw. ähnlich klingender Laute.
6. Fehlende Buchstaben in geübten Wortbildern benennen und ersetzen.

nach vorgegebenem Bild ermitteln

nach vorgesprochenem Wort ermitteln

7. Lokalisation von Lauten und Buchstaben in Klang- und Schriftbildern.

8. Erfassen und Darstellen von Konsonantenhäufungen: z. B. br (Braten, brechen); dr (drei, drehen, drauf).
9. Phonetisch exakte Aufnahme und Wiedergabe unterschiedlicher Konsonanten und Vokale.
10. Erkennen der Klanglänge und -kürze von Vokalen.

II. Festigung von Merkwörtern im Zusammenhang mit dem Leselernprozeß

Der Merkwortschatz kann sich nach der Fibel richten und der Häufigkeit der in diesem Schuljahr verarbeiteten Wortbilder.
1. Zuordnung Wort – Bild.
2. Zuordnung Wort – Wort (Erkennen gleicher Wortbilder unter anderen).
3. Zuordnung von Gestaltgipfel und Wortrest.
4. Wortveränderungen von Buchstaben am Wortanfang ergeben Reimwörter.
5. Synthese von Buchstaben zu Wortbildern:
    a) Purzelbuchstaben ordnen,
    b) Wortaufbau aus Einzelbuchstaben und Buchstabengruppen,
    c) Wortlücken füllen,
    d) Erfindung neuer Wörter durch Austauschen von ...... Vokalen,
    e) Wortveränderung durch Austausch und Einbau eines anderen Vokals oder Konsonanten, als Endlaut (Ton – Tor).
6. Analyse von Wortbildern bzw. Analyse von Lauten/Buchstaben:
    a) Wortabbau (und Wiederaufbau),
    b) Lokalisation von Buchstaben – Lauten im Wort (z. B.: an wievielter Stelle steht das „g" im Wort „Regen"? – akustisch und visuell).
7. Wörter in ihre Klangteile zerlegen (Silben-Zusammensetzung).
8. Arbeit mit Morphemen:
    a) Erkennen von Wörtern mlit gleichen Morphemen (Bruder – Schwester – ..... er),
    b) mit ein- und demselben Morphem verschiedene Wörter bilden (el: Nadel, Nudel .....),
    c) Wörter nach ihren Morphemen ordnen: dein, mein, Bruder, er, Mädchen, laufen, Nadel, Pudel, klein, immer, Wagen, Zettel.

-e	er	ein	en	el

9. Arbeit mit fibelkonformen Signalgruppen:
    a) vorgegebene Signalgruppen in Wörtern erkennen,
    b) Wörter nach bestimmten Signalgruppen ordnen,
    c) Auf- und Abbau von Wörtern mit Signalgruppen.
10. Umsetzen von Klangbildern in Schriftbilder:
    a) Silbendiktate,
    b) Wortdiktate,
    c) Kurzsatz-Diktate.

III. Erkennen erster Gesetzmäßigkeiten der Orthographie

Im Zusammenhang mit der Sicherung der Buchstaben- und Lautfunktion und der Festigung der Merkwörter begegnen die Schüler ersten Gesetzmäßigkeiten der Rechtschreibung:
1. Namen von Lebewesen (Personen, Tiere, Pflanzen) werden groß geschrieben!
2. Namen von Gegenständen werden groß geschrieben!
3. Am Satzanfang schreiben wir immer groß!

4. Ordnen von Wörtern nach Groß- und Kleinschreibung:
   a) Ordnen in Wörterkästen (Schriftspur: groß =▢▢▢),
   b) Zuordnung der einzelnen Wortarten zu bestimmten Farben (z. B. Nomen – blau; Verben – rot; Adjektive – grün .....).
5. Am Ende eines Satzes steht immer ein Satzzeichen!

IV. Schreiben von Wörtern aus dem Fibel-Wortschatz

1. Richtiges Abschreiben von Wörtern und kurzen Sätzen.
2. Aufschreiben vorgegebener Sätze aus dem Kurzspeicher-Gedächtnis.
3. Schreiben von Wörtern und kurzen Sätzen aus dem Fibelwortschatz ohne Vorlage.
4. Ständige Lese- und Schreibübung von im Fibelwortschatz enthaltenen Kleinwörtern bis zur Geläufigkeit.

10.2. 1./2. Schuljahr – Schwerpunkt 2. Schuljahr

I. Wortbildtraining mit Analogie- und Ableitungsübungen – Aufbau eines Grundwortschatzes

1. Wörter mit den folgenden Selbstlauten
   a – ä   ei
   o – ö   eu
   u – ü   ie
   au – äu
2. Dehnung durch ie, ah, eh, ih, oh, uh, üh
3. Mitlaute: b am Wortende
                  d am Wortende
                  ld am Wortende
                  g am Wortende
                  f am Wortanfang
                  g am Wortanfang
                  h am Wortanfang
                  j am Wortanfang
                  k am Wortanfang
                  Wörter mit p
                  pf am Wortanfang
                  st, sp am Wortanfang
                  Wörter mit Mitlauthäufungen (schm, schw, schl, str, spr)
                  ch als Inlaut und Endlaut
                  t am Wortanfang
                  t am Wortende
                  Wörter mit v, z (zw), r (rz)
4. Schärfung durch   ff
                          ll
                          mm
                          nn
                          pp
                          rr
                          ss
                          tt
                          tz (tzt)
                          ck
5. Fortwährendes Training von Kleinwörtern (ich, du, bin, sind, seid, haben, hat ...)

II. Diskriminationsübungen innerhalb des Grundwortschatzes

1. Kurz- und langklingende Vokale unterscheiden lernen: ă ā

2. Unterscheidung ähnlich aussehender Buchstaben mit Hilfe von Wortbildern

a – o	B – R
e – l	F – T
n – u	C – G
n – m	H – K
k – h	L – S
b – l	M – N
b – d (gedruckt)	T – P
r – n	O – Qu
s – z	

3. Unterscheidung ähnlich klingender Laute in Wortklangbildern

e – ä	b – p	ch – sch
i – ü	d – t	rch – rsch
ü – ö (o)	g – k	
	m – n	
	s – z	

4. „Versteckt" klingende Laute in Wortbildern und deren Klangbildern erkennen
lk, lm, ln
rch, rg, rk, rl, rm, rn, rs, rsch

III. Arbeit an der phonematischen Struktur von Wortbildern des Grundwortschatzes und im Zusammenhang damit die Auseinandersetzung mit bestimmten Rechtschreibphänomenen

1. Wörter aus Buchstaben aufbauen

2. Wörter aus Morphemen/Signalgruppen aufbauen und wieder trennen

```
Z — uck        Zucker
  / 
  er
─────────────────────────────
            Z      Zucker     Z|uck|er
Z   uck     Zuck   Zuck
    er      Zucker Z
```

3. Arbeit mit Reimwörtern

Lappen	spielen
M	sch
K	z

4. Wortschatzübungen mit Hilfe von Signalgruppen
   a) Wörter mit gleicher Signalgruppe eintrainieren
      z.B.: itz: Bl(itz), S(itz), R(itz)e, H(itz)e, k(itz)eln
   b) Vorgegebene Wörter nach Signalgruppen ordnen, z.B.:
Wortschatz
Vorgabe

app	ipp	upp

5. Buchstabierübungen: kommen:

h(k)a(o)e n w(m)n(m)ä le r(n)s

IV. **Selbständige Fortführung vorgegebener, angefangener Satzmuster mit geübten Wörtern**

Ich hole den Bleistift.
Ich hole ....
Ich ....

V. **Aufschreibübungen mit hinreichend geübten Wörtern und Aufschreibübungen nach Gehör.**

VI. **Anlegen eines „Fehlerwörter-Heftes" als Grundlage für gezielte Wiederholungen**

10.3 3. Schuljahr

I. **Sicherung und Erweiterung des Grundwortschatzes**

1. Wortbilder mit: a, ö, äu, eu
   Dehnung aa, ee
   ie
   ah, äh (neunjährig)
   eh
   oh, öh
   uh, üh

   Dehnungs-h vor l: Wörter mit den Signalgruppen ahl, ehl, ohl, ühl, uhl (Stuhl)
   Dehnungs-h vor m: Wörter mit den Signalgruppen ahm (Rahmen) ehm (nehmen) ühm (rühmen)
   Dehnungs-h vor n: Wörter mit den Signalgruppen ahn (Zahn), ehn (dehnen), ähn (ähnlich, ohn (Gewohnheit) öhn (gewöhnt)
   Dehnungs-h vor r: Wörter mit den Signalgruppen ahr (fahr), ähr (jährlich), ehr (kehren), ohr (Ohr), ühr (führen).

2. Wortbilder mit unbezeichneter Dehnung bei
   a (sagen)   u (Buch)
   ä (sägen)   ü (müde)
   o (holen)   i (...ine)
   ö (hören)

3. Wortbilder mit Schärfung der Mitlaute = Kürzung der Vokale bei
   ff (Signalgruppen iff, aff..)
   ll (all, ell, oll, ill)
   mm (amm, imm)
   nn (ann, enn, onn)
   pp (app, epp, ipp, upp)
   rr (arr, err, irr)
   ss (ass, ess)
   tt (itt, att)
   ck (ack, eck)

4. Wortbilder mit Schwierigkeiten des s-Lautes
   s – ss – ß
   a) ß als Schlußlaut nach kurzem und langem Vokal (Biß, Fuß)
   b) ß im Inlaut (Fuß, Füße; büßen ...)
   c) Ableitungen des ß von ss (müssen – mußte)
   d) s, das in Flexinsformen erhalten bleibt (kreisen – kreiste – Kreis)

5. Wiederholung und Erarbeitung von Wörtern mit schwierigen Konsonantenhäufungen (Signalgruppen)
   Bl, bl   Kl, kl   ng (ang, eng, ing, ong, ung)
   Pl, pl   Gr, gr   lz (alz, elz, ilz, olz)
   Br, br   Kr, kr   nz (anz, enz, unz)
   Pr, pr   Str, str rzt (Arzt)

Dr, dr	Spr, spr	tzt (schwatzte)
Tr, tr	Pfl, pfl	lk (alk, elk, olk, ulk)
	Zw, zw	nk (ank, enk, ink, unk)
		rk (ark, erk, irk, urk)
		bst (abst, ebst, eibst, iebst)

6. Wortbilder mit V, v im Anlaut (Vase, vorn ...)
   v im Inlaut (Pullover, Kurve ...)
   v im Auslaut (Nerv, brav ...)
7. Wortbildungen mit den Vorsilben
   ver- ent- zer-
   vor- er-
   voll- un-
   (auf Zusammentreffen gleicher Konsonanten achten:
   z. B.: verraten, zerreißen ...)
8. Wörter mit ch (im In- und Auslaut) und CH
9. Wörter mit qu/Qu

II. Ableitungstraining

Bewußtmachen der Grundregel, daß Wörter der gleichen Wortfamilie den gleichen Wortstamm haben

1. Übung von Wortfamilien des Sach- bzw. Grundwortschatzes; z. B.:

	wohn			fahr	
	wohn	en		fahr	en
be	wohn	en		fähr	t
Ge	wohn	heit		Fahr	bahn
er	wohn	t	Ge	fahr	
be	wohn	bar	ge	fähr	lich

2. Ableitung des Partizips (Mittelwort) vom Verb:
   malen – der malende Junge
   steigen – das steigende Flugzeug
3. Ableitungen mit Umlautbildung:
   halten – behalten – Behälter
   sauber – säubern – säuberlich

III. Analogietraining zur Erweiterung der Rechtschreibkompetenz

Ständige in das allgemeine Wortbildtraining einfließende Übungen zur Erweiterung des Grundwortschatzes

(leben → weben, neben, beben, eben, Reben)
(Straße Strafe, Streife, Strom, Streber, strahlen)

IV. Wiederholung und Erweiterung des Nomenbegriffes

1. Nomen ihren bestimmten und unbestimmten Artikeln zuordnen
2. Pluralbildungen richtig schreiben:
   Umlautungen: Fuß – Füße
   Bus – Busse
3. Nomen, die an spezifischen Endsilben erkennbar sind:
   -heit, -keit, -ung, -nis, -schaft, -tum
4. Zusammengesetzte Nomen: Gummistiefel, Briefmarkensammler
5. Erkennungsübungen:
   Nomen in kleingeschriebenen Texten erkennen (Hilfsmittel = Artikel, Adjektive; Name für etwas) und groß schreiben!
6. Aus Verben Nomen bilden und umgekehrt zu Nomen verwandte Verben suchen:
   malen – der Maler   das Erlebnis – erleben
7. Aus Adjektiven werden Nomen:

dunkel – Dunkelheit   das Dunkel – im (in dem) Dunkeln
8. Bewußtmachen von Regeln; Regeltransfer üben

V. Übungen mit Adjektiven
1. Schreibung zusammengesetzter Adjektive:
groß wie ein Riese – riesengroß
2. Steigerungsform
kräftig(er) – am kräftig(sten)
3. Kleinschreibung, denn der Artikel gehört zum Nomen:
der kalte Wind
4. Bewußtmachen von Regeln: Adjektive schreiben wir klein

VI. Übungen mit Verben
1. Bewußtmachen der Regel (Kleinschreibung)
2. Bewußtmachen des Bezugs von Personalpronomen und Flexionsendung (ich ... e; du ... st)
3. Erarbeitung der Schreibweisen häufig vorkommender unregelmäßiger Verben (halten, hielt, gehalten)

VII. Silbentrennung und Wortaufbau aus Silben

VIII. Übung im Gebrauch von Wortlisten und Wörterbuch
1. Automatisierung im Umgang mit dem Alphabet
2. Bei gleichem Anfangsbuchstaben Sortierung auf der Basis der 2., 3., evtl. folgenden Buchstaben
3. Nachschlagen von rechtschriftlich wenig abgesicherten Wörtern.

10.4. 4. Schuljahr

I. Erweiterung des Grundwortschatzes
1. Wörter mit Dehnungs-h:
Wörter mit Dehnung durch ie
Wörter mit der Signalgruppe ier (marschieren, Gier...)
Unbezeichnete Dehnung: i (wir); a (kam); o (Tor); u (Wut)
Wörter mit der Signalgruppe -ine (Maschine)
Wörter mit Doppelvokalen (aa, ee, oo)
Arbeit mit für die Dehnung typischen Signalgruppen
2. Wörter mit Schärfung durch Doppelkonsonanten:
(ff, ll, mm, nn, pp, rr, ss, tt)
Wörter mit tz
Wörter mit ck
Arbeit mit für die Schärfung typischen Signalgruppen
3. Wörter mit schwierigen Konsonantenhäufungen:
tsch – (platschen) -tscht (rutschen)
tzt – (putzen – putzten)
rch – (Kirche)
rsch – (Marsch, Kirsche)
rts im Auslaut (vorwärts, seitwärts ...)
nz, lz, rz (Schwanz, Walze, Würze)
nk, lk, rk (Bank, Balken, Barke)
ang, eng, ing, ung (sprang, sprengen, fing, gezwungen)

- Mitlauthäufung bei 2. Person Präsens des Zeitwortes (du spannst),
- Mitlauthäufung bei Adjektiven und Partizipien (am schwierigsten, am spannendsten ...)

4. Übung von Wörtern mit häufig vorkommenden Signalgruppen (siehe Aufstellung z.B. ang, ing, off, utz, atz)
5. Wörter mit x-Lauten: x – chs – cks – ks
6. Wörter auf -and: jemand, niemand

II. **Übung von Wortfamilien aus dem Grundwortschatz und Anwendung regelhafter Transfermöglichkeiten (Wortstamm bleibt erhalten! – Ableitung...)**
bauen – Gebäude
halten – Behälter

III. **Übung von Wortfeldern zur Erweiterung des Wortschatzes**

IV. **Die Schüler üben, verallgemeinerungsfähige Gesetzmäßigkeiten anzuwenden**
1. Ableitung von Wörtern
   a) a – ä: Hahn – Hähne
   b) äu – au: Träume – Traum
   c) d – t: Bilder – Bild
      der blonde Junge – blond
      das bunte Bild – bunt
   d) b – p: Körbe – Korb
      plumpes Tier – plump
   e) g – k: Bänke – Bank
      lustiges Kind – lustig

   Durch Verlängerung des Wortes wird der Endkonsonant erkennbar

2. Verben: Den Zusammenhang von Personalpronomen und Flexionsendung des Verbs bewußt machen (ich – .... e; du – .... st; er – .... t; wir – .... en; ihr – .... t)

V. **Vertiefung, Festigung und Erweiterung der in den vorangegangenen Schuljahren erworbenen Kenntnisse der Groß- und Kleinschreibung, Bewußtmachen der Regeln**
1. Großschreibung konkreter Dinge: Menschen, Tiere, Pflanzen, Sachen
2. Großschreibung abstrakter Dinge: Schmerzen, Schreck, Freude...
3. Großschreibung der Nomen in Verbindung mit Artikel und Adjektiv: das freundliche Kind, die uralte, knorrige Eiche
4. Abgeleitete Nomen mit typischen Nachsilben:
   -heit, -keit, -ung, -nis, -tum (z. B. reich – der Reichtum, ärgern – das Ärgernis)
5. Großschreibung der Anrede – Pronomen in Briefen

VI. **Grammatische Sprachstrukturen erfassen, die zur Klärung der Großschreibung beitragen:**
1. Substantivierte Verben: das Lernen, beim ......, aufs ......, ins ......, übers ......, ans ......, ums ......

(grammat. Grundlegung erst in folgenden Schuljahren: zum Lernen = Bestandteil des Präpositionalobjektes – kann kein Verb sein, weil das Verb immer das Prädikat bildet)

2. Aus Adjektiven werden Substantive
   a) klein – die Kleine
   b) nach etwas, wenig, nichts, viel, alles...
   c) ins Blaue
3. daß – das (Konjunktion – Relativpronomen, Artikel)
4. Zeitangaben: am Morgen (an dem Morgen), am Mittag (an dem Mittag), der Morgen,
   _____
   morgens, mittags, abends, montags, sonntags

VII. **Bestimmungsübungen**
Großschreibung: In einem kleingeschriebenen oder mit großen Druckbuchstaben geschriebenen Text die Großschreibung erkennen

VIII. Kleinschreibung

1. Aus Substantiven Verben ableiten: die Frage – fragen, die Berichtigung – berichtigen
2. Verben mit den Vorsilben ent-, be-, ge-, zu-, über-, unter-, ver-, zer- ...
3. Infinitiv mit zu: Er beginnt zu lernen (nicht verwechseln mit zum Lernen)
4. Kleinschreibung der Adjektive
   a) aus Nomen Adjektive ableiten: Kälte – kalt, Hitze – heiß
   b) die lexikalischen Adjektiv-Morpheme -ig, -lich, -isch, -sam, -bar, -los, -voll an den Stamm eines Substantives angehängt, ergeben Adjektive:
      die Sonne   – sonnig
      der Freund – freundlich
      Freude   – freudvoll
      Wunder   – wunderbar

IX. Die wörtliche Rede

Kommaregeln: Aufzählungen, Sätze werden getrennt (..., als ......, weil ......, daß ......, das ...)

X. Wiederholung der Silbentrennung

Silbentrennung bei Konsonantenhäufung ck – k-k; ff – f-f usw.

XI. Die Übungen, mit Wortlisten und Schüler-Wörterbüchern umzugehen, sollen zu einem relativen Abschluß gebracht werden

XII. Der Schüler soll üben und lernen, den eingeübten Wortschatz beim selbständigen Schreiben von Texten (unter Benutzung von Nachschlagewerken) anzuwenden

11. Die Übungseinheiten

Die Übungseinheiten müssen fest umrissene, dem Schüler bekannte Lernziele haben. Lernziel kann die relative Sicherheit in der Beherrschung eines vorgegebenen Wortschatzes, die richtige Anwendung einer regelhaften Beziehung, die orthographische Beherrschung eines Textes als Ganzes oder auch die gezielt eingeplante Wiederholung zur Sicherung von früher Gelerntem oder zur Ausmerzung wiederholt aufgetretener Fehler sein. Für die Gestaltung der Übungseinheiten bieten sich verschiedene Möglichkeiten an.

11.1 Texte als Übungseinheiten: Textgruppe 1

Tendenz:
Ein Text dient als Einstieg, Arbeitsgrundlage und Lernziel zugleich. Um die orthographische Beherrschung zu erreichen, werden bekannte Wortbilder wiederholt, neue und vor allem schwierige Wörter aus dem Text herausgenommen und vielfältig geübt.

Beispiele:
a) „Rätsel": Arbeitsvorschlag 1./2. Schuljahr
b) „Im Wald lebt ein Kletterer": Arbeitsvorschlag 2. Schuljahr
c) „Ein Kletterer: Differenzierungsvorschlag für Kinder mit Rechtschreibschwierigkeiten – 2. Schuljahr
d) „Herr Scherz und sein Hahn": Arbeitsvorschlag 3. Schuljahr
e) „Geburtstagsfeier": Arbeitsvorschlag 4. Schuljahr

11.1.1 Arbeitsvorschlag 1./2. Schuljahr

> Rätsel
> Ich schreibe ihn fein auf Papier,
> Eine Marke klebe ich drauf.
> Ein gelber Kasten nimmt ihn auf.
> Die Post bringt ihn von mir.
> Lies ihn, das rate ich dir.
> Viele Küsse schicken wir.

Lösung:  der _____

1. Lies die Rätselgeschichte!
2. Kennst du die Lösung? Schreibe das Lösungswort in die leere Zeile!
3. Wer findet zu jedem Bild das richtige Wort?
Schreibe die fehlenden Wörter!

> Ich schreibe ihn fein auf P▨
> Eine M▨ klebe ich drauf.
> Ein gelber K▨ nimmt ihn auf.
> Die P▨ bringt ihn von mir.
> Lies ihn, das rate ich dir.
> Viele K▨ schicken wir.

Lösungswörter: Küsse · Post · Kasten · Marke · Papier

4. In jedem Papier fehlt ein Buchstabe. Schreib ihn hinein!

| P.pier | Pa.ier | Pap.er | Papie. | Papi.r |

| a i p r e |

5. Male das Wort Papier im Rätsel rot! Lies es mehrmals laut vor!

6.
Pa
Pe
Pi   st
Po
Pu
Pä

Past
_____
_____
_____
_____
_____

a) Blase kräftig ins Posthorn, damit das st an die Wortanfänge fliegt!
b) Streiche dann alle Unsinnwörter durch. Schreibe das Wort noch einmal auf, welches im Rätsel vorkommt!
c) Übermale das Wort „Post" im Rätsel rot!   P.....

7. Ein Wort fängt im Rätsel mit M an. Übermale es rot!
Baue dieses Wort auf und ab!

| M |
| M |

| M | a | r | k | e |

| M |

8. Erkennst du dieses Wort im Rätsel? | l | e | b |

9. Hier hat Klecksel, der Fehlergeist, aus einem Wort Buchstabensalat gemacht. Erkennst du es wieder? Schreibe es auf!

K....   _____   _____   _____

10. a) Drei dieser vier Wörter kommen im Rätsel vor. Übermale sie hier und im Rätsel rot!

Kiste   Küsse   Kissen   Kasten

b) Schreibe von jedem Wort, das im Rätsel vorkommt, eine Zeile!
_____

11. Reime!

a) Liste   Kasten   Kost   Stier
   K_____   L_____   M_____   B_____
   P_____   M_____   P_____   Pap___

   Schüsse   Harke
   K_____   b) Unterstreiche jeweils das Wort,
   N_____   welches im Rätsel vorkommt, rot!   st____
            c) Schreibe die sechs Wörter im
               Partnerdiktat!   M_____

274

⑫ Prüfe jetzt, ob du die Wörter erkennst und richtig schreiben kannst!

Po..	P. st	Ma . k .	.as.en
Pa...	Pap...	Kü.s..	.ar.e
Kü...	K.sse	K.st..	.ü..e
Kas...	K..ten	Pa..er	.ost
Ma...	Ma..e	P..t	.ast..

⑬ Unterstreiche im Rätsel alle Wörter mit drei Buchstaben! Schreibe jedes Wort auf, auch wenn es mehrmals vorkommt! Schreibe alle Wörter klein!

ich _____

⑭ Schreibe weiter!

(ich)   [ihn]   [ein]   ◢auf   ⌂   ○   □   ◢

⑮ „wir-mir-dir"-Dreiecke drehen sich. Gib den Ecken Namen!

```
      dir              w..              m..
    △              △              △
 wir   mir       m..   d..       d..   w..

      m..              w..              d..
    △              △              △
  w..   d..       d..   m..       m..   w..
```

⑯ Was können wir damit tun? Setze das richtige Tuwort ein!

kleben	*auf Papier* ....
schreiben	*die Marke auf den Brief* ......
schicken	*die Küsse* .... *wir*

? Was tun sie?

nimmt auf	*Der Kasten* ...... *den Brief*
bringt	*Die Post* ...... *den Brief*

⑰ Wir bauen Sätze wieder auf.

Ich schreibe ihn fein auf Papier.
Ich schr.... ih. f... au. Pap....
I.. sch..... ih. fein auf Pa.....
I.. s....... i.. fein auf P.....

Eine Marke klebe ich drauf.
Ein. Mar... kle... ich drau....
Ei.. Ma... kl... i.. dr.....
E.... M.... k.... i... d......

18. Schalte den Vorwärtsgang ein!

auf ihn Kasten gelber ein nimmt Dann
Dann n_____

mir von ihn bringt Post Die
Die P_____

19. Bring den Wortsalat wieder in die richtige Satzordnung. Du bekommst zwei Sätze aus dem Rätsel.

Lies / dir / ihn / rat / das / ich

Li_____

wir / Viele / Küsse / schicken

_____

20. Nun zeige, wie gut du gelernt hast!

Rätsel
Ich schreibe i... fein auf P.......
Eine M.... kl... ich d.......
Ein gelber K..... ni... ihn auf.
Die P... br.... ihn .on mir.
V.... K... sch.... wir.

11.1.2 Arbeitsvorschlag 2. Schuljahr

Im Wald lebt ein Kletterer

Das Eichhörnchen saust wie ein .... von Baum zu Baum. Es steuert dabei mit seinem buschigen ...... Nun öffnet es auf dem.... eine ... und knabbert den.... Aber es hebt auch.... für den.... auf.

1) Setze in der Geschichte die fehlenden Wörter ein! Du findest sie rechts im Wortkasten.

Nuß	Kern	Blitz
Winter	Schwanz	
Baum	Nüsse	

2) Schreibe mit Hilfe des Buchstabensalates zu jedem Bild das passende Wort in Ein- und Mehrzahl!

d <u>B</u> i l   a l <u>W</u> d   u d <u>H</u> n

ein Bild_____
viele Bilder_____

3) Welches der drei Wörter kommt in der Geschichte vor: Bild, Wald oder Hund? Schreibe es mehrere Male in diese Zeile!

_____

④ Lies den Bandwurmsatz und schreibe ihn richtig auf! Vergiß nicht, das Namenwort groß zu schreiben!

Baldgehtesindenwald.

_____

Kreise alle (ld)rot ein!

⑤ Hier sollst du die Buchstaben dieser Wörter zusammensuchen. Gehe der Reihe nach vor. Kreise die richtigen Buchstaben ein! Setze sie dann wieder zum Wort zusammen!

Baum	B e a o u i n m	Baum
Schwanz	S a c h v w o a n z	Sch
Nüsse	N ö i ü r s z s a e	_____
Winter	W ü i m n k t o e r	_____
Eichhörnchen	E i d c h l h o ö r w n b ch e n	_____
Blitz	B h l ü i b k t z	_____
Kletterer	K f l e t t o a e r e r	_____

⑥ Achtmal kann das Wort **Winter** im Zaubereiviereck stehen. Trage die fehlenden Buchstaben ein und male jeden Wortstreifen aus!

W					
	i				
		n			
			t		
				e	
					r

Baue das Wort Winter aus seinen Buchstaben auf! Vergiß nicht, beim Schreiben mitzulesen!

| W |
| Wi |
| |
| |
| |
| |

⑦ Schreibe mit Hilfe der Buchstaben und Bausteine diese Wörter:

itz — Sp, Bl, S, W

anz — Kr, Schw, Gl, T

uß / üsse — K, N, Sch, Fl

Spitz Bl_____

⑧ Welche Wörter aus Aufgabe 7 kommen in der Geschichte vor? Schreibe jedes Wort zweimal auf!

_____

⑨ Lies diesen Bandwurmsatz und schreibe ihn richtig auf! Vergiß nicht, die Namenwörter groß zu schreiben!

| Injedernußstecktnureinkern.Daseichhörnchenfrißtihngern. |

In jeder N_____

Welche Wörter dieser zwei Sätze kommen in der Geschichte vor?

_____

⑩

Hier kannst du vier zusammengesetzte „Nußwörter" bilden. Schreibe!

⑪ Schreibe auf, was das Eichhörnchen mit Nüssen tun kann!

| sammeln |
| pflücken |
| knabbern |
| fressen |

Es kann Nüsse _____

⑫ Wie kann das Eichhörnchen sein:

-ig

Durst Hunger Busch Lust Quirl

Schreibe so:
durstig – das durstige Eichhörnchen

Welches Wort mit der Nachsilbe -ig kommt in der Geschichte vor?

_____

Schreibe den Satz, in dem das Wort vorkommt!

_____

⑬ Baue die Wörter aus ihren Buchstaben und Bausteinen auf! Unterstreiche die Wörter, die sagen, was das Eichhörnchen tut.

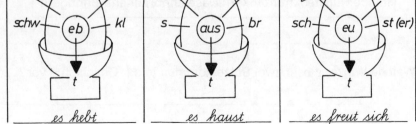

es hebt — es haust — es freut sich

Welche Wörter kommen in der Geschichte vor?

_____

Übe mit diesen Tunwörtern so:

es hebt – heben – du hebst

⑭ Welches dieser Wörter findest du in der Geschichte?
Male das Wortkästchen rot aus!

| offen | Ofen | geöffnet | öffnet | Öffnung |

Schreibe den Satz, in dem dieses Wort steht!

_____

⑮ Ameisen haben aus kleinen Wörtern der Eichhörnchen-Geschichte
Buchstaben geknabbert. Kannst du die Wörter wieder zusammensetzen?

dabei _____ _____ _____ _____

_____ _____ _____ _____ _____

⑯ Was das Eichhörnchen knabbert?

Eicheln   Haselnüsse   Bucheckern   Vogeleier
Samen von Fichtenzapfen

Schreibe „knabbert"-Sätze! Kreise die Wörter ein, die in der
Geschichte vorkommen!

Das Eichhörnchen knabbert Eicheln.

11.1.3 Differenzierungsangebot für Kinder mit Rechtschreibschwierigkeiten/2. Schuljahr

Ein Kletterer
Das Eichhörnchen saust wie ein Blitz
von Baum zu Baum. Es steuert dabei mit
seinem buschigen Schwanz. Nun öffnet es
eine Nuß und knabbert den Kern. Aber es hebt auch
Nüsse für den Winter auf.

① Schreibe die Geschichte ohne Fehler ab!

② Schreibe unter jedes Bild das passende Namenwort!

E . . . . . . n   B . . . .   B . . . .

S . . . . .   N . . .   N . . . .

③ Hier war der Kleckselgeist tätig. Weißt du, welche Buchstaben er zugekleckst hat? Schreibe sie wieder auf die Kleckse!

Kle●erer   Eichhö●nchen   Nu● Nü●e
Bli●   ●aum   Sch●anz   Ke●n   Winte●

④ Setze die Wörter aus ihren Teilen wieder zusammen!

Eich / hörn / chen   ter / Win   Schw / anz   Ke / rn   Bau / m / eine

Eich _____

⑤

Eichhörnchen	Winter	Schwanz	Kern	Baum	eine
n	n	n	n	n	n

An wievielter Stelle in diesen Wörtern steht der Buchstabe „n"?
Beispiel: Bein   Kind
           n₄   n₃

⑥ In diesen Wortgruppen stecken richtige Wörter und Unsinnwörter. Lies aufmerksam durch und unterstreiche alle richtigen Wörter! Schreibe sie dann!

Eichhurnchen	Schwunz	Blutz	Klatterer
Eichhornchen	Schwonz	Blotz	Klotterer
Eichhärnchen	Schwaunz	Bletz	Kletterer
Eichhirnchen	Schwanz	Blitz	Klitterer
<u>Eichhörnchen</u>	Schwenz	Bleitz	Klötterer

Eich_____   _____   _____   _____

Wilter	Bern	Baus	Noß	Nürre
Wirter	Hern	Baun	Neß	Nüsse
Wister	Lern	Baup	Nuß	Nünne
Wimter	Kern	Baum	Niß	Nümme
Winter	Wern	Baug	Näß	Nülle

_____ _____ _____ _____ _____

⑦ Schreibe die neun Wörter aus der vorhergehenden Aufgabe aus dem Gedächtnis ohne Vorlage!

⑧ <u>Beantworte die Fragen!</u>
Wer saust wie ein Blitz?   _____
Wie saust das Eichhörnchen   _____
von Baum zu Baum?   _____
Womit steuert es?   _____
Wen öffnet es?   _____
Wen knabbert es?   _____

⑨ | knabbert · saust · steuert · hebt auf · öffnet |

...st   ...ff...   ...h...   ...a...   ...bb...   ...st....

Erkennst du an diesen Buchstaben die Tuwörter wieder?
Schreibe die Wörter vollständig!

⑩ Hinter diesen Fenstern wohnen Wörter. Schiebe die Vorhänge weg (in Gedanken!)! Errätst du die ganzen Wörter? Schreibe!

| au | | ffn | | bt   a |

| teu | | bb |

⑪ Achtung, in jedem Wort ist ein Buchstabe zu viel! Lest euch die Wörter gegenseitig vor!
Kreuze den überflüssigen Buchstaben durch und schreibe das Wort richtig!

knaXbbert   öffnert   steutert   sauslt   herbt auf   krnabbert
knabbert   _____   _____   _____   _____   _____

⑫ Der Traktor schleppt Hölzer weg. Hänge jeweils ein Holz an den Traktor an und du bekommst Tuwörter!

saus + t + en   öff + net / nen
saust   _____

knabber + t + en   steuer + t + n   heb + t + en
_____   _____   _____

⑬ Suche Reimwörter!

es braust   es feuert   es lebt   es schlabbert
es s....   es st.....   es h...   es kn.....
kuschig   herbei   deinem   Tür
b......   da...   s.....   f..

⑮ Suche aus der Geschichte Wörter für die Tabelle aus!

Wörter mit zwei Buchstaben	Wörter mit drei Buchstaben
Wörter mit vier Buchstaben	

⑮ Hier hat der Fehlergeist alles durcheinander gebracht. Schreibe die Sätze richtig!

Da saust Eichhörnchen ein wie Blitz von Baum zu Baum
Es dabei steuert mit buschigem seinem Schwanz
Nun eine Nuß öffnet es und den Kern knabbert.
Aber auch Nüsse es hebt den Winter für auf.

_____

_____

⑯ In der Geschichte fehlen Selbstlaute. Der Fehlergeist hat sie gestohlen. Kannst du sie wieder einsetzen? Versuche es!

Ein Kletterer

D s E chh rnchen s st wie der Bl tz v n
B m zu Baum. Es st ert dabei mit s nem
b schigen Schw nz. Nun ffnet es eine N ß
und kn bbert den K rn. Aber es h bt auch
N sse für d n W nt r auf.

⑰ Hier hat Klecksel, der Fehlergeist, einige Wörter zugekleckst. Bringe die Geschichte wieder in Ordnung! Schreibe sie vollständig auf!

Ein Kletterer
Das Ei⬚ saust wie der B⬚
on B⬚ zu B.⬚. Es steuert dabei
mit seinem bu⬚ Sch⬚. Nun öffnet
es eine ⬚ und knabbert den K⬚
Aber es h⬚ auch N⬚ für den W⬚ auf.

11.1.4 Arbeitsvorschlag 3. Schuljahr

Herr Scherz und sein Hahn

„Ich habe ihnen gestern erzählt, was für ein kluges Tier mein abgerichteter Hahn ist. Nehmen sie drei Markstücke! Stecken sie ihm das Geld in den Schnabel! Wenn sie dann dreimal fröhlich in die Hände klatschen, holt er ihnen am Automaten Zigaretten. Vergessen sie aber nicht, ihn zu belohnen!" Herr Ernst ärgert sich sehr: „Sie Prahlhans! Ich gab ihm sogar fünf Mark – weg war er und mein Geld auch."
Da antwortet Herr Scherz: „Ja, wenn sie ihm natürlich fünf Mark geben, dann geht er ins Theater. Und die Vorstellung ist erst in einer Stunde beendet."

① Lies die Geschichte mehrmals und erzähle sie nach!

② Unterstreiche alle Namenwörter rot,
   alle Tuwörter blau,
   alle Wiewörter grün!

③ Schreibe die unterstrichenen Wörter in eine Tabelle! Wörter, die mehrmals vorkommen, schreibe nur einmal!

Namenwörter	Tuwörter	Wiewörter
_____	_____	_____
_____	_____	_____

Namenwörter	Tuwörter
_____	_____

④ Ordne die Namenwörter nach ihren Geschlechtswörtern! Schreibe alle in der Einzahl!

👤 der	👤 die	👤 das
der Herr		

⑤ Erkennst du die Wörter an ihren Wortteilen wieder?

. . rr .	_____	. . rz . .	_____
. . ah . .	_____	. . ie . .	_____
. . und .	_____	. . . ell . .	_____
Thea . . .	_____	. . . rk	_____
. . . ld	_____	. nab . .	_____
. ahl . .	_____	. . ette	_____
. änd .	_____	. . oma	_____

⑥
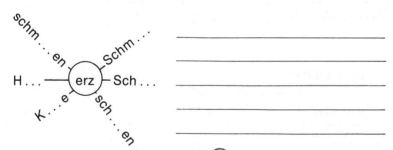

a) Bilde Wörter mit der Signalgruppe erz!
b) Unterstreiche das Wort, welches in der Geschichte vorkommt!

⑦

	ark	
M		
Qu		
P		
st		

	ark	
M		e
H		e
p		en
h		en
st		en

a) Schreibe Wörter mit ark!
b) Schreibe die Wörter, die in der Geschichte vorkommen, noch einmal!

8 Ein Namenwort der Geschichte hat die Endung „-ung"! Suche und schreibe es hier auf!

die _____

9 Suche andere Namenwörter mit der Endung „-ung"!

Tuwort	Namenwort auf -ung
vorstellen	die Vorstellung
erzählen	
verbessern	
berichtigen	
rechnen	
quetschen	
lösen	
belohnen	
erholen	
kreuzen	

Merke: Wörter mit der Endung „-ung" sind Namenwörter und müssen groß geschrieben werden!

10 Baue das Wort „Theater" auf und wieder ab!

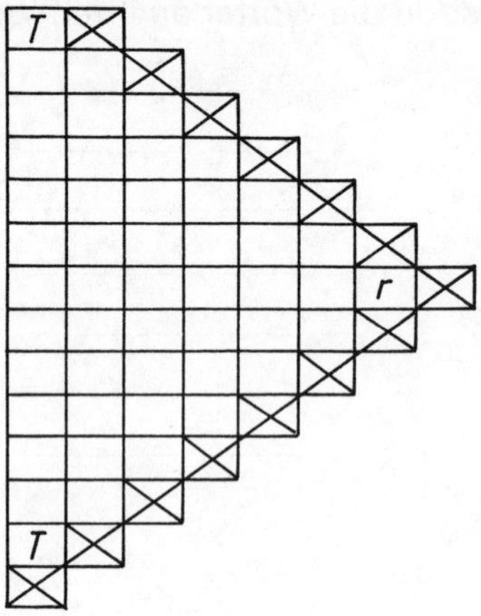

11 Arbeit mit Silben:

$ck = k-k$

prahlen	prah-len	prahlen
erzählen	er-	
nehmen		
stecken		
klatschen		
belohnen		
ärgern		
geben		
antworten		
gehen		
beenden		

⑫ Löse das Silben-Bilder-Rätsel!
Schreibe die Antwort auf!

_____

_____

_____

(Silben am Hahn: ge, te, ab, ein, rich, ter)

⑬ Schreibe aus der Geschichte alle dreisilbigen Wörter heraus!
Es müssen sieben sein!

Markstücke	Mark-stük-ke	Markstücke

⑭
die·Erzählung·sie·holt·die·Erholung·er·antwortet
er·gibt·er·erzählt·nehmen·vergessen·nehmt
die·Belohnung·vergeßlich·die·Antwort·stecken
der·Stecker·er·holt·er·steckt·ärgern·erzählen
belohnen·er·vergißt·er·ärgert·sich·er·belohnt
beenden·ich·gab·der·Gehweg·der·Ärger·antworten
die·Beendigung·er·klatscht·er·nimmt·gehen
die·Klatschbase·sie·ist·beendet·geben·er·geht

a) Suche jeweils drei Wörter, die zu einer Wortfamilie gehören!

er prahlt, prahlen, der Prahlhans

_____

b) Kreise jeweils rot ein, was die Wörter einer Wortfamilie gemeinsam haben!
So:

er (prahlt, (prahl)en, der (Prahl)hans

11.1.5 Arbeitsvorschlag 4. Schuljahr

Geburtstagsfeier

Nach dem Geburtstagskaffee zeigt Mutter den Urlaubsfilm. Die Kinder rufen: „Noch einmal, aber rückwärts! Das macht Spaß!" Jetzt: Karl taucht rückwärts aus dem Wasser und fliegt aufs Sprungbrett. Uta kriecht rückwärts das Sprungbrett entlang und dann die Leiter herunter. Der Badeball fliegt vom Wasser plötzlich zwischen Kurts Hände. Rolfs Bademantel schwebt von der Wiese hoch und legt sich um seinen Körper. Die Limonadenflasche an Vaters Mund füllt sich wieder. Utas Eis, das sie eben leckte, wandert zurück in die Kühltruhe des Eismannes. Ende. Alle halten sich den Bauch, so müssen sie lachen.

① Lies den Text einige Male durch!

② Lies deinem Partner den Text vor!

③ Unterstreiche im Text die folgenden Wörter. Schreibe sie dann ab!

> Geburtstagskaffee · Urlaubsfilm · Sprungbrett · Badeball · Bademantel · Limonadenflasche · Kühltruhe · Eismann

④ Suche zu den Bildern die passenden Namenwörter aus dem Text heraus und schreibe sie!

_____ 5   _____ 3   _____ 2

_____ 3   _____ 4   _____ 6

_____ 3   _____ 2   _____ 2

⑤ Unter jeder Schreibzeile steht am Ende eine Zahl. Sie sagt dir, aus wieviel Silben das Wort besteht. Kennzeichne die Silben mit Strichen! So: Ge|burts|tag _____

⑥ Silbensalat
Setze aus den Silben die Wörter wieder zusammen!

(Ge burts tags fei er) die _____
(Ba de ball) der _____
(Sprung brett) das _____
(Ur laubs film) der _____
(Ba de mantel man tel) der _____
(mann Eis) der _____
(de Hän) die _____
(kaf fee) _____
(he tru Kühl) die _____
(Ge burts tags) der _____

_____
_____
_____
_____

286

7) Beantworte die Fragen!
a) Was zeigte Mutter? den _____
b) Was tranken die Kinder? den _____
c) Wohin flog Karl? aufs _____
d) Wer flog in Kurts Hände? der _____
e) Wer schwebte von der Wiese hoch? der _____
f) Wer füllte sich wieder? die _____
g) Wohin wanderte Kurts Eis? in die _____

8) Geburtstagsfeier

Nach dem Gebur....agska..ee zeigt Mutter den Urlau..sfi..
Die Kinder rufen: „Noch einmal! Aber rückwä...!
Das macht Spa..!" Jetzt: Karl taucht rü..wärts aus dem
Wa..er auf und fliegt aufs Spru..brett. Uta kriecht
rückw..ts das Sprungbre.. entlang und dann die
Leiter herunter. Der Ba..eba.. fliegt vom
Wasser plö..lich zwischen
Kurts H..nde. Rolfs Badema..el schwebt von der
W..se hoch und legt sich um seinen Kö..er. Die Li..o-
nadenflasche an Vaters Mun.. füllt sich wieder. Utas Eis,
das sie eben leckte, wandert zurü.. in die Kü..truhe des
Eisma..es. Ende. Alle hal.en sich den Bauch, so müssen
sie lachen.

Fülle die Lücken aus! Wenn du nicht sicher bist, dann schaue im Text nach! Besser zweimal schauen als einen Fehler machen!

9) Trenne die Wörterschlange und schreibe die einzelnen Wörter in die Kästchen! So:

(vorwärtsherunterrückwärtsschwebtplötzlichfülltzurückleckte)

10) Welche Wörter kommen im Text vor? Unterstreiche sie und schreibe sie in die leere Zeile!

a)	b)	c)	d)	e)	f)
seitwärts	hinunter	lebt	nützlich	Glück	weckte
abwärts	herüber	klebt	putzig	verrückt	reckte
rückwärts	heraus	schwebt	patzig	gebückt	deckte
aufwärts	herauf	bebt	plötzlich	Stück	leckte
vorwärts	herunter	hebt	protzig	zurück	neckte
		gebt			

287

⑪
| herunter · füllt · zurück · schwebte · leckte · plötzlich · vorwärts · rückwärts |

r₃ _herunter_   ll₃/₄ _____

ck₃/₄ _____   z₅ _____

ck₅/₆ _____   ts₇/₈ _____

b₆ _____   ts₈/₉ _____

Hier ist jeweils der Platz der Buchstaben im Wort angegeben. Suche die Wörter!

⑫ Setze die Silben wieder zusammen! Schreibe die Wörter!

un ter / her _____   wärts rück _____

schweb te _____   rück zu _____

lich plötz _____   te leck _____

wärts vor _____   sen müs _____

⑬ Setze in die Lücken die fehlenden Wörter ein!

a) Nach dem G.......... zeigt Mutter den U..........

b) Jetzt: Karl taucht r.......... aus dem Wasser und fliegt aufs L..........

c) Die Kinder rufen: „Noch einmal! Aber r.......... Das macht Spaß!"

d) Der große B.......... fliegt vom Wasser pl.......... zwischen Kurts H......

e) Uta k...... rückwärts das Sprungbrett e...... und dann die Leiter h..........

f) Rolfs B.......... sch.... von der W.... hoch und legt sich um seinen K......

g) Alle halten sich den B...., so m..... sie lachen.

h) Die Li.............. an Vaters Mund f.... sich wieder.

i) Utas Eis, das sie eben l......, wandert z...... in die K.......... des Ei..........

Schreibe nun die Sätze in der richtige Reihenfolge!
Gegenüber dem Ausgangstext sind in diesen Sätzen zwei Änderungen. Suche!

(14) Welche Buchstaben verstecken sich unter den Klecksen?
Sprich die Wörter deutlich! Höre auf jeden Laut! Schreibe!

Geburtstagsfeier   Geburtstagskaffee   vorwärts   rückwärts
zurück   Spaß   Sprungbrett   fliegt   Wasser   plötzlich
schwebt   Wiese   Körner   Limonadeflasche   füllt
wandert   Kühltruhe   Eismaßes   halten   müssen

(15) Schreibe nun den Text als Partnerdiktat!
Derjenige, der diktiert, schaut dem Schreibenden aufmerksam beim Schreiben zu und verhindert, daß Fehler gemacht werden!

(16) Wörter, die du falsch geschrieben hast oder bei denen du unsicher warst, schreibst du in dein Fehlerwörterheft. So merkst du sie und kannst sie immer wieder üben, bis du sie beherrschst.

(17) Weißt du, welches das beste Fehlerwörterheft ist?

(Das, in dem kein einziges Wort steht.)

11.2 Texte als Übungseinheiten/Textgruppe 2

Tendenz: Erarbeitung eines Grundtextes mit Hilfe von Teiltexten

Auch hier dient ein Grundtext als Einstieg, als Arbeitsgrundlage und als Zielvorstellung. Der Wortschatz dieses Textes wird jedoch etappenweise mit Hilfe kurzer Übungstexte erarbeitet, die jeweils einen Teil des Wortbestandes des Grundtextes enthalten.

Die Arbeit mit den Teiltexten entbindet den Lehrer natürlich nicht von der Aufgabe, zusätzliches Wortstruktur-Training zu betreiben und auf anderen Trainingsebenen zu arbeiten.

Beispiele:
a) „Ausländische Kinder unter uns" – Arbeitsvorschlag 2. Schuljahr
b) „Der Kalender" – Arbeitsvorschlag 2. Schuljahr mit Worttraining
c) „Telefonieren" – Arbeitsvorschlag 3. Schuljahr mit weiterführendem Training
d) „Insekten" – Arbeitsvorschlag 4. Schuljahr

11.2.1 Arbeitsvorschlag 2. Schuljahr: „Ausländische Kinder unter uns"
Grundtext

So wohnt Mustafa

Mustafa ist ein Junge der zweiten Klasse. Er ist in der Türkei geboren. Seit einem Jahr wohnt er mit seinen Eltern und zwei Geschwistern hier. Die Wohnung der Familie bietet viel zu wenig Platz: Ein Schlafzimmer und ein Wohnraum. Er dient auch als Küche und als Badezimmer. Zur Toilette muß Mustafa ein Stockwerk höher.

Übungstexte

1) <u>Eine richtige Wohnung</u>
Dazu gehören: Wohnzimmer, Eßplatz, Küche, Schlafraum, Kinderzimmer, Bad und Toilette. Ein Abstellraum und ein Platz zum Wäschetrocknen gehört auch dazu.

2) <u>Eine Wohnung</u> muß bequem sein
Jeder braucht Platz für sich. Keiner will durch die anderen gestört werden. Man braucht Platz, wo man arbeiten und spielen kann. Man braucht Platz, wo man sich erholen und ruhig schlafen kann.

3) <u>Wozu die Räume dienen</u>
In der Küche wird gekocht und gebacken. Im Wohnzimmer unterhalten wir uns. Im Schlafzimmer schlafen wir. Im Bad waschen und baden wir uns. Und auf die Toilette müssen wir auch ab und zu.

4) <u>Wir wohnen in einem Mietshaus</u>
Früher wohnten wir in einem Reihenhaus. Voriges Jahr zogen wir um in ein Hochhaus. Es hat acht Stockwerke. Wir wohnen im 4. Stockwerk.

11.2.2 Arbeitsvorschlag 2. Schuljahr – mit Worttraining: „Der Kalender"

Grundtext

<u>Der Kalender</u>
Der Kalender zeigt das ganze Jahr. Wenn du ihn genau betrachtest, zählst du zwölf Monate. Jeder Monat ist in Wochen unterteilt, die Woche wieder in Tage. Auf vielen Kalendern sind die Feiertage vermerkt: Neujahr, Ostern, der 1. Mai, Pfingsten, Totensonntag und Weihnachten.

Übungstexte

1. <u>Die Monate des Jahres</u>
Das ganze Jahr hat zwölf Monate. Sie heißen Januar, Februar, März, April, Mai, Juni, Juli, August, September, Oktober, November und Dezember.

2. <u>Wieviele Tage haben die Monate?</u>
Januar, März, Mai, Juli, August, Oktober und Dezember haben 31 Tage. April, Juni, September und November haben nur 30 Tage. Doch der Februar ist

seltsam. Er hat nur 28 Tage. Aber in einem Schaltjahr hat er 29.

3. Die Woche
Zur Woche gehören sechs Werktage und der Sonntag. Die Werktage heißen Montag, Dienstag, Mittwoch, Donnerstag, Freitag und Sonnabend. Viele Leute sagen zum Sonnabend Samstag.

4. Die Jahreszeiten
Welche der vier Jahreszeiten ist am schönsten? Der Frühling mit den ersten Blumen? Der Sommer, wenn man baden kann? Der bunte Herbst, der uns viele Früchte schenkt? Oder gefällt dir der Winter am besten?

5. Feiertage
Auf manchen Kalendern sind auch die Feiertage vermerkt. Wichtige Feiertage sind Neujahr, Ostern, der 1. Mai, Pfingsten, Totensonntag und Weihnachten.

| Wortübungen zu Übungstext 1 |

<u>Kannst du die Monatsnamen erkennen?</u>

Ja... _____ ...epte... _____
...ebr... _____ ...okt... _____
...ovem... _____ ...un... _____
...zemb... _____ ...li... _____
...rz... _____ ...ust... _____
...pri... _____ ...ai... _____

• Wortfamilie Jahr

das Jahr, Neujahr, Jahresanfang, Jahresende, alle Jahre wieder, alljährlich, vor vielen Jahren, Jahreszeiten

• Diese Wörter gehören zur Familie „Jahr". Schreibe die Wörter ab und male den Familiennamen rot nach!
das **Jahr**, Neu**jahr** _____

• Baue das Wort <u>September</u> ab und wieder auf!

September   S
Septembe.   Se
Septemb..   Sep
Septem...   S...
Septe....   S....
Sept.....   S.....
Sep......   S......
Se.......   S.......

Wortübungen zu Übungstext 2

● Buchstabensalat – Wie heißen die Wörter?

(y i l e) _____ (w e v e i l) _____

viel, viel, viel, viel
viel Zeit, v... Geld, v... Ruhe, v... Spaß
viele Monate, v... Tage, v... Kinder, v... Wochen
v... Jahre, v... Feiertage, v... Kalender

● Schreibe ab und fülle die Lücken aus!
● Die Lücken wollen gefüllt werden!

seltsam, sel.sam, se.tsam, selt.sam, seltsa..,
s.lts.m, se...am, s........,

Wortübungen zu Übungstext 3

sechs sechzig sechsundsechzig, sechzehn

● Ordne die Zahlenwörter den Zahlen zu! Übermale „sechs" jeweils rot!
6 _____ 60 _____
16 _____ 66 _____

● Wieviel Buchstaben haben die Namen der Wochentage?
Schreibe die Namen der Wochentage in die passenden Zeilen. Die Zahl vor der Zeile gibt die Anzahl der Buchstaben an, die die Namen haben.
6 _____
7 _____   7 _____
8 _____   8 _____
9 _____
10 _____

● Schreibe alle Wochennamen auf, die die Silbe „-tag" enthalten!
_____
_____

● Baue die Namen dieser beiden Wochentage auf!

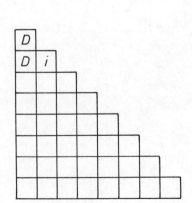
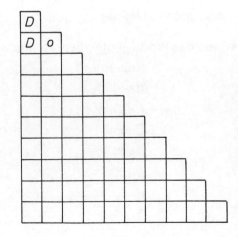

- In jeder Zeile sind zwei Wörter, die nicht dazupassen. Streiche sie durch!

> heißen, heißen, heißen, heßen, heißen, heißen, heizen heißen
> gehören, gehören, gehören, gehören, gehären, gehören, gehüren
> arbeiten, arbeiten, arbeiten, arbeiten, arbeilen, arbeilen, arbeiten
> halten, halten, haften, halten, halten, halten hallen, halten halten

- Setze zusammen!

unter + scheiden / nehmen / legen / richten / reden / graben / drücken / sagen / breiten

unterscheiden
___
___
___
___
___
___
___
___

Unterstreiche das Wort, das im Übungstext 3 vorkommt, rot!

Wortübungen zu Übungstext 4

a) Silbensalat: Setze die Silben zu Wörtern zusammen!

> Jah ling Blu zei res ten men Früh ba Som ten Früch
> Blü mer den te ter Win

___
___

b) Unterstreiche nun die gefundenen Wörter im Übungstext 4!

> Jahr vier hat Das Jahreszeiten.
> Mir Sommer gefällt der besten am.
> Im die Frühling Blumen schönsten blühen am.
> Der schenkt viele uns Herbst Früchte.
> Manchen am der besten Leuten gefällt Winter.

Mache aus diesen Wortreihen sinnvolle Sätze!

___
___

c) Steigere die Wiewörter!

klein – kleiner – am kleinsten
brav – ___
dick – ___
schön – ___
seltsam – ___
gut – besser ___

Unterstreiche alle Wiewörter, die im Übungstext 4 vorkommen, rot!

Wortübungen zu Übungstext 5

a) Feiertage: Neujahr · Ostern · Pfingsten · 1. Mai · Buß- und Bettag · Totensonntag · Weihnachten

Schreibe auf, in welchen Monaten diese Feiertage sind!

Neujahr ist im Januar. O

b) Trenne die Bandwurmsätze in Wörter und schreibe sie dann richtig!

> *AufmanchenKalendernsinddieFeiertagerotvermerkt.*
> *WichtigeFeiertagesindNeujahrundOstern.*
> *TotensonntagistimNovember. WeihnachtenfeiernwirimDezember*

c) Trenne diese Wörter in Silben!

> Feiertage · Kalender · vermerkt · wichtig · Neujahrstag ·
> Ostern Pfingsten · Totensonntag · Weihnachten

Fei – er – ta – ge, K

Achtung, ein Wort kann nicht getrennt werden!

11.2.3 Arbeitsvorschlag 3. Schuljahr mit weiterführendem Worttraining: „Telefonieren"

Grundtext

Telefonieren

Dirk hat die Hausaufgabe vergessen. Er will seinen Freund Axel anrufen. Er steckt einige Münzen ein und läuft zum Telefonhäuschen. Er liest die Anleitung: Zuerst Hörer abheben, dann Münzen einwerfen, nachher Rufnummer wählen. Da meldet sich eine tiefe Stimme am anderen Ende der Leitung. Dirk sagt: „Kann ich bitte Axel haben?".
„Nein, Achsen haben wir nicht, wir verkaufen nur Autoreifen!" Dirk weiß nicht, was er sagen soll. Er legt schnell den Hörer auf.

1. Übungstext mit Wortübungen

Dirk will mit seinem Freund Axel telefonieren. Doch Dirks Eltern haben kein Telefon. Deshalb muß er zum Telefonhäuschen gehen. Schnell steckt er einige 10 Pf-Münzen.

a) Schreibe den Text ab!
b) Schreibe den Text so schnell wie möglich ab!

c) Ordne die Buchstaben auf der Wählscheibe zu einem Wort!

das T_____
_____
_____

d) Schreibe zusammengesetzte Nomen mit „Telefon"!

Telefon —— Gespräch   Telefongespräch_____
         —— Häuschen   _____
         —— Hörer   _____
         —— Nummer   _____
         —— Leitung   _____
         —— Gebühr   _____
         —— Verbindung _____
         —— Anschluß   _____

e) Fülle die Lücken!

| telefonieren | te . efonieren | tele . onieren | te . efo . ieren |
| telefon . . ren | te . e . o . i . r . n | te . . . . |

f) Reime!

er weckt	der Reisewecker	aufwecken
er l	der Dachd	abl . . . . .
er st	der Feinschm	einst . . . .
er r . . . . sich	der L	zud . . . .
es schm	der St	abschm . . . . .
er d	der Str	erschr . . . .
er str . . . . sich	der Radiow	aufd . . . .

Unterstreiche die Wörter, die im Grundtext und
im Übungstext vorkommen, rot!

g) Welche Münzen gibt es?

(5) 5 DM-Münze   (2) 2 DM-M____
(1) _____   (50) _____
(10) _____   (5) _____
(2) _____   (1) _____

h) Beantworte folgende Fragen schriftlich! Antworte in Sätzen!
• Was haben Dirks Eltern nicht?
• Mit wem will Dirk telefonieren?
• Wo kann Dirk telefonieren?
• Was braucht Dirk zum Telefonieren?

295

2. Übungstext mit Wortübungen

Anleitung zum Telefonieren
1. *Den Hörer abheben!*
2. *Den Freiton abwarten!*
3. *Münzen einwerfen!*
4. *Rufnummer wählen!*
5. *Nach Beendigung des Gesprächs Hörer in die Gabel!*

Beschreibe den Vorgang beim Telefonieren in Sätzen!

Zuerst hebe ich _____
_____
_____
_____
_____

a) <u>Verschiedene Leitungen</u>

eine Leitung für Wasser	=	*eine Wasserleitung*
eine Leitung für's Telefon	=	*eine* _____
eine Leitung für den Strom	=	_____
eine Leitung für Öl	=	_____
eine Leitung für Gas	=	_____
die Leitung einer Schule	=	_____

Welche Leitung paßt hier nicht dazu? Streiche sie durch!

b) <u>Aus Verben werden Nomen</u>

üben – Wörter <u>zum Üben</u>
mithören – ein Apparat <u>zum M</u> _____
wählen – eine Scheibe zum W _____
telefonieren – eine Anleitung zum _____
einwerfen – ein Schlitz zum _____
einlegen – eine Gabel zum _____
durchsagen – eine Nachricht zum _____

c) <u>Wortfamilie „hören"</u>   *hör hör hör hör*

anhören	*er hörte es an*	*der H*......
mith....	*er* ..... *mit*	*der H* ... *apparat*
zu.....	*er* ..... *zu*	*das* ... *spiel*
ver.....	*er ver*..... *sich*	*das* ... *gerät*
auf.....	*er* ..... *auf*	*die* ... *muschel*
ge.....	*es ge*..... *ihm*	*der* ... *funk*
ge.....	*sie er*..... *ihn*	*das Ge* .....

d) [Kreis mit: St, K, N, H, Kr, Br, D, S um „-ummer"]

Wähle jeden Buchstaben auf diesem „ummer"-Telefon. Welche Wörter entstehen? Schreibe sie!

der Kummer _____
_____
_____
_____

e) Wörter mit der Endung -ung sind Nomen

beenden – die Beendigung
beleidigen – die Bel_____
besprechen – die B_____
berichtigen – die_____
vorbereiten – _____
beobachten – _____
bestrahlen – _____

f) ⓐ wird zu ⓐ̈   ⓐ̈ kommt von ⓐ

die Sprache – das Gespräch
die Wahl – w..hlen
die Zahl – z.....
raten – das R.....
schwatzen – das Geschw...
kalt – die K....
warm – die W....

alt – ...lter
halten – er h..lt
fahren – er f..hrt
geraten – das Ger..t
handeln – der H..ndler
die Wand – die W..nde
arg – am..rgsten

g) Lerne Übungstext 2 auswendig und schreibe ihn ohne Vorlage aus dem Gedächtnis auf!

3. Übungstext mit Wortübungen

Dirk wird unsicher. Es meldet sich niemand am anderen Ende der Leitung. Er wollte schon auflegen, da meldet sich jemand ärgerlich. Eine tiefe Männerstimme ertönt: „Grün, Händler für Gartengeräte."

a) Schreibe Übungstext 3 ohne Fehler ab. Versuche, so schnell wie möglich zu schreiben!
b) <u>Suche das Gegenteil!</u>

gewöhnlich – ungewöhnlich
geschickt – un_____
gerade – _____
praktisch – _____

genau – un_____
sicher – _____
bequem – _____
sportlich – _____

Unterstreiche das Wort, welches im Übungstext und im Grundtext vorkommt, rot!

c) Suche im Übungstext 4 Wörter mit der Buchstabengruppe *and* und *änd* !

–) _____   –) _____
–) _____   –) _____

Schreibe mit jedem dieser vier Wörter zwei Sätze! Rahme die Buchstabengruppe „and" und „änd" rot ein!

d) Übe den Übungstext 3 und laß ihn dir von deinem Partner diktieren!

4. | vergessen · liest · will · steckt · Freund · Hörer · Münzen · Achsen · läuft · Telefonhäuschen |

Das sind schwierige Wörter aus dem Grundtext. Weißt du, in welches Wortspur-Kästchen sie gehören? Trage sie ein!

5. Lerne den Grundtext! Erzähle ihn erst mündlich und dann schriftlich nach!
6. Trage Wörter, die du falsch geschrieben hast, in dein Fehlerwörterheft ein, damit du sie wiederholt üben kannst!

11.2.4 Arbeitsvorschlag 4. Schuljahr: „Insekten"

Grundtext

Insekten

Der Lehrer erklärt: Mücken, Fliegen, Wespen, Bienen, Hornissen, Flöhe, Wanzen und Läuse sind Insekten. Das bedeutet „Kerbtiere". Sie heißen so, weil ihre Körperteile durch tiefe Kerben gegeneinander abgegrenzt sind. Die Kinder betrachten die Einkerbungen einer Fliege. Ulla fragt: „Wie schützt man sich eigentlich vor Fliegen?" Der Lehrer erwidert: „Man fängt sie an den Fliegenfängern, bekämpft sie mit Sprühmitteln oder Fliegenkugeln. Vor allem läßt man keine Speisen offen stehen oder frei herumliegen." Plötzlich prustet und spuckt Hans. Ihm ist eine Fliege in den Mund geraten. Da sagt der Lehrer: „Du bekommst eine Eins, weil du als einziger weißt, wie Fliegen schmecken!" Da rufen einige „Guten Appetit, Hans!"

Übungstexte

1) *Insekten*

Dieses Fremdwort bedeutet in unserer Sprache so viel wie Kerbtiere. Unter diesen gibt es Tiere, die uns ärgern, belästigen, plagen und auch schädlich sind. Zu ihnen zählen Mücken, Schnaken, Fliegen-, Wespen, Hornissen, Flöhe und Läuse.

2) *Kerbtiere*
Findest du ein Tier, dessen Körper eingekerbt ist, dann ist das ein Insekt. Der Kopf ist vom Brustteil, das Bruststück vom Hinterleib durch Einkerbungen abgegrenzt.

3) *Schädliches Ungeziefer*
Schnaken und Mücken ärgern und plagen uns. Ihre Stiche jucken furchtbar. Die Bisse von Wanzen und Läusen lassen die Haut anschwellen. Fliegen sitzen im Kot und im nächsten Augenblick schon auf unseren Speisen. Sie wirken nicht nur unappetitlich, sondern übertragen vor allem Krankheiten. Man muß sie bekämpfen.

4) *Fliegentod*
Früher fingen die Leute Fliegen mit Fliegenklatschen und Fliegenfängern. Letztere sind Klebestreifen, an denen das Ungeziefer festklebte. Heute werden auch Sprühmittel oder Fliegenkugeln verwendet. Sie enthalten Gifte, welche die Plagegeister töten.

5) *Sauberkeit schützt am besten*
Läuse vermehren sich am günstigsten an schmutzigen, warmen Stellen. Auch an Schmutzstellen des menschlichen Körpers fühlen sie sich wohl. Besonders im Haar legen sie ihre Nissen ab. Die besten Bekämpfungsmittel sind Pflege und Sauberkeit.

6) *Gefährliche Stiche*
Wespen sind eigentlich nicht angriffslustig. Aber einen Wespenschwarm zu ärgern, kann gefährlich werden. Gar schnell stürzen sie sich auf den Menschen und stechen ihn. Ihre Stiche sind schmerzhaft. Hornissenstiche können durch ihr Gift Menschen und Tieren lebensgefährlich werden.

11.3 Übungseinheiten, die vom Wortschatz ausgehen oder von grammatischen Gesichtspunkten

Voraussetzung für den Einsatz einer vom Wortschatz ausgehenden Methode ist das Verständnis des dem Wortschatz hinterlegten Sachthemas beim Schüler, ist die Aufarbeitung der altersverständlichen sachlichen Probleme des Themenfeldes. Die Arbeit an und mit den Rechtschreibinhalten sollte nicht durch unverstandene Sachprobleme behindert oder erschwert werden!

Zielsetzung:
Die Schüler sollen den erarbeiteten Wortschatz produktiv anwenden können!

1. Beim selbständigen Schreiben selbsterdachter Sätze im Rahmen des Sachthemas.
2. Beim selbständigen Beantworten von Fragen im Rahmen des Sachthemas.
3. Beim selbständigen Schreiben kurzer Geschichten im Rahmen des Sachthemas.

Arbeitsphasen:
1. Verstehensmäßige Aufbereitung der sachlichen Inhalte des Themas, Klärung der sachlichen Probleme.
2. Erarbeitung und Training des Wortschatzes bis zur Geläufigkeit.
3. Verarbeitung des erarbeiteten Wortbestandes in produktiver Arbeit.
4. Festigende Aufarbeitung durch Wiederholungen. Dabei sind besonders verbliebene Rechtschreibschwierigkeiten und Fehlerwörter zur berücksichtigen.

Beispiele:
1. „Der Kalender" – Arbeitsvorschlag 2. Schuljahr.
2. „Wörter mit der Endsilbe „-ig" – Arbeitsvorschlag 3. Schuljahr.
3. „Insekten, die uns plagen" – Arbeitsvorschlag 4. Schuljahr.

11.3.1 Arbeitsvorschlag 2. Schuljahr: „Der Kalender"

Der Kalender

Merkwörter

Tag · Nacht · Wochentage · Montag · Mittwoch · Dienstag · Donnerstag · Freitag · Sonntag · Samstag = Sonnabend · Monat · Januar · Februar · März · April · Mai · Juni · Juli · August · September · Oktober · November · Dezember · Jahreszeiten · Frühling · Sommer · Herbst · Winter · sieben · vier

Wenn du die folgenden Fragen und Aufgaben bearbeitest, darfst du bei den Merkwörtern nachschauen! Schau lieber mehrmals gründlich nach, damit du keine Fehler schreibst!

1. Wieviel Tage gehören zu einer Woche?

   Zu einer Woche....

   _____

   _____

2. Schreibe die sechs Werktage der Reihe nach auf!

   _____

   _____

3.

Tag davor		Tag danach
	Dienstag	
	Mittwoch	
	Freitag	
	Samstag	
	Sonntag	

Fülle die Tabelle aus!

4. Schreibe alle Wochentage auf, die in ihrem Namen ein o haben!
   _____
   _____

5. Erkennst du die Namen der Wochentage wieder? Schreibe die Namenwörter!

   . . . ont . . . : _____
   . . . ttw . . . : _____
   . . . ita . . . : _____
   . . . nner . . . : _____
   . . . ien . . . : _____
   . . . ams . . . : _____

6. Wieviel Jahreszeiten gibt es?

   Es gibt _____

7. Schreibe unter jedes Bild den Namen der passenden Jahreszeit!

   | F . . . . . | S . . . . . | | |

8. Jahreszeiten-Rätsel
   Willst du das Rätsel lösen, dann mußt du die Namen der Jahreszeiten richtig in die Kästchen schreiben.

   Wenn du die Buchstaben in den grauen Kästchen von oben nach unten liest, erhältst du das Lösungswort. Schreibe es auf!

9. Schreibe die Monatsnamen der Reihe nach auf!

   1. _____   7. _____
   2. _____   8. _____
   3. _____   9. _____
   4. _____   10. _____
   5. _____   11. _____
   6. _____   12. _____

10. Januar   März   Mai   Juli   August Oktober Dezember
       Februar April Juni   September November

    Zähle auf den Kuppen deiner Fäuste die Monate ab! Monate, die oben liegen, haben 31 Tage; Monate die unten liegen, haben nur 30 oder weniger Tage (= Februar).
    Prüfe auf dem Kalender nach!

a) Schreibe Monate mit 31 Tagen auf!

___

___

b) Schreibe Monate auf, die 30 Tage haben!

___

___

11. | Januar · Februar · März · April · September · Oktober · November · Mai |

| A | p | r | i | l |

Schreibe jeden Monatsnamen in das passende Wortkästchen!

12. Zu welchen Monatsnamen gehören diese Wortstücke?

...pr...	April	...brua...	_____
...ai	Mai	...nua...	_____
...epte...	_____	...rz	_____
...ovem...	_____	...zem...	_____
...tob...	_____	...uli	_____

13. *Januar* *Frühling*

Schreibe zusammen mit deinem Partner alle Merkwörter auf kleine Wortkärtchen. Mit ihnen kannst du allerlei Lese- und Schreibspiele machen. Zum Beispiel:

a) Du zeigst deinem Partner nur ganz kurz ein Wortkärtchen. Er muß schnell lesen.
b) Du zeigst deinem Partner nur die ersten Buchstaben eines Wortes. Er muß das Wort erraten.
c) Du zeigst deinem Partner ein Wortkästchen. Er muß es genau anschauen. Dann drehst du das Wortkärtchen um. Dein Partner muß das Wort nun aus dem Gedächtnis aufschreiben. Ist er unsicher, zeigst du ihm das Wort noch einmal. Du paßt auf, daß er keine Fehler macht!

14. Lies die Merkwörter aufmerksam durch!
Schreibe nun selbst eine Geschichte über das Jahr und die Monate!

Kontr.

11.3.2 Arbeitsvorschlag 3. Schuljahr: „Wörter mit der Endsilbe -ig sind Wiewörter"

Merkwörter:

hungrig, schattig, sonnig, windig, eisig, fleißig, lustig, eilig, hastig, schwierig, kräftig, vorsichtig, giftig, artig, einzigartig, ruhig, wässrig, wollig, fettig, schimmelig, sandig, waldig, gleichmäßig, traurig, eckig, nötig, schuldig, verdächtig, neugierig

1. Suche zu jedem Wiewort ein passendes Namenwort!

Wiewort	Namenwort
hungrig	der Hunger
schattig	der Sch...

2. Schreibe Sätze! So:

   Wer Hunger hat, ist hungrig.
   Wo Schatten ist, ist es _____
   Wo _____

3. Verlängere die Wiewörter!

   hungrig – die hungrigen Tiere
   schattig – der schattige
   sonnig – d

   Unterstreiche bei jedem Wiewort das **ig**!

4. Rätselsätze: Setze die Wiewörter an der richtigen Stelle ein!
   a) Ein Tier, das nichts zu fressen bekommt, ist ....
   b) Ein Mensch, das alles wissen will, ist ....
   c) Ein Mensch, der fröhlich lacht, ist ....
   d) Eine Aufgabe, bei der man viel überlegen muß, ist..
   e) Wasser, das sehr kalt ist, ist ....
   f) Ein Platz, der im Schatten liegt, ist ....
   g) Eine Sache, die es nur ein einziges Mal gibt, ist ....

   neugierig, schwierig, hungrig, schattig, eisig, einzigartig, lustig

5. Schreibe selbst solche Rätselsätze! Gib sie dem Lehrer zur Kontrolle und dann deinem Partner zum Lösen!

6. Stelle eine Regel über die Rechtschreibung von Wiewörtern auf!

7. Ordne die Wiewörter nach dem Alphabet!

   hungrig · windig · eisig · fleißig · lustig · eilig · hastig · artig · giftig · kräftig · fettig · gleichmäßig ·

8. Ordne diese Wiewörter nach dem Alphabet!

   sonnig, schattig, sandig, schuldig, schimmelig

9. Kannst du die Geheimschrift lösen?

ginnos   sonnig   gikœ _____
6 5 4 3 2 1
gidnas _____   gitfig _____
gilie _____   gittef _____
gihur _____   gitsul _____
gißielf _____   gitra _____

10. Kontrolliere dich selbst, ob du die Wiewörter schreiben kannst! Setze passende Wiewörter in die Lücken! Die Anfangsbuchstaben verraten dir, welches der Wiewörter aus der Merkwörter-Aufstellung du einsetzen mußt!

> Sonnenschirme für ein sch....... Plätzchen
> Bücher für f....... Schüler
> Rechenmaschinen für sch....... Aufgaben
> k........ Knäckebrot fürs Frühstück
> l...... Figuren für die Puppenstube
> Reisen in die ei.... Antarktis
> Ferien im s....... Süden
> Motoren mit r...... Laufgeräusch
> Regenschirm und gl.......... Sonnenschutz
> kr...... Roggenbrot gibt kern... Muskeln

11.3.3 Arbeitsvorschlag 4. Schuljahr: „Insekten, die uns plagen"

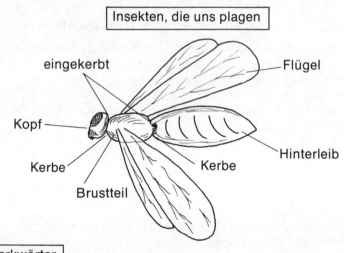

Insekten, die uns plagen

eingekerbt — Flügel — Kopf — Hinterleib — Kerbe — Kerbe — Brustteil

Merkwörter

Insekten · Fremdwort · Kerbtiere · Kerbe · eingekerbt · Mücken · Fliegen · Wespen · Hornissen · Läuse · Sprühmittel · Körper · Ungeziefer · Biß · Bisse · Schwarm · Stich · Hinterleib · Schmutz · Gift · erklären · plagen · belästigen · bekämpfen · vermehren · erwidern · ärgern · lassen · jucken · schmecken · wissen · anschwellen · stürzen · wirken · stechen · bekommen · benutzen · plötzlich · günstig · gefährlich · schmerzhaft · schädlich · furchtbar · angriffslustig · lebensgefährlich

Arbeitsaufgaben zum Worttraining

1. a) Unterstreiche im Wortschatz 12 schwierige Wörter!
   b) Schreibe sie mit dem Finger in die Luft und sprich dabei langsam und leise die einzelnen Laute mit!
   Schau jedes Wort gut an und versuche, es auswendig zu schreiben!
   c) Schreibe die Wörter in vorbildlicher Schrift in dein Übungsheft!
   d) Vergleiche jedes geschriebene Wort mit der Vorlage und kontrolliere, ob du richtig geschrieben hast!
   e) Falsch geschriebene Wörter streichst du durch (Lineal) und schreibst sie richtig auf!
   f) Lerne die Wörter auswendig und schreibe sie aus dem Gedächtnis auf!
   So kannst du eine Wortgruppe nach der anderen lernen!

2. a) Laß dir von einem Partner eine Wortgruppe diktieren. Dein Partner diktiert nicht nur, sondern paßt auf, daß du gar nicht erst Fehler machst!
   b) Wörter, bei deren Schreibweise du nicht sicher bist, mußt du rot unterstreichen. Wiederhole sie!
   c) Wende nun die Wörter in Sätzen an!
   d) Schreibe die Wörter in eine Wortarten-Tabelle und suche andere Wörter aus dem Wortschatz dazu!

Namenwort	Wiewort	Zeitwort	sonstige

3. a) Ordne die Wörter nach Anfangsbuchstaben! Suche Wörter mit folgenden Anfangsbuchstaben:
   B/b: *bedeuten, belästigen, Biß, Bisse, Brustteil,*
   S/s:
   K/k:
   b) Ordne alle Wörter mit den Anfangsbuchstaben s/S nach dem Alphabet! Achte dabei auch auf die 2., 3. und 4. Buchstaben!

   (*Sauberkeit, schädlich, schm . . . .*)

   c) Suche dir Wortgruppen mit anderen Anfangsbuchstaben und ordne sie auch nach dem Alphabet!

4. Schreibe die Namen- und Zeitwörter in Einzahl und Mehrzahl!

Namenwörter		Zeitwörter	
Einzahl	Mehrzahl	Einzahl	Mehrzahl
die Wespe	die Wespen	sie fliegt	sie fliegen
der Stich	die Stiche	sie sticht	sie stechen
der Schwarm		er	

5. Schreibe alle zusammengesetzten Wörter des Wortschatzes auf!

Namenwörter	Wiewörter	Zeitwörter
Kerbtiere	angriffslustig	anschwellen
Hinterleib	lebensgefährlich	
Sprühmittel		vermehren

6. Arbeite mit den zusammengesetzten Namenwörtern weiter: Wörterdomino:

    Fremdwort, Wortanfang, Anfangs . . .
    Fliegenkugel, Kugelblitz, Blitzableiter, Leiter . . . .

    Wer findet die längsten Dominoreihen?

7. Laß dir von deinem Partner Zeitwörter diktieren! Verwende die, die du noch nicht beherrschst, und bilde mit ihnen Wortfamilien! So:

vermehren	schmecken	lassen
mehr	es schmeckt	sie läßt
mehrmals	geschmeckt	laß es sein
mehren	schmackhaft	gelassen
mehrfach	geschmacklos	verlassen
Mehrheit	Geschmack	verläßlich

8. Ordne alle Zeitwörter nach dem Alphabet! Achte bei gleichen Anfangsbuchstaben auch auf die 2., 3. Buchstaben!

9. Bilde mit den Zeitwörtern kurze Sätze zum Sachthema! Z. B. Thema: Insekten!

    plagen: Insektenstiche plagen uns.
    belästigen: Fliegen belästigen uns beim Essen.
    bekämpfen:

10. Suche Zeitwörter heraus, die mit diesen Vorsilben zusammengesetzt sind, oder die man mit ihnen zusammensetzen kann!

an-	be-	ver-
anschwellen	belästigen	vermehren
anzählen	bekommen	verzählen

11. Suche alle Eigenschaftswörter aus dem Wortschatz heraus und steigere sie!

Grundform	Steigerungsform	Höchstform
günstig	günstiger	am günstigsten
gefährlich		

12. Suche dir aus dem Wortschatz Wörter heraus, die du vom Sinn her einander zuordnen kannst!

Bisse	furchtbar	jucken
Wespe	schmerzhaft	stechen

13. Suche aus dem Wortschatz Eigenschaftswörter, aus denen du Namenwörter machen kannst!

Eigenschaftswort	Namenwort
schmerzhaft	der Schmerz
günstig	die Gunst

14. Mache aus Zeitwörtern des Wortschatzes Namenwörter!

Zeitwort	Namenwort
erklären	die Erklärung
plagen	die Plage
	die

15. Übe die Großschreibung! Aus Eigenschaftswörtern werden Namenwörter:

   gefährlich: Du hast das Gefährliche überstanden.
   Du hast Gefährliches überstanden.

16. Nach *alles, allerlei, viel, manches, mancherlei, etwas, wenig, nichts.* werden Eigenschaftswörter zu Namenwörtern und müssen groß geschrieben werden!

   gefährlich: Er überstand <u>alles</u> Gefährliche.
   schmerzhaft: Sie erlebte <u>viel</u> Schmerzhaftes.

17. Schreibe mit Hilfe der Merkwörter eine Geschichte zum Thema „Insekten"!

18. Schreibe Aufgaben zum Thema „Insekten" auf, die dein Partner dann lösen muß!

	Aufgaben	Lösungen
z.B.:	a) Nenne fünf Insekten!	a) Mücken, Fliegen, Hornissen, Läuse, Ameisen
	b) Nenne ein deutsches Wort für Insekten!	b) Insekten heißen auf deutsch Kerbtiere

19. Schreibe mit den geübten Wörtern einen Lückentext! Gib ihn deinem Partner zum Ausfüllen!

20. Erinnerst du dich an diese Wörter? Wenn du unsicher bist, schaue bei den Merkwörtern nach!

   ...erb... :   ...zie... :
   ...esp... :   ...iß... :
   ...ück... :   ...rüh... :
   ...niss... :   ...ieg... :

12. Analyse eines Übungstextes

Die Analyse hat sich auf die verschiedenen Struktureigenschaften eines Textes zu beziehen. Sie gibt Aufschluß über Arbeitsnotwendigkeiten und Schwerpunkte des Rechtschreibtrainings.

sachgerecht	Ein Text muß sich an Wörtern des Grundwortschatzes orientieren. In ihm sollen ausgewählte Beispiele orthographischer Sachverhalte aus dem Häufigkeitsbereich eingebaut sein, an denen [oder an denen im Anschluß an sie] spezifische orthographische „Fälle" gelernt und geübt werden können. Bei der Wortauswahl für den Übungstext sollte der Wiederholungseffekt (Fehlerwörter und schwierig zu strukturierende Wörter aus früheren Übungseinheiten) berücksichtigt werden.
zielgemäß	Der Umfang der Übungseinheit „Text" muß für den Schüler endlich sein. Der Text selbst muß ein Nahziel darstellen, das für den Schüler innerhalb seiner Motivierungsspanne bleibt. Je schneller ein Ziel erreicht wird, desto öfter wird Erfolg und damit Selbstbestätigung erreicht werden können. Zielgemäßheit hat sich auch auf einzubauende Wiederholungen zu beziehen.
altersgemäß	Der Text muß in Stil und Syntax dem Schüleralter entsprechen. Er darf und soll allerdings auch leicht über dem Niveau der Klasse liegende Anforderungsmomente enthalten, die für die Schule zumutbar sind.
Steilheitsgrad und Umfang	Der Anteil neuer Wortbilder oder Lernteile soll den Schüler einerseits fordern, andererseits darf er ihn aber nicht überbelasten und dadurch Lernerfolge verhindern. Ein absolutes Maß für den Textumfang läßt sich schwer finden, weil inhaltlich-qualitative Gesichtspunkte eine Rolle spielen: So belastet eine große Anzahl verschiedener in einer Übungseinheit enthaltener Wörter den Schüler mehr als ein auf die Gesamtwortzahl der Einheit bezogener geringer Anteil unterschiedlicher Wortbilder. Ebenso spielt auch der Schwierigkeitsgrad der Wortstrukturen für die Wahrnehmung eine entscheidende Rolle. Homogene Wortbilder erschweren die Einprägung, heterogene erleichtern sie. Ein hoher Anteil oftmals wiederkehrender Klein- und Strukturwörter, die schon einprogrammiert sind und den Schüler nur bei Erstbegegnungen belasten, senken den Schwierigkeitsgrad. Im großen und ganzen können folgende Wortanzahlen für Übungs- und Kontrolltexte als angemessen gelten.

Schuljahr	Wortumfang des Textes	Schuljahr	Wortumfang des Textes
1.	20	5.	80– 90
2.	30–40	6.	100–120
3.	50–60	7.	120–150
4.	70–80	8.	150–170

Analysebeispiel:
Ausgangs- und Übungstext 4. Schuljahr – 83 Wörter

> **Geburtstagsfeier**
> Nach dem Geburtstagskaffee zeigt Mutter den Urlaubsfilm. Die Kinder rufen: „Bitte noch einmal rückwärts, das macht Spaß!" Jetzt geht es los: Karl taucht mit den Füßen zuerst aus dem Wasser auf und fliegt rückwärts aufs Sprungbrett. Ute kriecht rückwärts die Leiter herunter. Der Badeball fliegt plötzlich vom Wasser zwischen Kurts Hände. Der Bademantel schwebt von der Wiese hoch und legt sich um Rolfs Körper. Die Limonadenflasche an Vaters Mund füllt sich wieder. Utas Eis, das sie eben leckte, wandert zurück in die Kühltruhe des Eismannes. Alle lachen und halten sich den Bauch.

In den Text eingebaute Wiederholungswörter (Fehlerwörter) aus früher bearbeiteten Übungseinheiten	Urlaub, noch einmal, fliegt, Sprung, kriecht, Wiese, wieder	Geläufigkeit überprüfen. Wenn nötig, Übungen ...
Merkwörter zur Erweiterung des Grundwortschatzes	Geburtstagskaffee, Urlaubsfilm, Spaß, Füße, Sprungbrett, plötzlich, Körper, Limonadenflasche, füllen, lecken, Kühltruhe, schweben, Truhe	Solche Wörter, deren Strukturbilder durch vielseitige Übungen erfaßt und eingeprägt werden müssen. Sie sollen in den Grundwortschatz eingehen
Flexionsformen	kriechen – kriecht, füllen – füllt, lecken – leckt, lachen – lacht, zeigen – zeigt, schweben – schwebt, legen – legt, halten – hält, machen – macht, müssen – mußt, tauchen – taucht	Erneutes Bewußtmachen von Wortstamm und Flexionsmorphemen .. en, .. st und .. t. (Zusammenhang mit er, sie es, Regel: Gegenwart, 3. Pers. Einz. immer „t" und niemals „d"!)
Kleinwörter Strukturwörter	los, mit, aus, vom, von, wie, hoch, um, an, sich, alle aber, noch einmal, rückwärts, jetzt, zuerst, rückwärts, aufs, herunter, zwischen, wieder, eben, zurück	Trotz ihres ständigen Wiederholungscharakters sind diese Wörter immer wieder zu überprüfen und wenn nötig, wieder zu üben: Tachistoskopisches Lesen mit Temposteigerung, Buchstabierübungen, Schnelldiktate ... bis zur Geläufigkeit
Wörter mit Binde-s	Geburtstagskaffee, Urlaubsfilm, Rückwärtsgang, Faschingsmaske, Vereinsmitglied ...	Spezifische Übungen
Das Genitiv-s	Rolfs Körper, Kurts Hände, Vaters Mund	Spezifische Übungen

309

Wörter mit kurzen Vokalen und spezifischer Schreibung	Limonade, Sprungbrett, plötzlich, wandert, Mantel, halten	Diese Wortbilder müssen rekonstruiert werden können – Wortstruktur-Training
Wörter mit gedehntem Vokal	rufen, Spaß, Bad, schwebt, hoch, legt, eben eben → w..., R..., l..., n...	Wortbilder einprägen: Wortfamilien Analogieübungen
Wörter mit großer Buchstaben-Anzahl	Geburtstagskaffee 17 Limonadenflasche 16 Urlaubsfilm 11 Sprungbrett Bademantel 10 rückwärts 9 plötzlich Kühltruhe	In Elemente zerlegen, wieder zusammensetzen, gliederndes Mitsprechen beim Schreiben, markante Stellen hervorheben, die Wörter an markanten Teilen mit Stützfunktion wiedererkennen, Wörter gliedern

13. Das Diktat – ein besonderes Rechtschreibkapitel

In verhängnisvoller Verkennung der dem Diktat im Hinblick auf Übung innewohnenden Funktionskraft wird Eltern und Lehrern in manchen Veröffentlichungen der „fachmännische" Rat gegeben, nur immer fleißig zu diktieren. Dahinter steht die irrige Meinung, daß mit dem Diktat die Rechtschreibleistung eines Kindes entscheidend verbessert werden könnte, daß das Diktat nach wie vor das wirksamste Mittel dazu ist.

Neben dieser Verherrlichung des Übungswertes des Diktates läßt sich aber auch die scharfe Gegenposition, das Diktat rundweg abzuschaffen, nicht halten. Gefragt werden muß im Hinblick auf seinen Übungswert vielmehr:

Was vermag das Diktat? Was kann es nicht leisten?

Plus	Minus
Das Diktieren und im Zusammenhang damit das gliedernde Mitsprechen beim Schreiben (!) schult das äußerst wichtige visuelle und akustische Durchgliedern eines Wortbildes. Das „innere" Selbstdiktat ist ein wesentliches Verinnerlichungs- und damit Veranschaulichungsmittel. Voraussetzung ist allerdings die unmittelbar folgende Berichtigung.	Akustische Signale regen nicht schon die richtige Schreibung an. Deshalb besitzt das Diktieren selbst, und insbesondere das eines „ungeübten" Diktates keinen Übungswert, verstärkt nicht die Rechtschreibkompetenz, weil Fehler nicht sofort in dem Moment, wo sie gemacht werden sollen, verhindert werden. Das Diktat als solches widerspricht pädagogisch vernünftiger Übungsarbeit, wenn es Fehler nichts sofort verhindert. Fehlerverstärkung kann die verhängnisvolle Folge sein.
Das Diktat verlangt und übt Konzentration und Ausdauer. Es gewöhnt den Schüler daran, nach Gehör zu schreiben. Sein begrenzter Übungswert besteht darin, Vorgesprochenes in Schrift umzusetzen. Das verlangt allerdings als Voraussetzung, daß ihm der Prüfungscharakter genommen wird.	Dem schwachen Rechtschreiber, der lernen und üben will, wird es zur Qual (Mißerfolg... Schulangst). Das Diktat raubt wertvolle Übungszeit, die hilfreicher angewendet, die Rechtschreibkompetenz des Schülers vergrößert.
Seinen Einsatzschwerpunkt hat das Diktat in der Wiederholung und Kontrolle von bereits Gelerntem (!). Es ruft Kenntnisse ab aus einem ausreichend geübten Merkwörterschatz oder aus grammatischen oder regelhaften Beziehungen.	Extreme Diktatpraxis mit sich wiederholenden Grundmustern ist pädagogisch unwirksam und psychologisch verfehlt. Das Diktat erlaubt als undifferenzierende Methode keine Pädagogisierung des Rechtschreibunterrichtes (kollektiver Gleichtakt von Hinhören und Aufschreiben). Kollektives Tempo verhindert individuell bezogene Lösungswege, verhindert Sensibilisierung für Fehler, für Fehlervermeidungsstrategien, verhindert unter Zeitdruck Nachdenken (grammatische Ebene, Ableitung, Analogie...) und Probieren (Erinnerungsprobe).

Es ist Analysemittel, mit dem augenblickliches Leistungsvermögen und Fehlerschwerpunkte festgestellt werden können. Es gibt Richtpunkte für gezielte Förder- und Übungsarbeit.

Falsche Verwendung des Diktates kann bei weniger guten Rechtschreibern Schulangst bewirken.

Das Diktat zeigt also sowohl positive als auch negative Merkmale und Wirkungen zugleich. Daraus sind Konsequenzen zu ziehen. Es aus dem Rechtschreibunterricht zu streichen, wäre ebenso verfehlt, wie übersteigerten oder unvernünftigen Diktatunterricht zu betreiben. Eingesetzt werden kann es dort, wo es pädagogisch verantwortet werden kann.

Als eine Form der Leistungskontrolle ist es dann sinnvoll, wenn gewährleistet wird, daß der Schüler über einen gesicherten, relativ umfangreichen Wortschatz verfügt und darüber hinaus schon in der Lage ist, unterschiedliche gedankliche Operationen gleichzeitig zu vollziehen (ableiten, Analogien bilden, Syntax erfassen, grammatische und regelhafte Beziehungen erkennen, Logik einsetzen können).

Dieser Gesichtspunkt veranlaßt dazu, auch noch weitgehend im zweiten Schuljahr auf das Diktat als Leistungskontrolle zu verzichten. Der Zweitkläßler sollte zum Diktat hingeführt werden. Aber andere Formen der Lernkontrolle, die Methoden des Leselernunterrichtes entsprechen, sollten in den ersten beiden Schuljahren im Vordergrund stehen. Erst vom dritten Schuljahr an erhält das Diktat als Mittel der Lernkontrolle und bewerteten Leistungsfeststellung neben anderen Kontrollmethoden seine Funktion.

Bekannte Fachdiktatur weisen verstärkt darauf hin, daß dem sogenannten „ungeübten" Diktat keine Übungsfunktion innewohnt. E. Lüttge[12] bringt zum Ausdruck, daß der Schüler einen vorgesprochenen Satz nur dann richtig schreiben kann, wenn ihm die im Satz verwendeten Wörter nach ihrer Schreibweise bereits bekannt sind und vorher intensiv eingeübt wurden. Und R. Donath[13] vertritt die Grundthese „... daß das Diktat selbst keineswegs der Aneignung orthographischer Stoffe dient" und daß „... die Schüler weder das Wissen von der richtigen Schreibung eines Wortes noch die Erkenntnis einer orthographischen Regel durch ein Diktat gewinnen..." können. D. Adrion[14] erweitert diese Position mit der Feststellung: „Wer von einem Prüfungsdiktat zum anderen hastet, muß sich fragen lassen, wo in seinem Unterricht denn die eigentliche Vermittlung der Rechtschreibung ihren Ort hat, und ob er nicht ständig etwas kontrolliere, was nie gründlich gelehrt..." und geübt wurde. Die Diktierer der an manchen Schulen noch immer sorgsam gepflegten „ungeübten" Diktate provozieren und verstärken in unverantwortlicher Weise Fehler, statt Fehler zu verhindern und Erfolge durch Übung zu ermöglichen. Sie sollten sich mit jenem Landwirt vergleichen, der vor Aussaat, Düngung und Pflege Früchte einfahren will und nach mißglückter Ernte obendrein noch über leere Keller jammert. Sie merken nicht, wie sie für den der Hilfe bedürfenden Rechtschreibschüler Mißerfolge programmieren, ihm dann obendrein noch ihre eigene Schuld als sein Versagen quittieren, anstatt aus der Misere herauszuführen durch ausreichende und gezielte Übungen.

Die Eigengesetzlichkeit des Lernprozesses im Rechtschreiben läßt Karl Sirch für die bekannte Ausrede, daß der Schüler ja auch aus Fehlern lerne, eine treffende Antwort finden: „Von Fehlern, ganz besonders wenn sie in der Note schon dokumentiert sind, eine ‚heilsame' Wirkung zu erwarten, ist weder pädagogisch, noch lernpsychologisch zu rechtfertigen[15]."

Dem Rechtschreibschüler kann nur das abverlangt werden, was im engeren Sinne vorher auch eingeübt wurde, und im weiteren Sinne nur solche Wortbilder, Elemente und Regelanwendungen, die durch ausreichende Wiederholungen gefestigt und automatisiert worden sind.

Neubegegnungen mit Wörtern oder solchen, die irgendwann unverbindlich einmal aufgetreten sind, haben in einer Lernkontrolle keinen Platz. Der Lehrer hat sich hier selbst zu kontrollieren; denn Lernen bezieht sich auf Schule und Lernkontrolle kann nur Rückgriff sein auf dem Schüler im Unterricht gebotene Lern- und Übungsmöglichkeiten. Diese dem Schüler ausreichend und gezielt zu ermöglichen, gehört zu den Prinzipien eines humanen Unterrichtes.

14. Möglichkeiten für Wiederholungsübungen und Lernkontrollen

Die heute in der Fachliteratur zu findende oft herbe Kritik an der üblichen Klassen-Diktatpraxis verlangt keineswegs die rigorose Abschaffung des Diktates. Sie versucht vielmehr, deutlich zu machen, daß das Diktat nur eine von mehreren Möglichkeiten der Wiederholung und Leistungskontrolle darstellt, und sie versucht, Wege zu finden, um das Diktat auf ein pädagogisch und didaktisch vertretbares Maß zurückzuführen.

Die folgenden Angebote verschiedener Möglichkeiten für Wiederholung und Lernkontrolle wollen helfen, die Diktat-Monotonie aufzulockern.

Die im zweiten Teil dieses Abschnittes aufgeführten Vorschläge für das 1. und 2. Schuljahr zeigen, daß auch im Anfangsunterricht sinnvolle und vor allem kindgemäße Wiederholungs- und Kontrollmöglichkeiten genutzt werden können.

Die Beispiele des ersten Teiles beziehen sich auf die Übungseinheit „Insekten" – 4. Schuljahr. Sie können auf Themen des 3. Schuljahres und der Sekundarstufe übertragen werden.

14.1 Möglichkeiten ab 3. Schuljahr

14.1.1 Ein Wortfeld zusammenstellen

a) Suche dir ein Wortfeld-Thema aus: Insektenstiche, Insektenbekämpfung, Insekten…!
b) Schreibe nun Wörter auf, die dir zu diesem Wortfeld-Thema einfallen! (Anzahl festlegen).
c) Benutze ein Kontrollmittel (Wörterbuch, Wörterliste…) und prüfe selbst nach, ob du richtig geschrieben hast!
Laß deine Arbeit dann vom Lehrer kontrollieren!

14.1.2 Fragen beantworten

Das Aufschreiben von Fragen, Antworten oder Stichpunkten entspricht mindestens ebenso den praktischen Notwendigkeiten wie das Schreiben nach Diktat.

Nach Abschluß einer Übungsphase ist es günstig, Fragen und Antworten zuerst mit allen Schülern gemeinsam zu besprechen bzw. zu beantworten. Damit werden die sachlichen Inhalte noch einmal bewußt gemacht. Die anschließende Schreibarbeit kann ungestörter und flüssiger verlaufen. Für das Beantworten von Fragen ist es vorteilhaft, wenn die Schüler daran gewöhnt werden, die Frage jeweils mit in die Antwort einzubeziehen. Es ergibt sich dann folgende Form:

Gestellte Frage: Wo legen Läuse ihre Nissen gern ab?
Schriftliche Schüler-Antwort:

Läuse legen ihre Nissen gern an warmen, geschützten Stellen ab, meistens im Haar.

Dadurch wird eine umfassende Rechtschreibarbeit geleistet und auch der Kommunikationsstil des Schülers positiv beeinflußt.

a) Nenne das Fremdwort für Kerbtiere!

Das Fremdwort für Kerbtiere heißt Insekten

b) Woran ist die Abgrenzung ihrer Körperteile zu erkennen?

c) Schreibe die Namen von sieben Insekten auf!

d) Wo vermehren sich Insekten am günstigsten?

e) Wie wirken Bisse und Stiche der Insekten auf unsere Haut?

f) Wo legen Läuse ihre Nissen gern ab?

g) Was sind die besten Bekämpfungsmittel gegen Läuse?

h) Warum übertragen Fliegen oftmals Krankheiten?

i) Wie schützt man Speisen vor Fliegen?

j) Wie behandelt man Bienen- oder Wespenstiche?

k) Wessen Stiche können lebensgefährlich sein?

l) Wie kannst du selbst einen Insektenfänger bauen?

m) Welche Insekten sind dir am unangenehmsten?

14.1.3 Einen Lückentext mit vorher ausreichend geübten Wörtern ausfüllen

a) Der Lückentext wird gemeinsam gelesen und dabei die einzusetzenden Wörter genannt!
b) Dann arbeitet jeder Schüler allein!
c) Je nach Leistungsstand der Schüler werden die „Lückenwörter" gegeben, oder der Schüler hat die Möglichkeit, die Wörter mit Hilfe des Wörterbuches zu suchen, oder er muß die Arbeit ohne Hilfsmittel als Leistungskontrolle ausführen.

Guten Appetit

Der Lehrer erklärt, daß Mücken, F......., W......, Ho,......., W..... und L.... zu den Insekten gehören. Deutsch bedeutet das soviel wie K......... Die Kinder betrachten die einge...... Stellen einer Fliege. Ulla fragt: „Wie sch.... man sich eigentlich vor Fliegen?" Der Lehrer erwi.....: „Man .... Fliegenfänger, Fliegenkugeln oder S..... mittel. Achte vor allem darauf, daß Speisen nicht ..... stehen bleiben. Speisen mußt du immer zud......!"
Plö........ hustet, pr..... und sp.... Hans.

Da ruft einer: "Herr Lehrer, Hans muß eine Eins bek..... Der weiß n.mlich jetzt auch wie Fliegen schm...... Da rufen einige Kinder: "Guten Ap......, Hans!"

14.1.4 Aus Wortreihen sinnvolle Sätze bilden

a) Fliegen – Wespen – Mücken – Läuse – Hornissen – Insekten
b) Flöhe – Biß – belästigen – jucken – furchtbar
c) Brustteil – Hinterleib – Kopf – einkerben – zwischen
d) Läuse – Nissen – Haare – schmutzig – ablegen
e) Körper – pflegen – Sauberkeit – wohlfühlen
f) Ungeziefer – Sprühmittel – schädlich – bekämpfen
g) Schnaken – plagen – angriffslustig – stechen – unangenehm
h) Hornissen – lebensgefährlich – Stich
i) anschwellen – Wespe – stechen – Obst – essen

1. Bilde mit jeder Wortreihe einen oder mehrere sinnvolle Sätze!
2. Schreibe diese Sätze auf!
3. Denke dir mit jeder Wortreihe einen Unsinnsatz aus und schreibe ihn auf!

14.1.5 Partnerdiktate

Auf die besonderen methodischen Vorteile des Partnerdiktates wie Sofortkontrolle, Fehlerverhinderung, Interaktion und Differenzierungsmöglichkeit ist oft genug hingewiesen worden. Für den Lehrer bedeutet das natürlich, mehrere Texte oder auch Wort-Zusammenstellungen zu gestalten, um den unterschiedlichen Schülerfähigkeiten und Schüleransprüchen gerecht werden zu können.
Zwei Schüler diktieren sich gegenseitig die Texte:

Text A

Klaus und Uli beobachten eine Wespe. Klaus zeigt die tiefen Einkerbungen zwischen Kopf und Brust und zwischen Brust und Hinterleib. Er erklärt dem Freund: „Jetzt weißt du, warum die Insekten auch Kerbtiere heißen. Alle Tiere, die zu den Insekten gehören, haben solche Einkerbungen. Das ist bei Mücken, Fliegen, Bienen, Käfern, Ameisen, Läusen und Flöhen so."

Text B

Eine Wespe sitzt auf dem Blatt. Zwischen Brust und Kopf und zwischen Brust und Hinterleib hat das Tier nur hauchdünne Verbindungen. Von der Seite sieht ihr Körper aus, als hätte er tiefe Kerben. Deshalb heißen ja Insekten auch Kerbtiere. Dazu gehören Mücken, Fliegen, Ameisen, Bienen, Käfer, Flöhe und auch Läuse.

14.1.6 Partner-Merkwörter-Diktat

Insekten · plagen · belästigen · gefährlich · Stich · anschwellen · jucken · übertragen · Krankheiten · lebensgefährlich · Schwarm · stürzen · Wespen · Bienen · schmerzhaft · Gift · Bekämpfungsmittel · schützen · Sprühmittel · Körper · ärgern · angriffslustig

14.1.7 Lehrer- oder Tonband-Diktat

mit Kontrolle und Partner-Hilfe und Nachschlageerlaubnis

14.1.8 Das Zweistufen-Diktat

Jakob Muth[16] will das Diktat ebenfalls nicht aus dem Rechtschreibunterricht entfernen, plädiert aber für Abwandlung zum Zweistufen-Diktat:
Zwischen der Niederschrift eines Diktates und der Reinschrift will er dem Schüler individuell bemessene Arbeitszeit zugestehen, in der die Erstschrift mit Hilfe von Wörterbuch oder auch Wörterliste berichtigt werden darf.
Es kommt auf einen Versuch an, die Lernvorteile der sofortigen Eigenkontrolle und Selbstberichtigung zu nutzen, allerdings muß dafür die Sensibilität des Schülers für Fehler wohl schon ausgeprägt sein, er muß „spüren", wo ein Fehler entstanden sein könnte. („Was man nicht weiß, kann man nicht sehen.")

14.2 Möglichkeiten für das 1. und 2. Schuljahr

14.2.1 Umgang mit Wortkarten

a) Wortkarten zu sinnvollen Sätzen zusammenlegen und nachschreiben.
b) In Wortelemente zerschnittene Wortkarten zusammenlegen, die Wörter schreiben.
c) Auswahl-Wortkarten in Satzlücken legen und die Sätze schreiben.

14.2.2 Analogiebildungen

a) Zu gegebenen Anfangsbuchstaben den Wortrest von Reimwörtern finden und aufschreiben.

$\boxed{Raum \quad B\ldots \quad Z\ldots}$

b) Zu Reimwörter-Wortresten aus einem Angebot die richtigen Anfangsbuchstaben auswählen.

Suppe
...uppe
...uppe
...uppe

$\boxed{S \quad L \quad A \quad K \quad F \quad P}$

c) Passende Reimwörter finden – Beispiel:

Hecke –
Mappe –
Rippe –

14.2.3 Wortlücken in vorher geübten Wörtern ausfüllen

Wa.en – Pfe.d – Stra.e – Po.izist

14.2.4 Wörter an markanten Teilen wiedererkennen

Wörter einer Übungseinheit an markanten Teilen wiedererkennen: Übungseinheit Verkehr

Polizist, Schild, Zebrastreifen, Ampel, Gehweg, Straße ......

```
..lizi..        Polizist
..pe.
...aß.
..ebras......
..hil.
..ehw..
```

14.2.5 Lücken in Sätzen oder kleinen Texten einer vorher sachlich und rechtschriftlich verarbeiteten Übungseinheit ausfüllen

Nur wenn die .... grünes ..... zeigt, überquere ich die ....

14.2.6 Buchstaben zu Wörtern zusammensetzen

a) Wörter aus in einem Buchstabenangebot vorgegebenen Buchstaben zusammensetzen – Bildunterstützung:

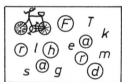 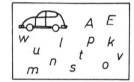 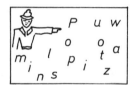

Fahrrad _____ _____

b) Wörter, die mündlich vorgegeben werden, buchstabieren:

```
Rad  ——— P Ⓡ ä e @ f g l ⓓ m k
Straße ——— S f h t v n r a l ß ä e
Ampel ——— E U A n m g j p ö e h l
```

c) Achtung, drei Buchstaben sind überflüssig! Streiche sie, schreibe das Wort! (Mündliche Vorgabe):

```
Straße ——— S t ⊁ r a h ß ⊁ e    Straße
Ampel  ——— A n m v p e h l
```

14.2.7 Hinführung zum Schreiben nach Gehör

Hinführung zu Wörter-, Satz- und kurzen Textdiktaten, so daß von der zweiten Hälfte des zweiten Schuljahres an kleine Diktate mit vorher gründlich geübten und von den Schülern beherrschten Wörtern geschrieben werden können.

14.2.8 8. Möglichkeit – Das Bild-Diktat

Dazu können Bild-Diktat-Karten selbst angefertigt werden (aus Katalogen ausschneiden – auf Karton aufkleben ...).

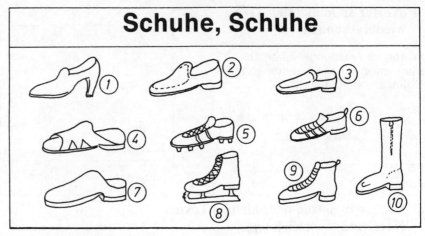

Schuhe, Schuhe

Das Bild-Diktat ist eine bewährte Übungs- und Kontrollform.
Die Bilder als solche „diktieren". Der Schüler schreibt die Namen der Gegenstände (es können auch Tätigkeiten sein) nach den laufenden Nummern auf. Unmittelbar schließt sich die Lehrer- oder Eigenkontrolle an. Für letztere findet der Schüler auf der Rückseite der Bild-Diktat-Karte eine Liste der Lösungswörter.

Kartenrückseite:

- Damenschuh
- Hausschuh
- Fußballschuh
- Pantoffel
- Gummistiefel
- Herrenschuh
- Sandalette
- Turnschuh
- Eislaufstiefel
- Wanderstiefel

14.2.9 9. Möglichkeit – Das „Aus-dem-Kopf-Diktat"

Bei dieser Übungs- und Kontrollform geht es um ein „Aufschreiben" aus dem Kurzspeicher-Gedächtnis. Als Texte eignen sich kurze, am besten witzige Texte aus dem Erlebensbereich oder aus dem Sachunterricht, Reime, Rätselverse, einprägsame Textstücke oder Gedichte, in die gezielt zu übende oder zu kontrollierende Rechtschreibphänomene eingearbeitet wurden.

Die Schüler lesen z. B. einen Reim (Tafelanschrift, Textkarte, Overheadfolie...), prägen ihn sich ein. Dann wird die Vorlage abgedeckt bzw. „gelöscht", und die Schüler schreiben den Reim aus dem Gedächtnis auf.

Die Sonne und die Himmelsrichtungen
Im Osten geht die Sonne auf.
Im Süden ist ihr Mittagslauf.
Im Westen muß sie untergehen.
Im Norden ist sie nie zu sehen.

15. Sinnvolle Korrekturmöglichkeiten

Über die Art und Weise sinnvoller Korrektur von Rechtschreibübungen und Leistungskontrollen bestehen bei Praktikern unterschiedliche Meinungen und Handhabungen. Die traditionelle Art, Fehler rot anzustreichen bzw. zu unterstreichen, hat wohl spätestens seit einer Untersuchung von Schönke aus dem Jahr 1969 keine Berechtigung mehr, wenn Korrektur Förderungstendenzen beinhalten soll.

Es ist müßig, darüber zu streiten, mit welch nachhaltiger Intensität die geschmähte Rotstrichkorrektur Fehlschreibungen verstärkt. Aber die Untersuchung Schönkes bestätigt zumindest die vor ihr schon bestehende Annahme, daß ein Kind Rechtschreibung nicht aus seinen Fehlern, sondern aus dem wiederholt dargebotenen, aufgenommenen und verarbeiteten (richtigen) Rechtschreibbeispiel lernt, also vom wiederkehrenden normgerechten Wortvorbild.

Ziehen wir die Konsequenzen und wollen wir den unterschiedlichen Rechtschreibfähigkeiten verschiedener Schüler gerecht werden – immer unter der Tendenz und Maxime der Förderung –, so bieten sich folgende Möglichkeiten einer differenzierenden Korrektur an:

Leistungsstarke Rechtschreiber erhalten nur einen Vermerk über die Anzahl der gemachten Fehler oder bekommen Fehler nur am Korrekturrand rot angestrichen. In richtiger Einschätzung ihrer Fähigkeiten sollten sie veranlaßt werden, Fehler selbst zu suchen und sie dann mit Hilfe von Wörterlisten oder Wörterbüchern zu berichtigen.

Bei leistungsdurchschnittlichen Schülern kann folgendermaßen verfahren werden:
Sie bekommen entweder Fehlschreibungen unkenntlich gemacht (in Übungsarbeiten) oder so durchgestrichen, daß ein Fehlernachweis in Leistungskontrollen gerade noch möglich ist. Die Richtigschreibung wird vom Lehrer über die unkenntlich gemachte Fehlschreibung gesetzt.

Oder sie bekommen ihre Fehlschreibungen unkenntlich gemacht bzw. durchgestrichen. Anhand eines Textmusters finden sie die Richtigschreibung und können danach berichtigen.

Zu dem hier und da vorgeschlagenen Überkleben der Fehlerstellen ist nicht zu raten, weil neben der ungünstigen Beseitigung des Leistungsnachweises bei Kontrollarbeiten dieses Verfahren derart arbeitsaufwendig ist, daß es keinem Lehrer als Dauermethode zugemutet werden kann.

Leistungsschwachen Rechtschreibern, bei denen die Korrektur stets unter Förderungstendenzen zu stehen hat, wird nicht die eigentliche Arbeit zurückgegeben, sondern ein Textmuster (vervielfältigter Abzug). In ihm sind die vom Schüler falsch geschriebenen Wörter bzw. Textteile rot unterstrichen. Der Schüler weiß: Was rot unterstrichen ist, habe ich falsch gemacht. Der Schüler sieht nur das richtige Schriftbeispiel, die Fehlschreibungen werden gar nicht mehr angesehen und somit auch nicht verstärkt. Nach dem Norm-Muster erledigt der Schüler seine Berichtigung. Nachbereitende Lernübungen schließen sich an.

Die Originalarbeit wird vom Lehrer einbehalten und steht als Leistungsnachweis zur Einsichtnahme zur Verfügung.

Korrektur-Beispiele:

Negativ-Beispiel:

Negativ-Beispiel:

Positiv-Beispiel:

Positiv-Beispiel:

Für die Berichtigung erhält der Schüler ein Norm-Muster oder eine Wörterliste, oder er arbeitet mit dem Wörterbuch.

Textmuster = Norm-Muster:	Wörterliste:
Der Polizist steht auf der Kreuzung und regelt den Verkehr.	Polizist Kreuzung Verkehr stehen/steht regeln/regelt

16. Anmerkungen

1. Positives Beispiel eines privaten Versuches: H.-H. Plickat „Deutscher Grundwortschatz", Beltz, Weinheim 1980
2. Angermeier: In „Bildung und Erziehung" 4/1974
3. „Magische Namen: J. F. Kennedy, Charisma im Weißen Haus", ARD 12. 9. 1977 – Film Helmut Rompa
4. Adolf Jost: In „Zeitschrift für Psychologie und Physiologie der Sinnesorgane" Bd. XIV – 1879 bei Beinlich „Der Rechtschreibunterricht" Beltz, Weinheim 1960
5. Karl Odenbach „Die Übung im Unterricht", Westermann, Braunschweig 1965
6. Frederic Vester: „Denken, Lernen, Vergessen – was geht in unserem Kopf vor, wie lernt das Gehirn, wann läßt es uns im Stich?" Deutsche Verlagsanstalt, Stuttgart 1975
7. H. Ebbinghaus: „Über das Gedächtnis", Leipzig 1885
8. Franz Xaver Eggersdorfer: „Jugendbildung", München 1961
9. Wolfgang Menzel: „Unser Wortschatz", Westermann, Braunschweig 1975
10. Heinrich Grünewald: „Schreibenlernen und Rechtschreiben in „Die Grundschule" 9/76, Westermann 1976
11. Heinrich Roth: „Pädagogische Psychologie des Lehrens und Lernens", Schroedel, Hannover 1962/1971
12. E. Lüttge: „Die Praxis des Rechtschreibunterrichtes", Herder, Freiburg 1978
13. R. Donath: Vorbemerkungen zu „Neue Diktatbeispiele für die Klassen 5–10", Berlin (Ost) 1968
14. D. Adrion: „Praxis des Rechtschreibunterrichtes", Herder, Freiburg 1978
15. K. Sirch: „Der Unfug mit der Legasthenie", Stuttgart 1975, Seite 90
16. Jakob Muth: „Zur genauen Beschreibung des Zweistufen-Diktates" in „Von acht bis eins", Essen 1967, Seite 97–111
17. August Franken: „Der Rechtschreibunterricht...", Leipzig 1928, Seite 63
18. Paul Ranschburg: a) „Über die Bedeutung der Ähnlichkeit beim Erlernen, Behalten und bei der Reproduktion" in Journal für Psychologie und Neurologie Bd. V; Leipzig 1905, Seite 124 und b) „Lese- und Schreibstörungen im Kindesalter", 1928
19. Kurt Warwel: „Segmentierung und Strukturierung im Leselernprozeß" in Die Grundschule 7/1978, Westermann
20. W. Menzel: „Spaß beim Schreiben" in Die Grundschule 1/1979, Westermann
21. Horst G. Weber: „Schreibenlernen aus psychologischer Sicht" in Die Grundschule 6/1976, Westermann
22. Joachim Fritzsche: „Was heißt Schreibenlernen?" in Die Grundschule 1/1979, Westermann
23. H. Riemer: „Didaktik des Deutschunterrichtes", Marhold, Berlin 1975
24. Manfred Bönsch: „Quellen und Fixpunkte des übenden und wiederholenden Unterrichts", Neue Deutsche Schule, Essen 1966
25. Paul Georg Münch: „So macht's Freude", Bonn 1954
26. Artur Kern: „Fehleranalyse im Rechtschreibunterricht" in Die Grundschule 1/1977, Westermann
27. Ute Moeller-Andresen: „Die ersten Schuljahre – Anfang oder Ende der Schulschwäche" in Die Grundschule 1/1977, Westermann
28. Werner Correll: „Lernpsychologie", Donauwörth 1965
29. H. Hasler: „Richtig schreiben – wie lernt man das?" in Die Grundschule 4/1978, Westermann
30. Hoffmann: „Entwickelnde Rechtschreibung", Huch, Düsseldorf 1949
31. J. Greil/A. Kreuz: „Aspekte eines neuzeitlichen Rechtschreibunterrichtes" in Pädagogische Welt, Heft 2/78, Donauwörth
32. J. Greil: „Rechtschreiben in Grund- und Hauptschule" in Altmann, Geßner, Gruber, „Seminar und Schule" Bd. 3, München 1977
33. Karl Sirch: „Rechtschreibkurs für die Grundschule 3" Lehrerheft; Klett, Stuttgart 1976
34. Meinholf Schönke: „Zur Didaktik des Rechtschreibens; zwei Arten von Schriftvorlagen und zwei Arten von Schriftvorlagen und zwei Arten der Fehlerkennzeichnung und weitere methodische Bedingungen in ihrer Auswirkung auf die Leistung beim Rechtschreibenlernen"; Dissertation, Münster 1976
35. Erwin Schwartz: „Differenzierung in der Grundschule", Studienhilfe in „Die Grundschule" 2/1969
36. Wilhelm Hofmann: „Das Mund-Hand-System nach Schubeck-Hofmann" in „Lehren und Lernen 12", Villingen 1975
37. H.-J. Kossow: „Zur Therapie der Lese-Rechtschreibschwäche – Aufbau und Erprobung eines theoretisch begründeten Therapieprogramms", Berlin 1975
38. Willi Kraft: „Mit Bewegung und Farbe zum Lesen und Schreiben" – Lehrerbegleitheft Teil 2; Verlag Petra Riehwesel, Hamburg, Bestellungen bei W. Kraft, Am Birkenhang 6, 2105 Seevetal 3

17. Sachregister

Adjektive 203, 205, 206, 219
Adjektive aus Nomen 221
Adjektive mit typischen Endsilben 162, 204, 205, 252
Adjektive, zusammengesetzt 206
Aktives Sprach- und Rechtschreibhandeln 33
Akustische Differenzierung 73, 87, 117
Akustische Diskrimination, Morpheme 136
Akustische Gruppierungsübungen 185
Akustische Lokalisation von Lauten 117
Akustisches Training 27
Alphabet-Übungen 71
Analogietraining 25, 39, 176
Analysetraining 73, 115
Anfangsbuchstaben zuordnen 89
Angebotsvielfalt 36
Anlaute, Übungen 60
Arbeitspläne für einzelne Schuljahre 264ff.
Arbeitsvorschläge 273ff., 283, 289
Artikel 144
Artikulieren 44
Assoziation 44
Assoziation, Buchstabe–Laut 43
Assoziationshilfen 44
Auffassungstypen 24
Auf- und Abbauen von Wörtern 81
Äußere Form 36
Auswahlangebote 34

Bestärkungslernen 31
Bewegungsempfindungen 44
Bewußtes Lernen 37
Bewußtsein 44
Bild-Diktat 317
Buchstaben, ähnliche 123
– austauschen 79
– differenzieren 64
– einsetzen 79, 175
–, Erkennungsübungen 52
–, fehlende B. einsetzen 175
– -Folgen erkennen 61
– -Folgen umkehren 83
– -Formkonstanz 55
– -Haus 43
– -Lautdiktat 60
– -Lokalisierung 69
– -Reihenfolge erkennen 93
– und Laute 84
–, visuelle Identifikation 76
– -Zuordnungsspiele 52
–, Zuordnung von B. verschiedener Schriften 62
– zu Wörtern zusammensetzen 317

Dehnung 200, 207–210, 218, 219, 233–235, 249, 260, 261
Dehnung, Differenzierung 262
Dehnung ie 233
Dehnungs-h 229–231
Didaktische Konsequenz 37
Differenzierung 39
Differenzierung, akustische 73, 115, 118
– ähnlicher Buchstaben 122, 134
– ähnlicher Laute 122
– ähnlicher Lautverbindungen 139
– ähnlicher Wortbilder 139
–, Angebote für Leserechtschreibschwache 279
– bei Homophonen mit Hilfe der Logik 141
– häufig vorkommender Morpheme 136
– kurz- und langklingender Vokale 121
– visuelle 73, 115, 118
– von Doppellauten 67
– von Doppelmitlauten 166, 216, 217
Diktate 311, 315–318
Diminutiv-Formen 188
Diphtonge (Doppellaute) 213
Doppelmitlaute 221–223, 262
Doppelmitlaut-Differenzierung 67
Doppelvokale 231, 232

Effektivität des Rechtschreiblernens 30
Einprägen 38, 43
Einprogrammieren von Wortbildern 38
Einstiegssituationen 33
Endungen der Konjugation 218, 219
Endungen mit Mitlauthäufung (-eln) 166
Entscheidungserlebnisse 34
Entwicklungschancen 39
Entwicklungsstufen 39
Erfassung von Wortbildern 39
Erfolg als Voraussetzung für Motivation 31
Erfolg beim Lernen 39
Erlebnisbezug 30
Erleichterung der Wortbilderfassung 167

Erziehung zu bewußtem Lernen 37

Falschbilder 38
Fehlende Buchstaben einsetzen 175
Fehlende Wortteile einsetzen 175
Fehler-Schreibweisen 38
Fehlervermeidung 39
Flexionsformen-Übungen 188
Freude 37
Frustration 31
Funktionskomponenten des Rechtschreiblernens 23, 24

Gedächtnis 39
Gedächtnishilfe 44
Gedächtnis-Kurzspeicher 23
Gedächtnis-Umfang 38
Gefahren 38
Gehör, Schreiben nach Gehör 317
Geschlechtswörter 194
Gliederung 44
Gliederungsfähigkeit, Übungen 19–21
Gliederungshilfen beim Wortbildtraining 19
Grammatischer Bereich – Lernhilfen 28
Großschreibung 191

Handzeichen 44
Häufigkeitswörter-Training 154, 155
Heraushören von Lauten 115
Heterogene Inhalte 38
Hofmann, Wilhelm 4
Hören, zielgerichtetes 59
Homogene Inhalte 38
Homophone, Differenzierung mit Hilfe der Logik 141

Individualisierung 39

Klangbildfestigung 58, 59
Kleinschreibung 191
Kleinwörter 106, 154,155
Konjugationsendungen 218
Kontrollen, begleitende 38
Kontrollmittel 38
Kontrollverhalten 37, 39
Kopflautieren 44
Korrektur 38
Korrektur, sinnvolle Möglichkeiten 319
Kossow 44
Kraft, W. 45
Kürzung von Selbstlauten 224–227

Laut und Lautzeichen 40
Lautabbildungsprinzip 28
Lautanalyse 44
Lautbildung 44
Lautdifferenzierung 253
Laut-Erkennungsübungen 56, 57
Lautfärbungen 84
Laut-Klangbildfestigung 58
Laut-Lokalisierung 69
Lautstellung im Wort 82
Laut und Buchstabe 84
Lautverbindungen, schwierige, zweier gleicher Mitlaute 163
Laut, Zuordnung, ähnlicher Laute 89, 128
–, Zusammenschleifen von Lauten 88
Lebensnähe 33
Leerstellen 36
Lehrerrolle 37
Lehrkonzeption 37
Leitbilder 38
Lernbewußtsein 37
Lernerfolg 39
Lernfreude 37
Lernhilfen 28, 44
Lerninhalte 37
Lernkontrolle 43
Lernlust 31
Lernorganisation 37
Lernunlust 31
Linguistische Aspekte 13
Lösungskontrollen 36
Lückentext 314, 317
Lückenwörter 33, 316

Markante Wortteile als Erkennungsmerkmal 317
Markante Wörterteile erkennen 164
Markierung von Wortteilen 167
Merkunterstützung 43
Merkwörter-Diktat 315
Mindestforderung 30
Mitlaute als Auslaute 213–215
–, auf versteckte Mitlaute achten 165, 207

Mitlaute, Differenzierung von Mitlauten 67
–, Doppelmitlaute 166, 221
–, Häufung schwieriger Mitlaute 132, 207, 218, 254, 255, 260
–, Mitlauthäufungen 164, 165, 208, 251
Morpheme, akustische Diskrimination 137
– als Gliederungshilfen 19
–, Differenzierung 136
Motivation 31, 32, 37
Motorik 44
Mund-Hand-System 44

Negatives Weiterwirken 38
Nomen Artikeln zuordnen 194
– entstehen aus Adjektiven 196
– entstehen aus Verben 196
– finden und erkennen 191, 193–195
– mit -ung, -heit, -keit, -nis 195–197
– nach Geschlecht ordnen 194

Oberbegriffe, Wörter Oberbegriffen zuordnen 148
Organisation des Rechtschreiblernens 37, 38
Orientierungsmuster 37

Partnerdiktat 315
Phasenlernen, auf- und abbauendes 94
Phasensprechen von Sätzen 95
Phonematische Diskrimination 44
Plural-Singular 211
Pragmatischer Bereich, Lernhilfen 28, 44
Purzelbuchstaben 90
Purzelsilben 111
Purzelwörter 33

Ranschburgsche Hemmung 38, 44
Rätsel 33, 150, 152, 167, 262
Rechtschreibfälle, alphabetisches Verzeichnis 10
Rechtschreiblernen – Aspekte 11
Rechtschreibtexte 30
Rechtschreibung, Schulkreuz 11
Rechtschreibung, Stellenwert 11
Regel, auslautende Mitlaute 213, 214
–, Doppelmitlaute 223, 224
Regelbereich Grammatik 28
Regeltraining 191–193
Reimwörter-Training 26, 155, 185–187
Reproduktionszeit 38
Resignation 31
Rückwärtslesen 105

Schlangensätze in Wörter zerlegen 174
Schreiben 29
Schreiben nach Gehör 317
Schreibqualität 23
Schreibtempo 29
Schriftqualität 23
Schriftspurmuster 83
Schülerinitiative 37
Selbständigkeit 37, 38
Selbstkontrollmittel 38
Selbstvertrauen 31
Semantischer Bereich, Lernhilfen 28
Signalgruppen, akustisches u. visuelles Ausgliedern 137
– Training 25, 156, 171, 175–183, 186, 187
– wiedererkennen 183
–, zu Signalgruppen Wörter finden 184
Silben 86, 112, 158, 168, 108
Silbenbögen 167
Silbensynthese 108
Silbentrennung 167
Singular-Plural 211
Sinnesreize 44
Sinnvolle Zusammenhänge beim Üben 30
Speicherung 43
Spiele zum Erkennen und Zuordnen von Buchstaben 52
Sprechen 44
Stichwörterarbeit 173
Störfaktoren 38
Strukturmerkmale 38
Syntaktischer Bereich – Lernhilfen 28
Synthetisieren, akustisches, visuelles 87
–, Buchstaben in richtiger Folge 93
–, Rückwärtslesen 105
Synthetisieren schwieriger Mitlautverbindungen 96
Synthetisieren, Streichung und Auswechslung 96
Synthetisieren von Wörtern aus Wortstücken 114

Textanalyse 308

Texte 30
Training von Häufigkeiten 154
Training von Kleinwörtern 154, 155
Training von Reimwörtern 155
Training von Wortbildern 18, 38, 143, 152, 183
Transferkräfte 39
Trennung 247

Überforderung 31, 38
Überraschungseffekt 33
Übung, allgemeine Gesichtspunkte 15–17
Übungen zur Entwicklung der Gliederungsfähigkeit 19–21
Übungen mit Wörtern 102–103
Übungen zum Wortbildtraining 18
Übungen zur Wiederholung 313
Übungsangebote 37
Übungsbereitschaft 36
Übungsdrill 30
Übungseffekt 39
Übungseinheiten 273
Übungsmaterialien 40
Übungsmöglichkeiten 40
Übungsnotwendigkeiten 39
Übungstexte (Analyse) 308
Übungsvorschläge 273ff., 283ff., 289
Umlaute 210–212, 216, 217
Umlautübungen 66
Unterrichtseinheiten 273, 283, 289, 294ff., 299–307
Unterrichtsprinzip 38

Verben mit verwandten Nomen 211
Verben mit Vorsilben 201, 202
Verben, 2. und 3. Person Singular 199, 200
Verben, Zusammenhang von Personalform und Flexionsendung 200
Vertiefung 38
Visuelle Differenzierung 73, 87, 115
Visuelle Identifikation 76
Vokale, kurz- und langgesprochene 121, 223, 233–238
Vorsilben 201, 247–249

Wahrnehmungskräfte 39
Wiederholung 43
Wiederholungsübungen 313
Wortarten, Unterscheidung 209
Wortbilder als Muster 33
Wortbilder, Erfassung 39, 167
Wortbilder, Gliederungshilfen für die Einprogrammierung 19
Wortbilder identifizieren nach Klang- und Formkonstanz 168–170
Wortbilder zu Bildern finden 143
Wortbildtraining, Möglichkeiten 18, 38, 143, 152, 291
Wortbildung durch Zusammensetzen 159
Wörter an markanten Teilen wiedererkennen 164, 167, 174
Wörter auf- und abbauen 31
Wörterbücher 26
Wörter Oberbegriffen zuordnen 148
Wörter ordnen 174
Wörter mit gleichen Anfangsbuchstaben 14
Wörterstrahlen 103
Wörterstreifen 101
Wörtertrauben 104
Wörterturm 102
Wörter zuordnen 143–149
Wörter zu sinnvollen Sätzen ordnen 173
Wortfamilien 170
Wortfelder 172, 173, 199
Wortgestalt (Wörter an ihrer Gestalt erkennen) 151
Wortkarten 155
Wortklangbild 44
Wortstamm, Memorys 171, 172, 189, 216
Wortstamm-Training 26
Wortstruktur-Training 18, 143
Wortteile markieren 167
Wortveränderungen 140, 157
Wortzaubereien 156

Zweifeln 38
Zuordnen, Adjektive zu Nomen 149
–, Verben zu Nomen 150
–, Wort zu Wort 15
–, Wörter zu Bildern 143ff.
–, Wörter zu Oberbegriffen 148
Zusammengesetzte Nomen 158–160
Zusammengesetzte Präpositionen 161
Zusammengesetzte Verben 159, 162

x-Laute 163